D1875789

Das Recht zu lieben

Walter Negrão

Das Recht zu lieben

Teil II

vgs

Aus dem Portugiesischen von
Simone de Manso Cabral

CIP-Titelaufnahme der Deutschen Bibliothek

Negrão, Walter:
Das Recht zu lieben/ Walter Negrão. [Aus d. Portugies. von Simone de Manso Cabral]. – Bearb. dt. Ausg. – Köln: vgs.
Einheitssacht.: Direito de amar <dt.>

Bearb. dt. Ausgabe
Teil 2 (1990)
ISBN 3-8025-2195-1

In Zusammenarbeit mit dem NDR.
Titel der brasilianischen Originalausgabe: Direito de Amar
Geschrieben nach der Telenovela
»DIREITO DE AMAR« von
Walter Negrão
Alcides Nogueira
Marilu Saldanha
Ana Maria Moretzsohn
Der Stoff basiert auf der Radionovela
»A NOIVA DAS TREVAS« von Janete Clair
Lizenzausgabe mit freundlicher Genehmigung
D & A-Arruda & Decol – Consultoria, Marketing e Representação Ltda.
© 1989 – São Paulo, Brasilien
© der deutschen Ausgabe: vgs verlagsgesellschaft, Köln 1990
Bearbeitete deutsche Ausgabe
Bearbeitung: Kurt-Jürgen Heering
Lektorat: Christina Mühl
Satz: ICS Communikations-Service GmbH, Bergisch Gladbach
Umschlagentwurf: Klaus Blumenberg, Köln
Umschlaglitho: Regrafo, Kempen
Druck: May & Co., Darmstadt
Printed in Germany
ISBN 3-8025-2195-1

VORREDE AN DEN LESER

Erinnern wir uns:
Rio de Janeiro, Silvester 1899.
Auf dem Maskenball der Jahrhundertwende waren sich Rosália Medeiros und der junge Arzt Adriano de Montserrat zum ersten Mal begegnet und hatten sich ineinander verliebt. Doch die Liebe auf den ersten Blick währte nur einen Augenblick. Bevor die beiden sich miteinander bekannt machen konnten, brach ein unglückliches Schicksal über ihre Liebe herein: Rosália, einzige Tochter des verschuldeten Augusto Medeiros, wurde dem Bankier Francisco de Montserrat, Adrianos Vater, versprochen. Ohne daß das junge Mädchen davon erfuhr, wurde es standesamtlich mit dem Witwer Montserrat vermählt. Der Termin für die kirchliche Trauung war auf drei Jahre später festgesetzt.

Doch weder Adriano noch Rosália haben ihre Begegnung vergessen: Als der Bankier den abermals hoch verschuldeten Augusto Medeiros zwingt, einer sofortigen kirchlichen Trauung mit der jungen Rosália zuzustimmen, fühlt sich Adriano aufs tiefste betrogen und gedemütigt. Rosália nimmt ihr Schicksal scheinbar gelassen hin, entflieht aber sofort nach der Trauungszeremonie den Armen ihres ungeliebten Ehemannes. Für kurze Zeit findet sie als Dienstmädchen bei der Pensionswirtin Esmeralda Unterschlupf. Francisco de Montserrat aber hofft, daß Rosália freiwillig zu ihm zurückkehrt.

Allmählich fassen Adriano und Rosália wieder Vertrauen zueinander und treffen sich heimlich, aber eine gemeinsame Flucht ist ausgeschlossen, weil Adriano seine geisteskranke Tante Joana pflegen muß, die von seinem Vater immer wieder brutal gedemütigt wird. Langsam enthüllt sich das Geheimnis um die Geschichte der Unglücklichen: Jorge Ramos, der mit Adrianos Vater tödlich verfeindet ist, und der alte Montserrat haben einst dieselbe Frau geliebt – Adrianos verstorbene Mutter Barbara, die Schwester der Geisteskranken . . .

1. KAPITEL

Am Tag nach dem Essen in der Villa Montserrat wollte Paula Adriano in seiner Praxis aufsuchen, doch niemand öffnete ihr. Eher mißtrauisch als enttäuscht begab sie sich auf den Heimweg. Als sie sich Esmeraldas Pension näherte, verlangsamte sie ihre Schritte, denn auf der gegenüberliegenden Straßenseite wartete eine Kalesche. Während Paula noch überlegte, ob sie näher herantreten sollte, um Einblick in das Innere des Gefährts zu bekommen, sah sie eine Frauengestalt aus der Pension kommen. Paula konnte nicht erkennen, wer sich mit raschen Schritten auf die Kalesche zubewegte, denn die Person war in einen langen, dunklen Mantel gehüllt und hatte die Kapuze weit über den Kopf gezogen. Größe und Gestalt der Vermummten konnte der Umhang jedoch nicht verbergen. Paula war sicher, daß es Rosália war, die in die Kalesche einstieg.

Die Pferde trabten gemächlich los und die eifersüchtige Frau blieb unentschlossen stehen. Da trat Juca aus dem Haus. Rasch wechselte Paula die Straßenseite und hielt ihn auf:

„Sagen Sie, Juca, haben Sie vielleicht meine Cousine eben noch in der Pension gesehen?"

„Nein", erwiderte Juca, „doch vor ein oder zwei Stunden hat sich Doña Rosália für den Nachmittag bei Esmeralda freigenommen."

Paula zweifelte jetzt nicht länger: Rosália und Adriano trafen sich heimlich.

„Sie erinnern sich doch, Juca, daß ich Ihnen geraten habe, ein Auge auf die Senhora de Montserrat zu haben. Ich mußte gerade beobachten, wie sie in eine bereitstehende Kutsche stieg. Meinen Sie nicht auch, daß ein Ehemann das Recht hat, von den heimlichen Ausflügen seiner jungen Frau zu erfahren?"

Juca schien unsicher, doch der kokette Augenaufschlag, mit dem Paula ihn auffordernd ansah, versicherte ihm, daß er ihre Worte richtig gedeutet hatte. Kurzentschlossen schlug er die Richtung zum Bankhaus Montserrat ein.

Adriano gab dem Kutscher Anweisung, die Quinta da Boa Vista

anzusteuern. Über holprige Pflasterstraßen gelangte das Fahrzeug schließlich zu dem weitläufigen Park, der die ehemalige Sommerresidenz der brasilianischen Kaiserfamilie umgab. Die hochgewachsenen Laubbäume standen zu dieser Jahreszeit in voller Blüte, und die zum Himmel hin fast geschlossenen Baumalleen boten den Spaziergängern Schutz gegen die schwüle Nachmittagshitze.

Die Liebenden flüchteten sich eilig in einen der abgelegeneren Seitenwege, wo sie vor den Blicken der übrigen Spaziergänger geschützt waren. Adriano zog Rosália an sich und wollte sie küssen. Die junge Frau jedoch war äußerst beunruhigt:

„Meinst du nicht, daß es zu gefährlich ist, direkt vor der Eingangstür der Pension auf mich zu warten? Wenn uns nun jemand sieht und deinem Vater davon berichtet . . ."

Adriano umfaßte sanft Rosálias Schulter und streichelte ihr zärtlich über das Gesicht.

„Wer sollte dich denn derart vermummt erkannt haben?"

„Trotzdem, wir sollten vorsichtiger sein!" Rosália quälte sich zudem mit einer zweiten Sorge:

„Hat Mercedes dir meine Nachricht gegeben?"

Adriano schaute sie verständnislos an:

„Hast du etwa Mercedes als Botin eingeschaltet?"

Er wußte also nichts. Beschämt erzählte Rosália von ihrem Mißgeschick nach dem Abendessen und äußerte Adriano gegenüber die Befürchtung, der Zettel befände sich längst in seines Vaters Händen. Adriano erschrak, als sie ihm gestand, daß ihre Nachricht eine eindeutige Liebeserklärung enthielt. Doch was sollten sie unternehmen? Vorerst blieb nur die Hoffnung, daß Mercedes den Zettel bei sich behalten hatte.

Rosália blieb während des weiteren Spazierganges schweigsam. Sie quälte sich mit der Frage, ob sie dem Geliebten gestehen sollte, daß sie sich trotz seines Verbotes von Danilo zeichnen lassen wollte, um Geld für die Waisenhauskinder zu verdienen. Ihr Onkel Manél hatte seine Hilfszahlungen einstellen müssen, weil Catarina die fehlenden Geldbeträge in der Kasse bemerkt hatte. Zudem drohten im baufälligen Waisenhaus zwei Wände einzustürzen, doch selbst für diese nötigsten Arbeiten war kein Geld vorhanden. Adriano hätte gewiß alles versucht, Danilo umzustimmen, und so schien es Rosália

sinnvoll, ihm erst dann alles zu beichten, wenn es kein Zurück mehr gab.
Kaum zwei Stunden später, fuhren die Liebenden wieder in die Stadt zurück. Die Kalesche hielt einige Häuser vor der Pension, und wäre Rosália nicht zur Pension gehastet, ohne nach links oder rechts zu schauen, hätte sie sicherlich den in einem Hauseingang verborgenen Montserrat bemerkt, der Rosálias und Adrianos Rückkehr beobachtete.

Das Verhältnis zwischen Augusto und Leonor Medeiros wurde von Tag zu Tag gespannter. Leonor zürnte ihrem Mann auch wegen des Perlencolliers, das er ihr kürzlich geschenkt hatte. Sie warf ihm vor, das unerwartet gewonnene Geld zu verschwenden, anstatt seine Schulden bei Manél abzutragen.
Daher begab sich Leonor zu ihrem Schwager, um ihm den Schmuck als Sicherheit für die von Augusto geliehenen Beträge zu hinterlegen. Doch Manél wehrte ab:
„Aber Leonor, ich habe dir doch gesagt, daß ich großes Vertrauen in Augustos neues Unternehmen habe. Ich bin sicher, daß ich mein Geld mit Gewinn zurückerhalte."
„Hoffen wir, daß es so kommt", entgegnete Leonor seufzend. „Doch solange du das Geld noch nicht hast, kannst du doch diesen Schmuck als Pfand behalten."
Der dickleibige Wirt strich sich unsicher über seinen Schnäuzer und sah seine Schwägerin nachdenklich an.
„Gut, ich nehme dein Collier als Pfand an. Aber . . . du kannst mir nicht verbieten, daß ich es dir schenke! Wenn Augusto seine Schulden bezahlt, gehört es ohnehin dir . . . Und wenn er sie nicht bezahlt, was ich nicht glaube, dann nimmst du diese Perlen als Geschenk von mir . . ."
„Aber Manél" – Leonor war gerührt, doch seine Nervosität blieb ihr nicht verborgen –, „solche Geschenke macht man sich doch nur, wenn man sich liebt."
Manél zuckte zusammen, und auf seiner Stirn bildeten sich dicke Schweißperlen.
„Ich bitte dich inständig, mein Geschenk anzunehmen. Dein Mann wird sicher bemerken, daß du die Perlen nicht mehr hast. Entweder

kränkst du ihn, wenn du erzählst, was du mit ihnen gemacht hast, oder du machst ihn mißtrauisch . . ."

Er brach mitten im Satz ab. Leonor sah seine inständig flehenden Blicke und gab schließlich nach.

Zuhause empfing Augusto seine Frau in schlechter Laune.

„Jeden Tag gehst du außer Haus", klagte er, „ohne daß ich weiß, wo du bist. Und jeden Tag bleibst du länger fort."

„Bin ich deine Frau oder deine Sklavin?" fragte Leonor schroff. „Habe ich dir Rechenschaft abzulegen, wenn ich meine Schwester im Kaffeehaus besuche?"

„Diese neuerwachte Liebe zu Catarina ist doch sehr seltsam. Neuerdings bist du täglich bei ihr. Behauptest du jedenfalls . . ."

„Senhor Augusto Medeiros, ich verbitte mir diese frechen Unterstellungen. Wenn ich sage, ich war im Kaffeehaus, dann war ich auch dort. Im übrigen: Die Sklaverei ist in Brasilien abgeschafft worden. Es wird höchste Zeit, daß man auch die Frauen aus ihrer Versklavung befreit."

„Komm mir jetzt nur nicht mit diesen modernen Ideen, um deine Seitensprünge zu rechtfertigen."

Leonor war fassungslos:

„Seitensprünge? Bist du verrückt geworden, mich derart zu beleidigen? Ist ein harmloser Familienbesuch ein Vergehen? Wofür hältst du mich eigentlich? Und wofür hältst du dich . . .?"

„Dich, meine Liebe, halte ich für eine verheiratete Frau, deren Pflicht es ist, ihren Ehemann zumindest darüber zu unterrichten, wann sie fortgeht und wohin!"

„Vielleicht solltest du dich einmal fragen, woran das liegt. Du enttäuschst mich stets von neuem, und ich erkenne in dir kaum noch den Mann wieder, den ich geliebt habe."

„Du trägst immerhin noch meinen Namen. Und solange kann ich wohl noch Respekt und Treue von dir verlangen!"

„Du hast sowohl meinen Respekt als auch meine Treue", erwiderte Leonor eisig. „Allerdings kann ich nicht mehr dafür garantieren, daß du auch noch meine Liebe besitzt."

Mit diesen Worten ließ sie ihren konsternierten Mann allein zurück.

Ramos erhielt zwei Tage nach seinem heftigen Auftritt bei Montserrat Besuch von dessen Bediensteter Berenice.
„Verzeihen Sie, Dr. Ramos, ich werde Ihre Zeit nicht lange in Anspruch nehmen. Ich wollte Ihnen nur diesen Zettel hier geben."
„Was ist das?"
„Es ist die Adresse, um die Sie Rogério gebeten haben. Die Anschrift jener Joana oder Nanette, ganz wie Sie wollen, der Mutter von dieser Carola . . ."
Ramos sah verwundert auf das Papier, auf dem eine Pariser Adresse stand. Das Arrondissement kam ihm bekannt vor. Es war nicht gerade ein vornehmes Viertel.
„Rogério hat mir alles erzählt", fuhr Berenice fort, „auch, daß er Ihnen gestern eine Abschrift des letzten Überweisungsbeleges an Senhorina Carola gegeben hat."
„Ja, und dieser Beleg war sehr aufschlußreich. Aus ihm geht nämlich zweifelsfrei hervor, daß die Zahlungen nicht aus Paris kommen, sondern direkt vom Bankhaus Montserrat. Findest du nicht auch, daß dies für meine Vermutungen spricht? Daß Carola doch die Tochter der armen Joana ist?"
„Ich weiß nicht, Dr. Ramos. Aber ich bin nicht nur gekommen, Ihnen diese Adresse zu geben, sondern auch, um Sie zu bitten, Rogério nicht weiter solche Aufträge zu erteilen. Wir haben es ohnehin schon schwer genug bei Senhor de Montserrat, und ich mache mir große Sorgen. Wenn der Patron Rogério bei diesen Schnüffeleien erwischt, verliert der Junge seine Stellung. Und Montserrat kann ihn womöglich noch wegen Verletzung des Bankgeheimnisses ins Gefängnis bringen."
„Beruhige dich, Bere, niemand wird je erfahren, was Rogério für mich getan hat. Und ich werde ihn auch nicht mehr mit solchen Aufträgen behelligen. Jetzt habe ich Nanettes Adresse und kann mich direkt an sie wenden."

Montserrat kehrte unmittelbar, nachdem er das heimliche Treffen zwischen Adriano und Rosália beobachtet hatte, in die Villa zurück. Aus seinem Arbeitszimmer vernahm er Stimmen und konnte so noch einige Brocken eines Gespräches zwischen Adriano und Mercedes mitanhören.

„Ich hatte bislang nie den Eindruck, Mercedes, daß du für mich oder die Verfasserin dieser Notiz an mich besondere Sympathie hegtest. Weshalb gibst du den Zettel so bereitwillig heraus, statt ihn meinem Vater zu übergeben?"
„Wenn Sie eine ehrliche Antwort wünschen", erwiderte die Haushälterin, „dann kann ich Ihnen sagen: Ich bete jede Nacht für Sie und Rosália. Bete, daß Ihr Vater die Eheschließung nochmals überdenkt und euch beide von dieser Qual befreit. Daß er uns alle befreit und den Weg für diejenigen bereitet, die zusammengehören. Und da Sie mich schon einmal fragen, will ich Ihnen auch gestehen, daß ich Ihren Vater liebe. Nur deshalb bin ich noch in diesem Haus. Ich kann ohne ihn nicht leben und hoffe, daß er sich eines Tages doch noch besinnt."
Montserrat, der noch immer in der Eingangstür stand, schlug diese nun laut zu und beendete damit das Gespräch zwischen den beiden Verschworenen. Mercedes' Geständnis mitanzuhören, war für ihn aufschlußreich, doch über den Inhalt des Zettels wußte er längst Bescheid. Mercedes log, denn sie hatte die Nachricht ihrem Patron ausgehändigt, in der Hoffnung, so die Achtung des Bankiers für seine Ehefrau zu untergraben. Montserrat hatte das Papier jedoch nur kurz überflogen und Mercedes überraschenderweise aufgefordert, es Adriano zu übergeben.
Adriano war sichtlich verwirrt, als sein Vater jetzt unerwartet eintrat, doch der Alte ließ es bei einer kurzen Begrüßung und kümmerte sich auch nicht um den Zettel, den sein Sohn noch immer in der Hand hielt. An seine Haushälterin gewandt, sagte er:
„Mercedes, ich habe Raimundo zu Padre Ignácio geschickt. Wenn er kommt, führe ihn bitte zu mir!"

Als Raimundo bei Padre Ignácio erschien, um seinen Auftrag auszurichten, war der kleine Priester gerade damit beschäftigt, seine in Tränen aufgelöste Nichte Alice zu trösten. Wie so oft in letzter Zeit hieß der Grund für deren Verzweiflung Nelo Barbosa. Ihre drei jüngeren Schwestern hatten für sie eine Intrige gesponnen und dem Sohn des Kaffeehausbesitzers vorgeschwindelt, Alice sei erkrankt. Als Nelo dann zum Krankenbesuch vor der Tür stand, überredete Mariana ihre Schwester, den Besucher entgegen allen moralischen

Bedenken im Bett liegend zu empfangen. Das Zusammentreffen verlief ungewohnt harmonisch. Nelo versprach, für Alice und die drei Mädchen bei seinem Onkel Augusto Medeiros vorzusprechen und ihn zu bitten, sie in seiner Fabrik zu beschäftigen. Alice ließ sogar zu, daß Nelo ihre Hand ergriff und zärtlich streichelte. Bei dem Versuch jedoch, sie zu küssen, beugte er sich auf seinem Stuhl zu weit vor, verlor unglücklicherweise das Gleichgewicht und fiel aufs Bett. Alice unterstellte ihm daraufhin böswillige Absichten und warf ihn kurzerhand hinaus. Kaum war Nelo gegangen, verfiel sie jedoch in einen langanhaltenden Weinkrampf.
Der kleine Priester war über Raimundos Erscheinen höchst erfreut, da er sich nun nicht mehr zu helfen wußte. Wie sollte ausgerechnet er, der in Liebesdingen naturgemäß wenig Erfahrene, zwischen seiner Nichte und dem jungen Barbosa vermitteln?
Der Besuch bei Montserrat allerdings brachte ihm keine erfreuliche Abwechslung.
„Was haben Sie zu beichten?" fragte er den bestürzt dreinblickenden Bankier.
„Sie irren sich, Padre Ignácio, ich habe Sie nicht zu mir gebeten, weil ich mich als Sünder fühle. Vielmehr bin ich das Opfer eines Vergehens . . . eines Ehebruches."
„Wollen Sie sagen, Rosália . . .?"
„Genau", bestätigte Montserrat, „meine Frau hintergeht mich. Und was noch schlimmer ist: mit meinem eigenen Sohn. Ich habe Sie gerufen, weil ich keinen anderen Ausweg mehr sehe. Ich bitte Sie, als Seelsorger Ihre Pflicht zu tun und über meine von Gott gesegnete Ehe zu wachen, sie zu hüten und Rosália vom Pfad der Sünde abzubringen."
„Ich werde mit ihr sprechen", erwiderte der Padre nachdenklich.
„Und sie drängen, daß sie endlich zu mir zieht, zu dem Mann, dem sie vor Gott und der Welt angetraut wurde", forderte Montserrat.
Tief besorgt verabschiedete sich Padre Ignácio von einem erschüttert und kraftlos wirkenden Montserrat. Beim Verlassen des Parks traf er Adriano, der aus seiner Praxis heimkam. Der Priester berichtete ihm, weshalb Montserrat ihn zu sich gerufen hatte, und bedrängte den jungen Mann, er solle von Rosália lassen, um nicht schließlich gar zum Mörder seines Vaters zu werden. Adriano zeigte sich wenig

beeindruckt. Er unterstellte seinem Vater sogar, seine Hinfälligkeit nur vorgetäuscht zu haben, ein windiger Versuch, den Priester zu beeindrucken. Padre Ignácio mußte erkennen, daß er bei Adriano nichts erreichen würde. Er hoffte, daß Rosália sich einsichtiger zeigen würde.

Montserrat beobachtete von seinem Fenster aus, daß der Padre mit Adriano sprach. Dann sah er, wie Adriano kurz darauf ebenfalls den Park verließ und in Richtung Innenstadt entschwand. Der Bankier vermutete Adriano auf dem Weg zu Rosália. Er wußte, daß er keinen Schlaf finden würde. Deprimiert ging er in den Park und wanderte in der abendlichen Kühle um den kleinen Teich.

Plötzlich ertönte aus dem Gartenhäuschen das schrille Gelächter der Wahnsinnigen. Montserrat, eben noch verzweifelt und zu keinem Handeln fähig, schrak zusammen. Lachte Joana etwa *ihn* aus? Wütend eilte er ins Gartenhaus. Wortlos schritt er an Berenice, Raimundo und Rogério vorüber, die beim Abendessen zusammensaßen und hastete zum Zimmer der Kranken hinauf. Berenice erwiderte die fragenden Blicke ihres Mannes mit einem Kopfschütteln und bedeutete ihm, weiterzuessen. Sekunden später verwandelte sich das irre Lachen in ein schrilles Schreien und Wehklagen, woraufhin Berenice nun doch aufsprang und die Treppe hinaufeilte. Sie sah durch die geöffnete Tür, wie die Wahnsinnige auf Knien vor Montserrat hockte. Der Patron hatte ihre langen Haare gepackt und zerrte sie daran quer durch den Raum.

„Hör auf zu schreien", tobte er, „lache wieder! Ich will mehr von deinem Lachen hören. Los, lache endlich."

Berenice trat mit drohendem Blick auf Montserrat zu und sagte mit scharfer Stimme:

„Hören Sie auf, lassen Sie Doña Joana los!"

Montserrat ließ tatsächlich von der Kranken ab. Mit kalkweißem Gesicht schrie er die Gärtnersfrau an:

„Ich weiß, daß ihr euch alle gegen mich verschworen habt: Adriano, Rosália, Ramos, die Verrückte und ihr drei hier im Gartenhaus. Aber glaubt nicht, daß es euch gelingen wird, mich zu vernichten. Vorher werde ich euch vernichten, euch alle! Ihr werdet nicht über mich triumphieren!"

Mit wirrem Blick und drohenden Gebärden verharrte Montserrat noch einen Augenblick im Zimmer, dann machte er unvermittelt kehrt und verließ wortlos das Häuschen. Berenice half der noch immer wimmernden Joana auf die Beine und nahm sie liebevoll in den Arm. Kurz darauf war der Anfall vorüber.

Am nächsten Morgen strahlte über Rio die Sonne bei hellblauem Himmel. Rosália kehrte in fröhlicher Stimmung von ihren Einkäufen für Esmeralda zurück. Sie wirkte glücklich wie seit Monaten nicht mehr, das wiederauflebende Liebesglück mit Adriano gab ihr neue Kraft und ließ sie schöner denn je erscheinen. Langsam schlenderte sie durch die von Menschen überfluteten Boulevards und Gassen. Eine von Maultieren gezogene Straßenbahn fuhr vorüber. In ihr saßen einige Kinder aus wohlhabendem Haus, die ihr freundlich zuwinkten, was ihnen tadelnde Blicke ihres altjüngferlichen „Fräuleins" eintrug. Aus den zahlreichen kleinen Tavernen und Kneipen drang das undeutliche Stimmengewirr der zu dieser frühen Stunde schon zahlreich hier versammelten Männer auf die Straße. Die meisten von ihnen waren ohne Arbeit und vertrieben sich die Zeit mit Trinken und Kartenspielen. Vor allem, wenn Rosália absichtlich den Weg durch eine der Seitenstraßen nahm, wo nicht vornehme Geschäfte, sondern Hunderte von schäbigen Bretterbuden das Straßenbild beherrschten, atmete sie das unverwechselbare Gemisch aus schwarzem Tabak, geröstetem Kaffee, gebratenem Stockfisch und geschmortem Fleisch ein. Schließlich, nach zahlreichen Umwegen, kehrte sie in gelöster Stimmung in die Pension zurück, wo Padre Ignácio sie erwartete.
„Guten Morgen, mein Kind. Du scheinst guter Laune, und es tut mir sehr leid, daß ich sie dir trüben muß. Aber ich habe in einer ernsten Angelegenheit mit dir zu sprechen."
„Nun, was haben Sie mir im Auftrag des Senhor de Montserrat mitzuteilen?" erkundigte sich Rosália reserviert.
„Ich komme nicht nur in Mission deines Gatten, Rosália, sondern auch als Mann Gottes! Du bist eine verheiratete Frau, deine Ehe ist von Gott gesegnet. Du weißt, daß dein Verhalten nicht korrekt ist, und du wirst auch verstehen, daß ich als Priester nicht billigen kann, was du tust!"

„Sie wissen so gut wie ich, daß ich in diese Ehe getrieben worden bin. Mein Mann hat mich gekauft, und alle, auch Sie, Padre Ignácio, haben mich vor den Altar gezwungen."
„Willst du mich beschuldigen?"
„Ich klage alle an, die an dieser unseligen Heirat beteiligt waren. Alle, die an dieser Zeremonie mitwirkten."
„Ich habe nur meine Pflicht als Priester getan. Dieselbe Pflicht zwingt mich heute, dich darauf hinzuweisen, daß die Ehe ein Sakrament ist. Du lebst in Sünde, Rosália, und als Vertreter Gottes muß ich dich bitten, dich von Adriano de Montserrat fernzuhalten."
„Wenn Adriano mich selbst darum bittet, werde ich auf ihn verzichten. Aber nur dann."
Padre Ignácio betrachtete Rosália sorgenvoll, doch ihr trotziger Gesichtsausdruck vergewisserte ihn, daß er abermals erfolglos von dannen ziehen mußte.
„Ich hoffe, Rosália, daß du und Adriano nicht zu den Mördern eures Ehemannes beziehungsweise Vaters werdet. Du weißt, daß dein Verhalten vor Gottes Augen strafbar ist und daß den Sündern die Strafe der Höllenpein droht."
„Ja, das weiß ich", entgegnete Rosália kühl, „und den Sündern ist das auch zu wünschen . . . den wahren Sündern!"

Während Padre Ignácio mit Rosália sprach, packte Adriano in der Villa seine Koffer. Am Abend zuvor hatte er Ramos gebeten, vorübergehend bei ihm wohnen zu dürfen. Er fühlte sich seinem Vater gegenüber schuldig, doch da er auf sein Glück nicht länger verzichten wollte, mußte er ausziehen.
Mercedes beobachtete Adrianos Vorbereitungen und teilte sie Montserrat mit. Der Bankier bat seinen Sohn zu sich.
„Adriano, ich habe dich zu mir gebeten, weil ich hörte, daß du mich verlassen willst. Und ich bitte dich, deinen Entschluß zu überdenken. Ich möchte, daß du bleibst."
„Vater, seitdem ich zu Ihnen zurückgekommen bin, hat sich unser Leben hier in eine wahre Hölle verwandelt. Versuchen Sie nicht, mich zu halten."
„Ich kann dich nicht zwingen, sondern nur bitten. Es gibt nichts, was ich sehnlicher wünschte, als mit dir gemeinsam hier zu leben.

Und um meinen Wunsch zu untermauern, greife ich zu der einzigen Waffe, die mir noch bleibt. Wenn du heute gehst, Adriano, dann ist dir dieses Haus für immer verschlossen. Du wirst nicht einmal deine Tante mehr besuchen dürfen."

„Ihre Waffe . . . Sie greifen immer zu Waffen, das macht das Zusammenleben mit Ihnen so schwierig. In all Ihren Beziehungen wollen Sie immer alles, und um das zu erreichen, setzen Sie Waffen ein, gegen mich, gegen Rosália, gegen Ramos, gegen Tante Joana."

„Entscheide dich, Adriano! Bleibst du oder gehst du?"

„Sagen wir, ich erkläre meine Unabhängigkeit! Auf Wiedersehen, Vater!"

Montserrat blieb schweigend an seinem Schreibtisch zurück. Er überlegte, ob er nicht einen Fehler begangen hatte. Immerhin würden sich Adriano und Rosália, jetzt, wo er seinen Sohn nicht mehr unter Kontrolle hatte, noch ungehinderter treffen können.

Mercedes bemerkte, in welch niedergedrückter Stimmung ihr Patron sich befand, und versuchte, ihn zu trösten.

„Rosália wird nicht zu mir kommen", sagte Montserrat matt, „sie sind im Vorteil. Sie werden mich wieder besiegen. Nach so vielen Jahren . . . Es reicht ihnen nicht, daß ich einsam vor mich hinlebe . . . Man nimmt mir die Frau. Sie alle wollen mich noch tiefer ins Unglück stürzen."

„Von wem reden Sie, Francisco?"

„Von ihnen allen, von Ramos, von Adriano . . ."

„Beruhigen Sie sich doch, Francisco. Seien Sie in Ihrer Verzweiflung nicht ungerecht. Ramos vielleicht . . . Aber Adriano? Er ist doch Ihr Sohn, er kann doch nicht genauso denken wie Dr. Ramos."

„Ach, Mercedes, ich könnte dir Dinge erzählen . . ."

„Was meinen Sie, Francisco?"

Montserrat sah zu seiner Haushälterin auf, und als käme er erst jetzt wieder zu sich, sagte er mit kämpferischem Gesichtsausdruck: „Nichts, Mercedes! Sie werden es nicht schaffen, glaube mir! Eher werde ich sie alle vernichten."

Ramos staunte, als er bei seiner Rückkehr von einem Krankenbesuch Adriano auf seinen Koffern sitzend vor der Praxis antraf. Er hatte nicht damit gerechnet, daß sein Schützling seine gestrige

Ankündigung so schnell in die Tat umsetzen würde. Freudig umarmte er ihn und wies ihm eine kleine Kammer zu, in der er sich fürs erste einrichten sollte. Dann erzählte er ihm von dem Brief, den er an Carolas vermeintliche Mutter in Paris abgesandt hatte. Er hoffte auf eine baldige Antwort.

Adriano hörte nur mit halbem Ohr zu. Er wollte so schnell wie möglich Rosália von seinem Auszug bei Montserrat in Kenntnis setzen. Ramos bot ihm an, Rosália in seine Praxis zu holen.

Der Arzt mußte in der Pension einige Zeit auf Rosália warten, denn die junge Frau war im Waisenhaus, um dort ihr erstes selbstverdientes Geld abzuliefern. Tags zuvor hatte sie Danilo erstmals Modell gestanden, und sie hatte sich gewundert, wie anstrengend sich diese auf den ersten Blick so leichte Arbeit gestaltete. Als sie die Zeichnungen sah, war sie mit sich und ihrem Künstler sehr zufrieden, wunderte sich aber, daß Danilo ihre Gesichtszüge nicht unkenntlich gemacht hatte. Der Maler beruhigte sie mit dem Hinweis, dies seien nur Proben für seinen Chef, der seine Modelle einmal unverfälscht sehen wolle. Die endgültigen Arbeiten werde er so ausführen, daß niemand Rosália erkennen könne. An diesem Morgen war dann Danilo mit einem beträchtlichen Vorschuß bei Rosália aufgetaucht und hatte seinem Modell angekündigt, daß sein Chef sie kennenlernen wolle. Rosália fand dies merkwürdig und war entschlossen, den Mann nicht zu empfangen.

Die Nachricht von Adrianos Umzug kam für die junge Frau sehr überraschend. Noch an diesem Vormittag, kurz nach dem Gespräch mit Padre Ignácio, hatte sie ihrem Onkel Manél gegenüber ihre Besorgnis darüber geäußert, daß Adriano sich von den Klagen des Priesters beeindrucken lassen könnte. Manél Barbosa hatte beruhigend auf seine Nichte eingeredet und ihr zudem die Adresse des Anwaltes da Silva gegeben. Er riet ihr, sich bei da Silva nach Möglichkeiten zu erkundigen, die Ehe mit Montserrat annullieren zu lassen.

Von diesem Ratschlag des Wirtes erzählte Rosália auch Adriano, nachdem sie ihn in Ramos' Wohnung mit brennenden Küssen und Seufzern der Erleichterung begrüßt hatte. Adriano zeigte sich an diesem Tag entschlußfreudig wie selten. Kaum hatte ihm Rosália von dem Anwalt erzählt, schlug er vor, da Silva sofort aufzusuchen.

Das Gespräch bei dem Advokaten dauerte kaum eine halbe Stunde. Da er den Sachverhalt von früher schon kannte, konnte da Silva den Liebenden sogar Hoffnungen machen, die allerdings an Bedingungen geknüpft waren.
„Es gibt tatsächlich Möglichkeiten, die Eheschließung für null und nichtig zu erklären. Wie Sie mir eben erläuterten und wie ich von Ihrer werten Frau Mutter bereits weiß, wurde Senhor Augusto Medeiros gewissermaßen erpreßt. Sie selber waren damals unmündig, Doña Rosália, Ihre Unterschrift ist demzufolge bedeutungslos. Aber zwei Voraussetzungen müssen unbedingt erfüllt sein: Zum einen müßte Ihr Vater, Don Augusto, an Eides Statt erklären, daß Senhor de Montserrat ihn zu dem Ehevertrag gezwungen hat."
Rosália sah zweifelnd zu Adriano. Der aber nickte und fragte:
„Und die zweite Bedingung?"
„Die zweite Bedingung hängt an Ihnen beiden: Um das Problem nicht zu erschweren, müßten Sie für die Zeit des schwebenden Verfahrens darauf verzichten, sich zu treffen. Unter gar keinen Umständen darf man Sie beide gemeinsam in der Öffentlichkeit sehen. Und bedenken Sie: Die Mühlen der Justiz mahlen äußerst langsam, Sie müssen sich daher auf eine lange Trennungszeit einstellen."
Adriano und Rosália sahen sich traurig an, beide waren von dieser Aussicht wenig angetan. Doch es ging um ihr Glück, und dafür mußten sie Opfer bringen. Also beauftragten sie den Anwalt, Rosálias Rechte wahrzunehmen.

Am späten Nachmittag erschien Danilos Auftraggeber in der Pension und verlangte, Rosália zu sprechen. Die junge Frau wollte sich verleugnen lassen, doch der Maler drängte sie inständig, seinen Arbeitgeber nicht zu verprellen.
Alberto Cerqueira war ein junger Mann von höchstens dreißig Jahren, nur unwesentlich kleiner als Nelo Barbosa, braungebrannt, schwarzhaarig, mit dunklen, brennenden Augen. Seine Kleidung war von ausgesprochener Eleganz. Rosália wurde in Gegenwart dieses attraktiven Mannes ein wenig verlegen. Zugleich spürte sie mit Unbehagen, wie er sie unablässig taxierte. Auch verstand sie nicht, welchem Zweck dieser Besuch eigentlich diente.

„Besuchen Sie alle Modelle Ihrer Künstler persönlich?" erkundigte sich Rosália kühl.
„Das nicht, aber in Ihrem Fall . . . Danilos Entwürfe haben mich ungemein beeindruckt. Sie sind ohne Zweifel sein schönstes Modell, Doña Rosália, deshalb wollte ich Sie unbedingt einmal von Angesicht zu Angesicht sehen. Außerdem soll Danilo eine Sonderserie erstellen, nur von Ihnen."
„Sie wissen, Don Alberto, daß ich diese Arbeit nur angenommen habe, weil ich den Kindern im Waisenhaus helfen will. Ich habe nichts anderes gelernt."
„Um so besser", erklärte Alberto begeistert. „Dann werden Sie mir meinen Vorschlag gar nicht abschlagen können. Ihre Schönheit und Danilos Talent gewährleisten eine erfolgreiche Zusammenarbeit, und das hilft uns allen, auch den Kindern."
Alberto verabschiedete sich von Rosália mit einer tiefen Verbeugung. Und obwohl der junge Mann sich korrekt verhielt, wich Rosália seinen schmeichelnden Höflichkeiten aus. Das begehrliche Funkeln in seinen Augen war ihr unangenehm.
Danilo begleitete seinen Auftraggeber auf die Straße, wo ein prunkvoller Tilbury auf ihn wartete. Alberto zog einige Geldscheine hervor, die er Danilo für Rosália in die Hand drückte. Erstaunt fragte der Maler nach dem Grund des neuerlichen Vorschusses.
„Weil sie mit der Sonderserie einverstanden ist. Du kannst ihr sagen, daß mich die Geschichte mit den Kindern tief beeindruckt hat."
„Warum hast du ihr denn das Geld nicht persönlich gegeben?"
„In Gelddingen zwischen Mann und Frau, mein lieber Danilo, ist es immer besser, wenn man einen Mittler einschaltet."

Mercedes mußte unterdessen beobachten, wie Montserrat nach einem weiteren Gespräch mit Padre Ignácio aufgebracht zu seinem Schreibtisch ging und aus der untersten, stets verschlossenen Schublade eine Pistole hervorholte. Erschrocken drang die Haushälterin in ihn, keine unbedachten Schritte zu unternehmen. Doch Montserrat schob sie barsch beiseite und verließ das Haus. Er war verärgert über den Padre, der ihm geraten hatte, Demut zu üben, statt seine Anverwandten mit Haß zu verfolgen. Nur so dürfe er hoffen, deren Achtung und Liebe wiederzugewinnen.

Ramos studierte zur gleichen Zeit angestrengt einige Papiere, die er von der Klinik zugesandt bekommen hatte: Berichte über die aktuellen Schwierigkeiten im Gesundheitswesen. Als es an der Tür pochte, wollte er zunächst nicht öffnen. Doch der Besucher blieb hartnäckig und schlug von Mal zu Mal heftiger gegen die Tür. Verärgert erhob sich Ramos und schob den Riegel beiseite. Vor ihm stand Montserrat.
„Was wollen Sie denn hier? Adriano ist nicht bei mir, falls Sie ihn suchen sollten."
„Ich muß mit Ihnen sprechen", erklärte der Bankier und trat ohne Aufforderung in Ramos' Behandlungszimmer.
„Ich wüßte nicht, was es zwischen uns beiden noch zu sagen gäbe, unsere Angelegenheiten sind erschöpfend erörtert."
Montserrat funkelte sein Gegenüber haßerfüllt an. Dabei hielt er die ganze Zeit seine rechte Hand in der Jackentasche verborgen, in der sich die Pistole befand.
„Dann werfen Sie mich doch zur Tür hinaus, Dr. Ramos."
„Es ist nicht meine Art, Besucher zu verjagen. Auch habe ich keine Diener, die eigens dafür ausgebildet sind. Doch sprechen Sie endlich, sagen Sie mir, was dieser Überfall soll. Ich habe zu arbeiten, meine Zeit ist kostbar."
„Wenn ich mich recht besinne, Ramos, haben wir die Abmachung getroffen, uns voneinander fernzuhalten. Sie aber mischen sich ständig in meine Familienangelegenheiten, schleichen sich wie ein Dieb in mein Haus und belästigen meine kranke Schwägerin . . ."
„Ich belästige Ihre Schwägerin nicht", unterbrach Ramos ihn empört, „sondern ich behandele eine hilflose Kranke, die von Ihnen eingesperrt und mißhandelt wird."
Montserrat rang nach Luft.
„Wer gibt Ihnen das Recht zu solch unglaublichen Beschuldigungen? . . . Doch damit nicht genug, schicken Sie mir auch noch Ihre kleine Hure ins Haus . . ."
„Noch ein Wort, Montserrat, und ich werfe Sie doch noch hinaus. Mich können Sie beschimpfen, doch ich lasse nicht zu, daß Sie Carola beleidigen. Sagen Sie endlich, was Sie von mir wollen."
„Ich verlange, daß Sie sich aus meinen Angelegenheiten heraushalten. Ich lasse nicht zu, daß Sie ohne meine Erlaubnis meinen Sohn

bei sich unterbringen. Ich lasse mir meinen Sohn nicht von Ihnen fortnehmen, nach allem, was . . ."

„Ihr Sohn", unterbrach ihn Ramos mit hochrotem Gesicht, „hören Sie doch endlich auf, immer von Ihrem Sohn zu reden!"

Ramos verstummte jäh, der Auslöser des abermaligen Streites der beiden Feinde stand in der Tür.

„Was soll dieser Streit?" fragte Adriano. Und an Ramos gewandt: „Und weshalb soll er mich nicht seinen Sohn nennen?"

„Weil er dich nicht wie einen Sohn behandelt, sondern wie einen Sklaven, wie einen Hund, der ihm aufs Wort zu gehorchen hat. Doch im übrigen ist es deine Entscheidung. Ich lasse euch allein, damit ihr euch ungestört aussprechen könnt."

Der Arzt verließ sein Behandlungszimmer und ging, noch immer vor Wut zitternd, in den Wohnraum, wo er am geöffneten Fenster mehrmals tief durchatmete. Endlich hatte er sich gefaßt und wollte zu den Montserrats zurück. Auf dem Flur kam ihm Adriano mit besorgtem Gesichtsausdruck entgegen. Ramos sagte:

„Er hat vielleicht recht, Adriano, ich bin zwar dein Freund, aber er ist dein Vater. Fühle dich ungebunden . . ."

Adriano bemerkte, daß Ramos ihm bei diesen Worten nicht in die Augen sehen konnte, und das Beben in der Stimme des Freundes verriet, wie hart der Arzt mit seinen Gefühlen kämpfte. Gemeinsam kehrten sie ins Behandlungszimmer zurück, wo Montserrat in unverändert drohender Haltung auf seinem Platz verharrte.

„Vater, ich werde hierbleiben, und ich bitte Sie, zu gehen. Dr. Ramos hat mit meinem Entschluß nichts zu tun."

„Habe ich verdient, mein Sohn, was du mir antust? Daß du mich derart demütigst?"

Adriano zeigte sich unbeeindruckt. Enttäuscht, mutlos und mit gesenktem Blick ging der Bankier zur Tür hinaus.

Als Montserrat kurz darauf mit versteinertem Gesicht die Villa betrat, empfing ihn die in Angst aufgelöste Mercedes.

„Gott sei Dank, da sind Sie ja. Ich habe die ganze Zeit gebetet, daß nichts passiert."

„Dann bete weiter, Mercedes! Ich bin am Ende. Vor meinem größten Feind habe ich mich erniedrigt, aber es hat mir nichts genutzt. Ich habe meinen Sohn verloren."

„Aber Francisco, vergessen Sie ihn doch. Bedenken Sie doch, wie glücklich wir beide hier waren, bevor . . ."
„Du lügst, Mercedes. Wir waren noch nie glücklich."
Das Gesicht unter dem kastanienroten Haar verfinsterte sich, zurückgewiesen und gekränkt zog sich die liebende Frau auf ihre Kammer zurück.

Ramos und Adriano berieten bis spät in die Nacht hinein über die Ereignisse des Tages. Der Auftritt Montserrats war schnell abgehandelt, da sich Ramos wie üblich über dieses Thema ausschwieg. Auch die Aussagen da Silvas zu den Möglichkeiten, die Ehe Rosálias annullieren zu lassen, gaben wenig Anlaß zu Debatten: Rosália mußte ihren Vater zur Aussage gegen den Bankier bewegen, und Adriano durfte sich die nächste Zeit nicht mit seiner Geliebten zeigen. Doch Adriano hatte den Anwalt beiläufig auch auf seine Tante angesprochen, und dieses Thema war für Ramos von Belang.
„Der Anwalt hat mir auf meine Frage, ob ich nicht die Pflegschaft für meine Tante beantragen könnte, geantwortet, daß im Grunde nur Verwandte ersten Grades solch einen Antrag mit Aussicht auf Erfolg stellen dürften. Ich selber hätte wenig Aussichten, aber ein Sohn oder eine Tochter würden vor Gericht zweifellos das Sorgerecht zugesprochen bekommen. Ich habe bei dieser Auskunft sofort an Carola gedacht. Was meinen Sie, Ramos?"
„Eine Möglichkeit wäre dies schon. Nur fehlen uns bislang sämtliche Beweise für unsere Hypothese. Ich habe an Nanette in Paris geschrieben, aber du weißt selber, wie lange es dauern kann, bis ich eine Antwort bekomme. Und dann müssen wir das verwandtschaftliche Verhältnis zwischen Joana und Carola gerichtlich beglaubigen lassen."
„Aber so lange können wir nicht warten. Sie wissen selber, Ramos, daß ich Joana nicht behandeln kann, weil mir mein Vater sämtliche Besuche bei der Kranken untersagt. Und wir dürfen nicht warten, gerade jetzt nicht, wo sich erste Zeichen der Besserung eingestellt haben."
„Das ist ganz meine Meinung. Doch was willst du tun?"
„Ich weiß es nicht. Haben Sie keine Idee?"
„Schon . . . Dein Vater mißhandelt Joana, und wenn wir dies vor

Gericht beweisen könnten, hätten wir gewonnen. Der Anwalt müßte also ein Verfahren gegen Montserrat anstrengen. Wir hätten dann den Beweis zu führen, daß er nicht einmal vor Joanas Geisteszustand Respekt hat und sie ständig prügelt. Mit Berenice und Raimundo als Zeugen . . ."

Adriano schüttelte nachdenklich den Kopf.

„Ramos, bedenken Sie doch: Soll ich meinen eigenen Vater vor Gericht bringen? Gibt es keine andere Lösung?"

„Entschuldige bitte", entgegnete Ramos mit ironischem Unterton, „du mußt verzeihen, daß ich dieses kleine Detail immer wieder vergesse."

2. KAPITEL

Im Kaffeehaus wurden die letzten Vorbereitungen für den Galaabend getroffen. Manél hatte einen berühmten Tenor aus Argentinien verpflichtet, dessen Vortrag den Höhepunkt der Veranstaltung bilden sollte. Inmitten des geschäftigen Treibens stand Catarina Barbosa und gab mit herrischer Stimme Anweisungen. Nelo und seine Freunde führten die erforderlichen Umbauarbeiten durch. Die kleinen Tische in der Mitte des Saals mußten so umgestellt werden, daß man auch von den Nischen, die sich in der linken Wand befanden, freien Blick auf die gegenüberliegende Bühne hatte. Auf einer großen Leiter stand Bodoque und putzte die beiden riesigen Kronleuchter, während Paula die weinroten Samtvorhänge, die vom Staub der letzten Jahre befreit worden waren, zu beiden Seiten der Bühne anbrachte.

Während einer Arbeitspause drängte Nelo den überraschten Danilo, den Freunden einige seiner Zeichnungen zu präsentieren. Der Künstler zierte sich, es war ihm ohnehin schwer genug gefallen, den anderen die Quelle seiner beträchtlichen Einnahmen zu gestehen. Carola hatte ihn schließlich überzeugt, daß dies die einzige Möglichkeit sei, weiteren, noch übleren Verdächtigungen ein Ende zu machen.

Als schließlich auch Manél auf Danilo einredete, Proben seiner Kunst zu zeigen, zog der Maler eine Serie von Zeichnungen hervor, die er heute noch an Alberto weitergeben wollte. Das Modell war Rosália, gezeichnet in einem äußerst gewagten Mieder. Die Gesichtszüge waren zwar verändert worden, doch wer das Modell gut kannte, hätte mit ein wenig Fantasie sicher erraten können, wer hier abgebildet war.

Manél Barbosa schöpfte keinen Verdacht. Freilich galt sein Augenmerk auch nicht dem Gesicht des Modells.

„Großartig", lobte der Wirt den verschämt zu Boden blickenden Künstler. „Deine Zeichnungen sind wunderschön. Dieser schmale und dabei doch so wohlgeformte Körper . . . Du solltest uns dein Modell einmal vorstellen, Danilo."

Er schnalzte genießerisch mit der Zunge. Plötzlich wurde er sich

jedoch der Gefahr bewußt, in der er schwebte und blinzelte verstohlen in Richtung Theke. Doch seine Frau war damit beschäftigt, einen der Kellner zu maßregeln und kümmerte sich nicht um die konspirativ flüsternde Gruppe der Männer. Schnell reichte Manél die Karten seinem Sohn.
Nelo betrachtete die Zeichnungen mit anerkennendem Blick, wobei ihm Rogério verschämt über die Schulter schaute.
„Warum hast du uns deine Kunst nur so lange vorenthalten, Danilo? Das war wahrlich kein Freundschaftsbeweis!"
Juca streckte seine Hand gierig nach den Zeichnungen aus, doch ehe er zugreifen konnte, wurden Nelo die Karten aus der Hand gerissen. Paula hatte die Versammlung heimlich beobachtet und sich der Gruppe unbemerkt genähert. Versunken in die Bewunderung von Rosálias Formen, war keinem aufgefallen, daß sie inzwischen dicht genug bei ihnen stand, um die Ergebnisse der Kunst Danilos zu identifizieren.
Der Maler protestierte:
„Paula, geben Sie mir die Zeichnungen. Es sind Arbeiten, die ich gleich meinem Chef abliefern muß."
„Arbeiten? Wenn Sie das Arbeit nennen, Danilo . . . Aber Sie haben gewiß genügend andere ‚Arbeiten'. Diese hier werde ich für mich behalten. Auch ich bin eine große Bewunderin Ihres Talentes, lieber Danilo!"
„Gib ihm die Zeichnungen zurück!" befahl Nelo, doch seine Schwester lächelte nur herablassend und verschwand mit ihrer Beute im Küchenraum hinter der Theke.
„Was hast du denn da?" rief Catarina entsetzt, als sie ihre Tochter mit der Zeichnung einer spärlich bekleideten jungen Frau überraschte.
„Schau Mutter . . . Ekelhaft, nicht wahr?"
„Und was machst *du* damit?"
„Sieh doch mal genau hin, das Gesicht ist seltsam verzeichnet, aber meinst du nicht auch . . ."
Sie reichte ihrer Mutter die Karte. Catarina prüfte das Kunstwerk mit abschätzigem Blick.
„Was soll ich meinen? Schmutzig ist das, aber ich habe ja immer gesagt, daß mir dieser Danilo sehr verdächtig ist."

„Was interessiert mich Danilo? Schau dir doch mal genau das Modell an! Ich bin mir fast sicher, daß die dargestellte Person mein Cousinchen Rosália ist."
Sie sah die Mutter triumphierend an, doch Catarina starrte nur ungläubig vor sich hin. Schließlich nahm sie die Karte mit argwöhnischen Blicken erneut in die Hand.

Adriano erhielt an diesem Morgen Besuch von seiner Amme Berenice. Die Gärtnersfrau drängte ihn zur Heimkehr, getrieben von der Sorge um die kranke Joana.
„Sie hat einen Tobsuchtsanfall gehabt, schlimm, wie seit Jahren nicht mehr. Sie hat weder gelacht noch geschrien, aber alles in ihrem Zimmer zerschlagen."
„War mein Vater bei ihr?"
„Nein, ich weiß überhaupt nicht, weshalb sie gestern derart getobt hat. Glücklicherweise hat der Patron auch nichts gehört, jedenfalls ist er nicht gekommen. Dabei hat es sehr lange gedauert, bis ich sie endlich beruhigen konnte."
Adriano betrachtete seine Amme nachdenklich. Berenice war den Tränen nahe.
„Adriano", flehte sie ihn an, „du mußt zurückkommen. Ich weiß mir bald keinen Ausweg mehr. Seit Jahren pflege ich Doña Joana, und seitdem du sie behandelst, habe ich endlich wieder Hoffnung geschöpft. Aber jetzt . . ."
„Es geht nicht, Bere, ich kann nicht zurückkommen. Wir müssen ein wenig Geduld haben. Dr. Ramos und ich haben Pläne, meinem Vater das Sorgerecht für die Kranke zu entziehen."
„Deinem Vater geht es auch sehr schlecht. Mercedes sagt, er habe kaum noch etwas gegessen, seitdem du fort bist. Er geht nicht einmal in die Bank . . ."
„Seinetwegen kann ich am wenigsten zurückkommen, Bere. Versteh doch: Ich kämpfe darum, ihm die Ehefrau fortzunehmen, vielleicht müssen wir sogar vor Gericht gehen."
Berenice seufzte. Sie verstand die Motive ihres Pflegekindes nur zu gut und konnte doch ihre Enttäuschung nicht verhehlen. Die Liebe zu Adriano stand in Widerspruch zu den Sorgen um die Kranke. Doch Adriano war nicht umzustimmen.

Der Galaabend in Manéls Kaffeehaus war das Stadtgespräch dieses Tages. Auch im Haus Padre Ignácios liefen hektische Vorbereitungen, denn Alice hatte ihren Schwestern gestattet, mit ihr gemeinsam dem Ereignis beizuwohnen. Die kleinen Nichten liefen aufgeregt durch die Wohnung und diskutierten heftig die Kleiderfrage. Mitten in dieses Durcheinander platzte Paula hinein. Sie wunderte sich, den kleinen Priester nicht anzutreffen.

„Was wollen Sie denn von Onkel Ignácio?" erkundigte sich Mariana. „Vielleicht können wir Ihnen helfen?"

„Ich glaube kaum, es geht um eher dienstliche Dinge. Padre Ignácio ist doch verantwortlich für das Waisenhaus."

„Ja", bestätigte Mariana, die in Abwesenheit Alices das Wort führte. „Was ist mit dem Waisenhaus? Vielleicht kann ich Ihre Fragen beantworten?"

„Nun, ich habe gehört, im Waisenhaus gibt es große Probleme. Vielleicht kann ich helfen . . ."

„Wie schön", plapperte Marize dazwischen, „Ihre Cousine hat Onkel Ignácio auch schon mit kleineren Geldbeträgen geholfen . . ."

Der böse Blick Marianas ließ Marize verstummen. Paula war zufrieden, sie hatte erfahren, was sie hören wollte. Doch woher hatte Rosália das Geld?

Mariana ergriff von neuem das Wort.

„Ich glaube, Senhorina Paula, Sie sollten später noch einmal vorbeikommen. Onkel Ignácio wird heute nachmittag sicher hier sein. Er hat versprochen, uns noch ein bißchen auf die Musik vorzubereiten, die wir heute abend bei Ihnen im Kaffeehaus hören werden."

Während Paula dem Geheimnis Rosálias gefährlich nahe gekommen war, empfing das Opfer dieser Intrige abermals Besuch von ihrem Arbeitgeber. Alberto Cerqueira kam unangemeldet, doch mit einem prächtigen Blumenstrauß in der Hand.

„Was wollen Sie mit den Blumen, Don Alberto? Sie haben mir doch erst gestern einen Vorschuß ausgezahlt."

Rosália sprach mit zitternder Stimme, sie konnte nicht mehr daran zweifeln, daß der junge Mann ihr den Hof machte.

„Diese Blumen sind ein bescheidener Ausdruck der Verehrung, die

ich für Sie hege, Doña Rosália. Sie sind eine schöne, aber auch eine sehr gütige Frau. Danilo hat mir von Ihrem Einsatz für die Waisenkinder erzählt. Das hat mich stark beeindruckt."
„Verzeihen Sie, Don Alberto, aber ich glaube kaum, daß es sich für mich schickt, Blumen von einem Fremden anzunehmen."
„Aber Doña Rosália, was sollte daran auszusetzen sein? Im übrigen bin ich auch gekommen, Sie auf den heutigen Abend ins Kaffeehaus einzuladen. Ein berühmter Tenor wird Proben seiner Kunst geben."
„Es tut mir sehr leid, aber diese Einladung kann ich nun wirklich nicht annehmen. Wie Sie wissen, bin ich eine verheiratete Frau. Was würden die Leute sagen?"
Alberto schaute sie traurig an, seufzte und redete schmeichelnd auf seine Angestellte ein. Doch Rosália war nicht umzustimmen.
„Wie wäre es, wenn Sie statt meiner Senhorina Esmeralda auffordern, Sie zu begleiten? Sie hat Danilo ebenfalls Modell gestanden, und ich glaube, sie würde sich sehr über Ihre Einladung freuen. Sie wissen selber, daß eine Frau dort kaum allein hingehen kann."

Das Kaffeehaus erstrahlte in hellstem Glanz. Die riesigen silbernen Kronleuchter reflektierten das Licht tausendfach, die kleine Bühne war prächtig dekoriert, und Bodoque saß an dem neuen Steinway und empfing die immer zahlreicheren Gäste mit eigenen Kompositionen.
Padre Ignácio und seine Nichten saßen an einem Tisch nahe dem Eingang. Der kleine Priester hielt den Mädchen Vorträge, doch sie hörten ihm kaum zu. Ihre Blicke schweiften unablässig durch den Raum, und wenn sich die Tür öffnete, war es mit ihrer Aufmerksamkeit vollends vorbei. Während Alice unentwegt zur Theke schaute, in der Hoffnung, Nelo würde irgendwann auftauchen, warteten Mariana und Marize gebannt auf Rogério und Danilo. Doch von den jungen Männern war nichts zu sehen, allein Juca saß verloren am Stammtisch der Freunde.
Augusto Medeiros kam auf dem Heimweg von seiner neuen Fabrik an dem festlich erleuchteten Kaffeehaus vorüber. Er blieb unentschlossen vor dem Lokal stehen und schaute durch ein Fenster ins Innere. An einem der vorderen Tische sah er den Padre und seine Nichten. Insbesondere die Anwesenheit Alices war ihm Anlaß

genug, die Heimkehr zu verschieben. Am Tag zuvor hatte sich die junge Frau bei ihm vorgestellt, und er mußte zugeben, daß die Nichte des Pfarrers einen starken Eindruck bei ihm hinterlassen hatte. Augusto wollte gerade auf die Tür zutreten, als eine aufreizend gekleidete, dunkelhaarige Frau in Begleitung eines kaum weniger attraktiven Galans an ihm vorüberschritt. Augusto bemerkte die triumphierenden Blicke Esmeraldas, der es offenkundig eine große Genugtuung war, in Begleitung dieses imposanten Mannes gesehen zu werden. Als der Fabrikant nach kurzem Zaudern die Tür zum Kaffeehaus öffnete, stieß er um ein Haar mit Alice zusammen. Die Frau war völlig verwirrt.

„Aber Senhorina Alice, wollen Sie etwa schon gehen?"

„Oh, Senhor Medeiros . . . Verzeihen Sie meine Ungeschicklichkeit. Ja, ich gehe. Mir wurde schwindlig . . . Es ist so heiß im Kaffeehaus, so rauchig."

„Das ist aber sehr bedauerlich. Ich hatte mich darauf gefreut, mit Ihnen den Tenor zu bewundern."

Alice war verwundert. Die traurig sehnenden Blicke ihres Arbeitgebers, die ihr schon bei ihrem ersten Treffen mit ihm aufgefallen waren, schienen ihr jetzt unangemessen und bedrückten sie.

„Ja, es ist schade. Aber ich muß heim . . ."

„Gestatten Sie, daß ich Sie begleite, Senhorina Alice?"

Ohne eine Antwort abzuwarten, reichte er ihr seinen Arm, und nach einem leichten Zögern hakte sich die junge Frau bei ihm ein. Augustos Versuche, ein Gespräch in Gang zu bringen, blieben erfolglos. Er wunderte sich, daß die Frau am ganzen Körper zitterte, und auch ihr verstörter Blick konnte kaum auf ein simples Unwohlsein zurückzuführen sein.

An der Tür zum Pfarrhaus verabschiedete sich Augusto mit einem unschicklich langen Händedruck. Dabei lächelte er Alice schmeichelnd an. Peinlich berührt entzog die junge Frau ihm ihre Hand und verschwand hastig im Treppenhaus.

Der Fabrikant schlenderte unentschlossen durch die dunklen Straßen. Die Luft hatte sich ein wenig abgekühlt, doch es war immer noch sehr warm. Aus den geöffneten Fenstern drangen die unterschiedlichsten Stimmen und Geräusche zu ihm hinaus. Fast zwangsläufig kam er an der Pension Esmeraldas vorüber. Zufälligerweise

stand Rosália am geöffneten Fenster und atmete die milde, aber schon recht kühle Abendluft ein. Sie erkannte ihren Vater und bat ihn zu sich herauf.
Augusto wußte nicht recht, was seine Tochter von ihm wollte, denn in der letzten Zeit hatte sie ihn meist kühl abgefertigt.
„Es ist schön, dich wieder einmal zu sehen, Rosália. Weshalb besuchst du uns so selten?"
„Ich war heute nachmittag bei Mutter, aber Sie waren in Ihrer Fabrik."
„Schade, wenn ich von deinem Besuch gewußt hätte, wäre ich gewiß zu Hause geblieben. Doch sag, was hat dich zu uns geführt? Und warum hast du mich zu dir gerufen?"
„Eine wichtige Angelegenheit . . . Ich benötige Ihre Hilfe, Papa. Adriano und ich wollen durch den Rechtsanwalt da Silva meine Ehe mit Montserrat annullieren lassen. Die Aussichten sind gut, doch der Advokat benötigt Ihre Zeugenaussage, daß Montserrat Sie zu dem Ehevertrag genötigt hat."
Augustos Gesicht verdüsterte sich.
„Natürlich liegt mir sehr daran, dir zu deinem Glück zu verhelfen, Rosália. Doch die Angelegenheit ist sehr heikel . . . So ein Prozeß wirbelt viel Staub auf, wir müssen Vorsichtsmaßnahmen treffen. Und außerdem . . ."
„Was außerdem?" Rosália wurde ungeduldig, das Zögern des Vaters enttäuschte und verärgerte sie.
„Außerdem wird Montserrat gewiß nicht klein beigeben. Wir müssen damit rechnen, daß er mich anklagt . . . Ich habe den Vertrag schließlich unterzeichnet."
Seine Ausflüchte und die Furcht vor dem mächtigen Bankier, die dem Industriellen vom Gesicht abzulesen war, versicherten Rosália, daß sie auf die Hilfe ihres Vaters kaum rechnen konnte. Als sie ihn schließlich förmlich verabschiedete, wußte sie nicht mehr, was für sie eigentlich schlimmer war, die abermalige Enttäuschung durch den Vater oder die Sorge, ohne seine Mithilfe den Prozeß nicht durchfechten zu können.

Durch das geöffnete Fenster seiner Wohnung konnte Ramos vereinzelte Takte der Musik aus dem Kaffeehaus hören. Der Arzt und sein

Gast waren der Veranstaltung ferngeblieben. Es gab viel zu besprechen. Adriano war schon nach wenigen Tagen über die Aussichtslosigkeit, im Ministerium seine Vorstellungen gegenüber der Bürokratie durchzusetzen, verzweifelt.
„Widerstände, Ramos, nichts als Widerstände! Wenn ich einen Vorschlag äußere, fordert man mich auf, ihn schriftlich zu formulieren. Und ich vermute, dieser Antrag wird dann irgendwo verstauben. Dabei drängt doch die Zeit. Und wenn ich gar auf die Programme von Dr. Oswaldo Cruz verweise, ernte ich nur Kopfschütteln. Es ist, als herrsche im Ministerium die stillschweigende Übereinkunft, seine Pläne von vornherein abzulehnen, ohne sie auch nur zu prüfen."
„Ich will nicht als Besserwisser dastehen, Adriano, aber ich habe dir abgeraten, erinnere dich! Deine Enttäuschung verstehe ich gut, und ich habe sie vorhergesehen: Jemand wie du, mit deinen Träumen und Hoffnungen, wird zwischen den Mühlsteinen der Politik nur zerrieben."
„Ja, Ramos, Sie haben recht, Sie kennen mich anscheinend besser, als ich mich selber kenne."
Der Arzt legte seinem jungen Freund tröstend den Arm um die Schulter.
„Es gibt Möglichkeiten, Adriano, sich auch an anderer Stelle um Verbesserungen im Gesundheitswesen zu bemühen, und zwar wesentlich effektiver. Gestern habe ich in der neuesten Denkschrift von Oswaldo Cruz gelesen. Seine Theorie, die Infektionsherde in den Armenvierteln zu bekämpfen, ist einleuchtend. Von dort werden viele Seuchen in die anderen Stadtviertel weitergetragen. Kurz, ich spiele ernsthaft mit dem Gedanken, mich Cruz' Kampagne anzuschließen. Frag dich doch einmal, ob du nicht gemeinsam mit Cruz, mir und anderen mehr leisten könntest."
Adriano erinnerte sich, daß ein ähnlicher Vorschlag schon zur Debatte stand, als er seinerzeit aus Europa zurückgekehrt war. Insgeheim machte er seinem Vater Vorwürfe, ihn mit der geschenkten Praxis von seinen großen Plänen abgehalten zu haben. Er sah Ramos traurig an, doch in seinen Augen zeigte sich ein Schimmern, das dem Freund Hoffnung machte.
Die beiden Freunde saßen noch lange zusammen. In umständlichen

Formulierungen versuchte Adriano immer wieder eine Frage aufzuwerfen, die ihn seit seinem Einzug bei Ramos beschäftigte. Da er mit seinen vagen Anspielungen nicht weiterkam, fragte er schließlich direkt:
„Ramos, bevor ich bei Ihnen einzog, war Carola doch fast jeden Tag bei Ihnen zu Besuch. Seit vorgestern aber habe ich sie hier nicht mehr gesehen. Hängt das vielleicht mit mir zusammen?"
„Was meinst du, ich verstehe nicht . . ."
„Nun, ich dachte, Carola könnte von besonderer Bedeutung für Sie sein. Von einer Bedeutung, die ein Treffen mit ihr in Anwesenheit eines Dritten erschwert."
Ramos wurde ärgerlich, und der Freund wußte nicht, ob sich sein Gesicht vor Wut oder Scham rötete.
„Was soll das, Adriano, Carola ist eine Freundin, mehr nicht. Ich verbitte mir solche Unterstellungen, von wem auch immer."
„Werden Sie doch nicht böse. Ich wollte Ihnen nur sagen, daß Sie auf mich keine übermäßige Rücksicht nehmen sollen. Wenn ich Sie in Ihren Freiheiten einschränke . . ."
Der Arzt unterbrach ihn unwirsch:
„Es reicht. Du mußt mir keine gönnerhaften Angebote machen, und vor allem brauche ich keine Ratschläge. Du bist zwar mein Freund, solltest aber nicht vergessen, daß ich gut dein Vater sein könnte. Wenn ich Wünsche dieser Art hätte, würde ich sie gewiß äußern. Und damit genug!"
Adriano hörte von ferne die Musik im Kaffeehaus verstummen, der Widerhall des langen Beifallklatschens verriet, daß der Galaabend zu Ende ging. Er sah Ramos nachdenklich an und versuchte, Gründe für die ungewöhnlich heftige Reaktion des väterlichen Freundes zu finden. Der Arzt aber starrte nur geistesabwesend in Richtung Fenster. Adriano hatte eine frische Wunde aufgerissen.

Unmittelbar, nachdem der Tenor seinen Vortrag beendet hatte, drängte Padre Ignácio seine widerstrebenden Nichten zur Heimkehr. Alices überstürzter Aufbruch hatte ihn die ganze Zeit vom Musikgenuß abgelenkt. Er glaubte nicht, daß sie nur der schlechten Luft wegen davongelaufen war.
Tatsächlich lag Alice noch wach auf ihrem Bett, ihr Gesicht war

tränennaß. Der Padre setzte sich auf die Bettkante und sah die junge Frau besorgt an.
„Alice, bitte sag mir doch, was mit dir ist. Wenn es nur die Luft war, weshalb weinst du dann?"
„Verzeihen Sie, Onkel . . . Ich habe Ihnen doch einmal von dem Mann erzählt, der mich vor Jahren so enttäuscht hat . . ."
„Aber Kind, das muß doch schon lange zurückliegen."
„Haben Sie den Mann gesehen, mit dem Esmeralda kam? Er war es . . . Er hat sich kaum verändert, nur älter und eleganter sah er aus. Sonst war alles wie früher . . . in Begleitung irgendeiner fremden Frau . . ."
Sie konnte nicht mehr weitersprechen. Hilflos versuchte der Priester sie zu trösten, zärtlich strich er ihr über das Haar und redete ihr beruhigend zu. Endlich hörte sie auf zu weinen.
„Es ist schon besser, Onkel. Gehen Sie ruhig schlafen. Und sagen Sie den Kleinen nichts. Es war nur . . . Nach all den Jahren . . . Ich hoffte, ihn nie wiederzusehen."

Augusto mußte sich nach seiner Heimkehr von Rosália mit demselben Thema befassen, das ihn Minuten zuvor gequält hatte. Auch Leonor drängte ihn, gegen Montserrat auszusagen.
„Das ist nicht so einfach, wie du denkst", verteidigte er sich. „Soll ich denn vor Gericht behaupten, daß ich meine Tochter verkauft habe?"
„Wie du es nennst, ist mir gleich. Wichtig ist, daß du deinen Fehler wiedergutmachst. Du hast kein Recht, Rosália deine Hilfe zu verweigern."
„Du warst damals auch einverstanden."
Leonor sah ihren Mann verbittert an.
„Wenn es dir hilft, deine Schuld mit mir zu teilen, wenn du dich dann besser fühlst: Gut, ich bin mitschuldig. Doch was ändert das? Wärst du nicht bankrott gewesen, trüge Rosália heute nicht die Last für uns."
„Leonor, der Ton, den du in letzter Zeit anschlägst, macht Gespräche zwischen uns sehr schwierig."
„Nicht nur der Ton . . . Ich kann dir eines versprechen, Augusto Medeiros: Wenn du Rosália ihre Bitte verweigerst, hast du nicht nur eine Tochter, sondern auch eine Ehefrau verloren."

Die Gelassenheit, mit der Leonor diese Worte aussprach, ließ Augusto erschaudern. Diese Ankündigung war kühl vorausgeplant. Augusto ahnte, daß seine Frau nicht zögern würde, den angedrohten Schritt zu vollziehen.
„Aber Leonor, bedenke doch selber, Montserrat ist nicht mehr der Erpresser von früher . . . Du selbst hast mir erzählt, wie besorgt er um Rosália ist. Er zwingt sie noch nicht einmal zu sich, was ihm sicher ein leichtes wäre."
„Keine Diskussionen, Augusto! Du hast mich etliche Male enttäuscht, das Maß ist voll."
„Ich weigere mich ja nicht." Augusto resignierte, die Furcht, seine Frau zu verlieren, war stärker als die Angst vor dem Bankier. „Natürlich werde ich Rosália helfen. Ich sage ja nur, daß wir behutsam vorgehen müssen."

Im Umfeld des Kaffeehauses verbreitete sich inzwischen das Gerücht, Rosália sei eines der Modelle für die heimlich verkauften Postkarten. Natürlich war Paula daran nicht unschuldig. Catarina drängte ihre Tochter sogar, Adriano von Rosálias Sittenlosigkeit in Kenntnis zu setzen. Doch die junge Frau rechnete mit seinem Mißtrauen und schlug deshalb einen verschlungeneren, letztlich aber um so wirkungsvolleren Weg ein: Sie überreichte Bodoque eine der erbeuteten Karten und meinte, Tunica würde sich gewiß über die schöne Zeichnung von Rosália freuen.
Tunica indes wies ihren Verehrer entrüstet zurecht und beschuldigte ihn, törichterweise der verlogenen Paula geglaubt zu haben. Sie wollte Rosália beschützen und ging geradewegs zu Adriano, um ihn zu bitten, den Gerüchten nicht zu glauben:
„Es ist nur eine neue Intrige Paulas, glauben Sie mir, Dr. Adriano. Nie würde Rosália so etwas tun."
Der Arzt zeigte sich äußerlich desinteressiert, doch in seinem Kopf hämmerte es: Hatten Danilo und Rosália ihr Versprechen gebrochen? Er mußte Tunica rasch loswerden.
„Danke, Tunica, es ist schön, daß Sie mich warnen. Ich werde der Sache nachgehen. Doch verzeihen Sie, in wenigen Minuten beginnt meine Sprechstunde. Aber könnten Sie Bodoque zu mir schicken? Ich muß wissen, wer diese Geschichte in die Welt gesetzt hat."

Das Dienstmädchen versprach, sofort ins Kaffeehaus zu gehen. Kaum war sie gegangen, nahm Adriano die von ihr mitgebrachte Karte zur Hand und betrachtete sie aufmerksam. Nein, das war kein Gerücht, keine böse Unterstellung: Waren die Gesichtszüge auch bewußt verzeichnet, so war hier doch eindeutig Rosália abgebildet. Sie hatte ihn abermals hintergangen. Die ganze Stadt konnte nun seine Geliebte halbnackt, wie er fand, betrachten. Schamröte stieg ihm ins Gesicht. Für Sekunden spielte er mit dem Gedanken, sofort in die Pension zu gehen. Doch wozu sollte das noch gut sein? Wutentbrannt warf er die Karte zu Boden. Nein, diesen Vertrauensbruch konnte er nicht verzeihen. Diese Schande war nicht wiedergutzumachen.

Als Tunica kurz darauf im Kaffeehaus erschien, sah sie die Wirtsleute und Paula in einen heftigen Disput verwickelt. Manél schalt seine Tochter.
„Es ist eine unglaubliche Gemeinheit von dir, deine Cousine derart zu diffamieren."
Catarina höhnte:
„Was heißt diffamieren? Rosália hat sich freiwillig in das Haus der halbseidenen Esmeralda begeben. Wen wundert es da noch, wenn sie über kurz oder lang alle Scham verliert und sich für diese schmutzigen Dirnenbilder hergibt?"
„Halt den Mund", zischte Manél. Jetzt bemerkte er Tunica, die zaghaft nähergetreten war: „Was ist denn? Wen suchst du?"
„Bodoque . . . Dr. Adriano möchte ihn sprechen, wegen dieser Karten. Er glaubt nicht, daß Rosália . . ."
Paula lächelte zufrieden, ihre Rechnung war aufgegangen. Frech fuhr sie Tunica über den Mund:
„Was glaubt er nicht? Daß seine Rosália sich wie eine Kokotte der Öffentlichkeit präsentiert?"
Tunicas blasses Gesicht rötete sich.
„Wer ist wohl die Kokotte? Rosália hat es jedenfalls nicht nötig, Dr. Adriano wie eine Bettlerin hinterherzulaufen und immer neue Lügengeschichten zu erfinden. Er liebt sie nämlich. Du bist ja nur neidisch, doch es wird dir nichts helfen . . ."
„Senhor Manél Barbosa", keifte Catarina ihren schweigenden Mann

an, „hörst du unbeteiligt zu, wie ein freches Dienstmädchen deine Tochter beleidigt? In deinem eigenen Haus! Wirf sie hinaus . . ."
„Weshalb? Sie hat ja recht, Paula intrigiert gegen Rosália. Soll ich gutheißen, daß meine Tochter sich schlecht benimmt? Und dir, Catarina, kann ich nur eines sagen: Wenn Rosália tatsächlich Danilos Modell war, was nicht bewiesen ist, dann bist du mitschuldig! Du hast mir verboten, das Waisenhaus zu unterstützen."
„Das ist ja unglaublich . . ."
Catarina zog wütend davon, und Paula folgte ihr, mit einem bösen Seitenblick auf Tunica. Manél beruhigte das Mädchen:
„Hab keine Sorge, ich werde Rosália beistehen. Und Bodoque wird sicher bald zurück sein, ich richte ihm deine Nachricht aus."

Paula hatte nicht nur Bodoque und Tunica in ihr Spiel einbezogen, sondern auch Juca. So schickte sie ihn mit einer der Karten zu Augusto, der schließlich erfahren müsse, wie tief seine Tochter gesunken war. Allerdings drang der Sozius Montserrats nicht bis zu seinem ehemaligen Patron vor. Augusto wies seinen Kompagnon Tuffy an, den jungen Mann vor die Tür zu setzen.
Aber Jucas Besuch hatte dennoch seine Wirkung nicht verfehlt. Tuffy nahm die Karte entgegen und gab sie an Augusto weiter, der daraufhin wutentbrannt zu seiner Frau lief. Die war bereits von Tunica unterrichtet, und mittlerweile zweifelten weder Leonor noch Tunica daran, daß Rosália Danilos Modell war.
Als nun Augusto entrüstet von dem Vergehen seiner Tochter erzählte, eskalierte die neuerliche Auseinandersetzung der Eheleute. Leonor verteidigte ihre Tochter und erklärte Augusto für die ganze Angelegenheit verantwortlich. Als zuletzt der Vater gar seine Zweifel an Rosálias Ehrbarkeit äußerte, empfing er dafür von seiner Frau eine schallende Ohrfeige. Ohne eine Reaktion ihres Mannes abzuwarten, lief Leonor auf ihr Zimmer und verließ es den ganzen Tag nicht mehr.
Nachmittags erschien Adriano bei Rosália. Diese war auf diesen Besuch vorbereitet, denn Danilo hatte ihr kurz zuvor von den sich überschlagenden Ereignissen berichtet. Insgeheim bezichtigte sich Rosália der Naivität: Wie hatte sie glauben können, daß niemand sie wiedererkennen würde?

Adriano machte seiner Geliebten bittere Vorwürfe.
„Weißt du, das Schlimme ist nicht einmal, daß du Danilo Modell gestanden hast. Deine Motive waren sicher lauter, du wolltest den Kindern helfen. Doch du hast mich hintergangen, du hast dein Versprechen nicht gehalten. Das kann ich dir nicht vezeihen."
„Was heißt das, du kannst mir nicht verzeihen? Was habe ich denn verbrochen? Ich sehe selber, daß es einfältig war zu glauben, niemand würde mich wiedererkennen. Doch ich schäme mich nicht für das, was ich getan habe. Wenn niemand den Kindern im Waisenhaus hilft, dann muß ich es eben tun."
Sie wartete auf eine Antwort, doch Adriano schwieg.
„Du willst mich also wieder im Stich lassen, Adriano? Jetzt, wo alle mich verhöhnen und beschimpfen, stehst du nur schweigend da und machst mir Vorwürfe. Doch es ist ja nicht das erste Mal, daß du mich bitter enttäuschst."
Adriano verstand die Welt nicht mehr.
„Nicht genug, daß du mein Vertrauen mißbrauchst, klagst du mich auch noch an . . ."
Rosálias entschlossener Blick ließ ihn verstummen. Wütend machte er kehrt und ging wortlos hinaus. Sein Weg führte ihn unmittelbar zu Ramos. Er erzählte ihm, was geschehen war. Und obwohl der väterliche Freund ihn vor übereilten Schritten warnte, erklärte Adriano, dies sei das Ende seines Verhältnisses zu Rosália. Und um die Unwiderruflichkeit seines Entschlusses zu bekräftigen, wollte er bereits am nächsten Tag zu seinem Vater zurückkehren. Jetzt, wo sie beide nicht mehr um Rosália kämpften, gab es keinen Grund mehr, sich vom Elternhaus fernzuhalten.

Nach Adrianos Besuch vergrub sich Rosália enttäuscht in ihrer Kammer. Alle stellten sich gegen sie, niemand kam, ihr beizustehen. Und sie ahnte, daß dies erst der Anfang eines langen Spießrutenlaufens sein würde.
Es klopfte an der Tür. Nach kurzem Zögern rief sie den Besucher herein. Vor ihr stand Montserrat.
„Rosália, ich habe vom Padre gehört, was dir widerfahren ist."
Rosália wunderte sich über den milden Tonfall und die wehmütigen Augen, mit denen Montserrat sie betrachtete.

„Ja, und? Ich habe Ihren Namen beschmutzt, nicht wahr? Deshalb kommen Sie doch zu mir."
„Sei bitte nicht ungerecht, Rosália. Ich komme, um dir zu helfen. Padre Ignácio hat mir auch erklärt, weshalb du so gehandelt hast. Du wolltest seinem Waisenhaus helfen, und ich will dir sagen, daß du fortan alles Geld bekommen wirst, was du benötigst, um den Kindern zu helfen. Von mir!"
„Danke für Ihr großzügiges Angebot, Senhor de Montserrat. Aber ich kann Ihr Geld nicht annehmen. Muß es auch nicht . . . Denn jetzt kann ich Danilo auch weiterhin Modell stehen, mein Ruf ist ohnehin ruiniert."
„Das muß nicht sein, das können wir zurechtbiegen."
Rosália sah den Bankier zweifelnd an. Seine Großzügigkeit und Hilfsbereitschaft verblüfften sie, aber sie fürchtete seine Hintergedanken.
„Wie denn? Die Karten sind in Umlauf, jeder wird mich von heute an wie eine Dirne betrachten."
„Es gibt eine Möglichkeit, wir müssen nur die Situation ändern. Du bist schließlich meine Ehefrau. Wenn du zu mir kommst, wird niemand es wagen, die Senhora de Montserrat zu beleidigen."
Die junge Frau lachte bitter auf und erwiderte:
„Das ist es also, Sie wollen mich ein zweites Mal kaufen, diesmal für Ihre Unterstützung des Waisenhauses und meinen guten Ruf."
Montserrat zuckte erschrocken zusammen. Er sah Rosália traurig an, suchte nach Worten und bemühte sich, seine Gekränktheit zu verbergen. Doch es gelang ihm nicht. Wortlos drehte er sich um und wollte zur Tür hinausgehen. Rosália zögerte, dann sprang sie auf und lief ihm nach.
„Senhor de Montserrat, verzeihen Sie mir. Ich war ungerecht. Es ist wohl die Enttäuschung über das Verhalten meiner Freunde und Verwandten. Ich habe einen Stein geworfen gegen jemanden, der helfen will."
Montserrat blieb stehen und kam wieder ins Zimmer zurück.
„Ich will dich nicht drängen, Rosália. Du kannst kommen, wann immer du willst. Doch ich glaube wirklich, es ist die beste Lösung. Wenn du zu mir kommst, würdest du damit allen Verleumdungen ein Ende bereiten."

„Sorgen Sie sich denn überhaupt nicht um Ihren Ruf?"
„Ich sorge mich allein um dich und dein Glück!"
Rosália sah den gebeugten Mann ungläubig an. Seine Augen unter der silbernen Brille blickten seltsam gütig.
„Entschuldigen Sie, ich habe in letzter Zeit so viele Enttäuschungen erlebt. Es fällt mir schwer, an die guten Absichten anderer zu glauben."
„Wenn du zu mir kommst, stellst du die Bedingungen unseres Zusammenlebens. Ich werde nichts von dir fordern, was du mir nicht freiwillig geben willst."
Rosália war noch immer nicht überzeugt.
„Und was haben Sie davon?"
„Ich will dir etwas gestehen: Seit annähernd zwei Jahrzehnten, seit meine erste Frau gestorben ist, lebe ich allein in diesem riesigen Haus, nur mit meiner Haushälterin. Wenn man jung ist, fällt es leicht, nur von Bediensteten umgeben zu sein. Doch im Alter wird die Einsamkeit von Tag zu Tag unerträglicher. Und zu der Qual gesellt sich das Gefühl, gescheitert zu sein. Alle halten mich für reich und mächtig, aber ich habe keine Freunde. Ich habe meinen Sohn verloren und ich habe keine Frau, die mich liebt."
Montserrats Stimme zitterte, die letzten Worte brachte er nur stockend hervor. Sein Gesicht drückte soviel Wehmut aus, daß es Rosália nicht möglich war, ihn ohne ein Wort der Hoffnung gehen zu lassen.
„Ich werde über Ihr Angebot nachdenken, Senhor de Montserrat. Sie müssen verstehen, wenn ich nicht einfach zusagen kann. Das alles kommt sehr überraschend für mich."
Der Bankier seufzte erleichtert und verabschiedete sich mit einem innigen Handkuß von seiner Ehefrau. Er ahnte, daß er in dieser Stunde seinem Ziel näher gekommen war.

3. KAPITEL

Rosália war unmittelbar nach Montserrats Besuch noch fest entschlossen, sein Angebot abzulehnen. Doch bereits am nächsten Tag überstürzten sich die Ereignisse. Früh am Morgen tauchte von neuem Alberto Cerqueira bei ihr auf. Dieses Mal kam er ohne Umschweife zur Sache und erklärte der überraschten jungen Frau, daß er sie liebe. Nur mit Mühe konnte sie sich seines stürmischen Versuchs erwehren, sie zu küssen. Empört wies sie ihm die Tür. Glücklicherweise kam Esmeralda ihr zu Hilfe, die den Tumult aus Rosálias Kammer vernommen hatte. Verärgert verließ der junge Mann daraufhin die Pension.

Kaum eine Stunde später kam Rosália in noch ärgere Bedrängnis. Als sie nach ihrem morgendlichen Einkauf vom Markt zur Pension zurückging, passierte sie eine Gruppe junger Männer. Einer von ihnen rief laut:

„Schaut mal, ist das nicht die Hübsche von den Karten?"

Ohne Zögern wechselten die Männer die Straßenseite und näherten sich Rosália mit gierigen Blicken. Von Panik erfaßt lief die junge Frau davon und konnte sich mit Mühe in Ramos' Haus flüchten.

Der Arzt schaute erstaunt auf, als Rosália atemlos vor ihm stand und ihm erzählte, was gerade vorgefallen war.

„Es ist doch vorüber, Sie sind ja in Sicherheit, Rosália. Ich werde Sie in die Pension zurückbringen. Doch verschnaufen Sie erst einmal."

„Adriano ist nicht da?" fragte Rosália bangend.

„Nein, er ist zu seinem Vater zurückgekehrt. Er will mir nicht zur Last fallen, sagt er jedenfalls."

Rosália zögerte, ob sie dem Arzt von Montserrats Angebot erzählen sollte. Nach den Vorfällen dieses Vormittags war ihr klar, daß sie nicht mehr in Esmeraldas Pension bleiben konnte. Doch wohin sollte sie gehen? Zu ihren Eltern? Nach dem letzten Gespräch mit Augusto hatte sie dazu wenig Anlaß. Und Adrianos Heimkehr zu seinem Vater bestätigte nur seinen gestrigen Auftritt: Er ließ sie fallen.

Ramos begleitete die junge Frau in die Pension, wo sie gleich begann, ihre Koffer zu packen. Die Enttäuschung über Adrianos

Verhalten wich unverhohlenem Ärger: Wieder einmal zeigte er kein Vertrauen. Statt ihr zu helfen, verstieß er sie. Sie wollte sich vor ihm nicht erniedrigen, nie wieder.
Am frühen Nachmittag erschien Rosália in der Villa des Bankiers und bat die überraschte Mercedes, ihr restliches Gepäck von Raimundo aus der Pension holen zu lassen.
Montserrat saß gerade mit Adriano in seinem Arbeitszimmer.
„Verzeihen Sie bitte, Senhor de Montserrat, ich wollte Ihre Unterredung nicht stören . . . Verzeih auch du, Adriano."
„Was gibt es zu verzeihen, wenn Sie Ihre Rechte in diesem Haus wahrnehmen", antwortete Adriano gereizt.
Montserrat hingegen erhob sich erfreut und begrüßte seine Frau mit einer höflichen Verbeugung.
„Wie schön, daß du gekommen bist. Es ist für uns alle eine große Freude. Nicht wahr, Adriano?"
„Aber gewiß doch." Der bissige Unterton entging weder Rosália noch seinem Vater. Schroff bis an die Grenze der Unhöflichkeit, verabschiedete sich Adriano: „Sie müssen mich beide entschuldigen, ich habe noch zu tun."
„Aber wir wollten doch gleich zusammen essen . . ."
„Verzeihen Sie, Vater, es handelt sich um eine dringende Sache, die ich völlig vergessen hatte."
Grußlos verließ der junge Mann den Raum. Rosália erklärte, sie müsse sich vor dem Essen noch ein wenig erfrischen, Montserrat solle nicht auf sie warten.
„Sie haben versprochen, mir Schutz zu gewähren, allein deshalb bin ich gekommen. Ich möchte Ihre Lebensgewohnheiten nicht durcheinanderbringen, und ich will Ihnen auch keine falschen Versprechungen machen."
„Aber Rosália, natürlich warte ich mit dem Essen auf dich. Und alles übrige wird sich ergeben. Was ich dir gestern versprach, gilt uneingeschränkt. In meinem Haus bist du vor bösen Zungen geschützt, und ich werde dich nicht bedrängen. Im übrigen kannst du weiterhin ins Waisenhaus gehen, so oft du willst. Zu deinem Schutz wird dich Mercedes begleiten."
Rosália versuchte zu protestieren. Doch mit dem Hinweis, solange die Geschichte mit den Postkarten noch in aller Munde sei, müsse

Rosália vorsichtig sein, bestand Montserrat darauf, daß sie ohne Mercedes nicht das Haus verließe.

Adriano ging zu Ramos. Er hatte den Freund an diesem Tag ohnehin aufsuchen wollen, um ihm eine wichtige Entscheidung mitzuteilen, doch Rosálias Einzug bei Montserrat ließ ihn sein eigentliches Anliegen fast vergessen.
„Das ist der zweite Verrat innerhalb weniger Tage", sagte er. „Erst die Sache mit den Karten, jetzt die Flucht zu meinem Vater. Ich hätte das nie für möglich gehalten."
„Besinne dich, Adriano, immerhin hast du Rosália gestern verlassen. Und dann der Vorfall von heute morgen, von dem ich dir erzählt habe. Ich bin sicher, daß Rosália sehr verzweifelt ist, sonst hätte sie diesen Schritt nicht getan."
„Warum geht sie zu ihm? Nein, Ramos, da steckt noch etwas anderes dahinter. Ich fürchte, Rosálias Einzug ist gleichbedeutend mit ihrer Absicht, die Ehe zu vollziehen."
Ramos war fest davon überzeugt, daß nur das verlorene Vertrauen in Adrianos Standhaftigkeit Rosália zu dieser Tat getrieben haben konnte. Doch er wollte dem Freund keine Vorwürfe machen und versuchte, das Thema zu wechseln.
„Du wolltest mir doch noch etwas anderes erzählen?"
„Ja, aber das ist fast schon nebensächlich. Als ich bei meinem Vater war, um ihm meine Rückkehr anzukündigen, habe ich auch über meine Schwierigkeiten im Ministerium gesprochen. Er versuchte abzuwiegeln, und als ich andeutete, bald zu demissionieren, hat er mir klar zu verstehen gegeben, daß ich ihm meine Ernennung zu verdanken hätte und mein Abschied sicher auch seinen Einfluß schmälern würde."
„Habe ich dir das nicht gleich gesagt?"
„Ja, und ich habe Ihnen nicht geglaubt, ich dachte, Ihre Feindschaft ließe Sie ungerechtfertigte Verdächtigungen aussprechen. Kurz, ich halte das nicht mehr länger aus. Heute noch habe ich einen Antrag abgegeben, der wiederum mit einer Initiative von Cruz zusammenhängt. Der Minister hat meine Vorschläge nicht einmal gelesen, sondern sie gleich abgelehnt. Ich bin all diese Widerstände leid, ich werde morgen meinen Abschied einreichen."

„Das ist ja wunderbar, Adriano. Endlich kommst du zur Einsicht. Und ich wiederhole noch einmal: Wir alle, die etwas für unser Land tun wollen, müssen Widerstand leisten gegen eine Bürokratie, die das Übel vermehrt, statt es zu bekämpfen. Ich will mich Cruz anschließen, und für unseren Kampf benötigen wir viele qualifizierte Mitstreiter, Leute wie dich!"
Ramos sprang in höchster Emphase auf und umarmte seinen Freund. Seine Stimme klang pathetisch, und seine Augen leuchteten. Adriano erkannte ihn kaum wieder.
„Ich als Freiwilliger in eurem gemeinsamen Kampf? Zugegeben, ich habe auch schon mit dem Gedanken gespielt. Doch offen gestanden, Ramos: Wenn man erschüttert ist wie ich, eignet man sich nicht zum Kämpfer. Vielleicht gehe ich nach Paris zurück. Hier habe ich doch nur Unglück."
Ramos wich enttäuscht zurück und suchte nach Argumenten, ihn zum Bleiben und Kämpfen überreden zu können. Da erblickte er Paula im Türrahmen.
„Verzeihen Sie die Störung, Dr. Ramos, ich war in Adrianos Praxis und traf ihn nicht an. Deshalb komme ich zu Ihnen, ich vermutete ihn richtigerweise hier."
Ramos verzog das Gesicht und hätte die junge Frau am liebsten fortgeschickt. Doch Adriano kam ihm zuvor.
„Schön, Sie zu sehen, Senhorina Paula, ich wollte gerade gehen. Darf ich Sie heimbegleiten?"
Galant reichte er ihr den Arm und verabschiedete sich. Sie schlenderten die Straße entlang. Paula ergriff das Wort.
„Ich habe einige Brocken Ihres Gespräches mitangehört. Wollen Sie wirklich nach Europa gehen?"
„Vielleicht, ich bin mir noch im unklaren."
„Ist es wegen dieser Postkarten?"
„Bitte, Paula, sprechen Sie mich nicht darauf an. Ich möchte über diese Angelegenheit kein Wort verlieren."
„Sie sind gekränkt, Adriano, das verstehe ich. Ich wußte schon lange von Rosálias Schande, wagte aber nicht, Ihnen davon zu berichten. Sie hätten mir nicht geglaubt."
„Bitte, Paula!"
„Nein, lassen Sie mich ausreden. Ich will Sie nicht von neuem mit

meiner Liebe belästigen, die Sie bislang immer verschmäht haben. Aber ich darf Ihnen doch meine Freundschaft anbieten? Die werden Sie doch nicht zurückweisen? Und ich bitte Sie, Ihren Schritt zu überdenken. Wir brauchen Sie hier, es gibt so wenige gute und engagierte Ärzte."

Sie waren inzwischen vor dem Kaffeehaus angelangt. Paula wollte ihn zum Hineinkommen überreden, doch Adriano wehrte ab.

„Verzeihen Sie mir, aber ich bin noch zu aufgewühlt. Ich kann nicht unter lärmende und ausgelassene Menschen gehen. Doch ich werde Sie bald besuchen."

Er verabschiedete sich mit einem Handkuß, und Paula lief sofort zu ihrer Mutter.

„Mama, hast du gesehen, wer mich zur Tür begleitet hat?"

„Nein, aber erzähl, du scheinst recht zufrieden."

„Und wie! Das dumme Cousinchen ist bei Montserrat eingezogen. Adriano will nichts mehr von ihr wissen. Die Dirnenbilder haben ihm endgültig die Augen geöffnet."

Manél hatte Paulas Bemerkungen mitangehört.

„Paula, fängst du schon wieder damit an? Habe ich dir nicht verboten, deine Cousine ständig zu beleidigen. Was hat sie dir getan? Ich schäme mich für meine eigene Tochter."

„Was sie mir angetan hat? Sie fragen mich das, Vater? Solange ich mich zurückerinnern kann, haben Sie Rosália mir immer vorgezogen, ihr Süßigkeiten geschenkt, sie zu endlosen Spaziergängen eingeladen. Deshalb kann ich sie nicht lieben."

Manél wandte sich betroffen ab: Hatte Paula nicht recht?

Mercedes registrierte mit Erleichterung, daß Montserrat wieder in seine Bank ging. Er war wie üblich am späten Nachmittag nach Hause gekommen, und nach einem festlichen Abendessen hatte er Rosália überredet, sich mit ihm gemeinsam auf dem Grammophon eine Arie aus „Rigoletto" anzuhören. Rosália kauerte sich auf die Chaiselongue aus braunem Leder, während Montserrat sich ihr gegenüber in einem Sessel niederließ.

Die Abenddämmerung ging allmählich in Dunkelheit über. Die Fenster mußten früh geschlossen werden, denn jetzt, im späten Juni, stand der brasilianische Winter vor der Tür.

Die friedliche Stimmung wurde bald unterbrochen. Mercedes meldete dem Patron zwei Besucher. Montserrat mußte seine Frau allein lassen und betrat die Empfangshalle, wo Leonor Medeiros und Manél Barboso auf ihn warteten. Rosálias Mutter wußte, daß ihre Tochter bei Esmeralda ausgezogen war. Gemeinsam mit Tunica hatte sie Rosálias altes Mädchenzimmer hergerichtet, in der festen Überzeugung, sie würde zu ihr kommen. Doch als sie gegen Abend noch immer ausblieb, war Leonor beunruhigt ins Kaffeehaus gegangen, wo Manél und Catarina ihr mitteilten, Rosália sei zu Montserrat gezogen. Leonor befürchtete eine neuerliche Erpressung ihrer Tochter durch den Bankier und hatte Manél gebeten, sie zur Villa zu begleiten.
„Doña Leonor, wie schön, daß Sie Ihre Tochter gleich am ersten Abend besuchen." Montserrats Freude war ungeheuchelt, nur den dicken Wirt sah er mißtrauisch an: „Guten Abend, Don Manél. Seien auch Sie willkommen."
„Es ist also wahr, meine Tochter ist hier bei Ihnen. Welchen widerlichen Trick haben Sie diesmal angewendet?"
„Werte Doña Leonor, Ihre Tochter ist meiner Einladung freiwillig gefolgt. Ich habe es nicht nötig, Tricks anzuwenden."
„Erlauben Sie, daß ich selber mit Rosália spreche?"
„Aber gewiß doch."
„Allein, meine ich."
„Wenn Sie darauf bestehen, bitte."
Mit säuerlicher Miene öffnete der Bankier die Tür zu den Wohnräumen und wies Leonor den Weg. Er selber versuchte, den beharrlich schweigenden Manél in ein Gespräch zu verwickeln, doch der Wirt ließ sich nicht aus seiner feindseligen Stimmung herausreißen. So schwiegen sich die beiden Männer eisig an.
Leonor betrachtete mit Befremden die heimelige Atmosphäre in Montserrats Wohnzimmer. Ihre Tochter kauerte auf einem ledernen Chaiselongue und lauschte den letzten Takten der Musik. Das Zimmer war in mildes Kerzenlicht getaucht, und auf dem Tisch standen zwei halbleere Weingläser. Es hatte den Anschein, als feierte ein frischverliebtes Paar einen Abend in trauter Zweisamkeit.
Rosália begrüßte ihre Mutter freudig überrascht:
„Sie, heute schon? Wie schön, Sie zu sehen."

„Was bedeutet das, Rosália? Weshalb bist du hier?“
„Es ging nicht anders, Mutter. Ich wollte nicht länger Zielscheibe dieser Verdächtigungen und bösartigen Angriffe, dieser spöttischen Bemerkungen und obszönen Witze sein.“
„Das verstehe ich, aber weshalb kommst du nicht zu uns?“
„Ich bin hier, weil Senhor de Montserrat sich anständig und ehrenhaft verhalten hat. Er hat mich aufgenommen, ohne Forderungen zu stellen . . .“
„Auch nicht . . .“
Leonor stockte, sie brachte die heikle Frage nicht über die Lippen. Doch Rosália hatte sie verstanden.
„Nein, er fordert nicht von mir, die Ehe zu vollziehen. Er bietet mir sogar an, das Waisenhaus zu unterstützen. Und weshalb ich nicht zu Ihnen komme, ist auch schnell erklärt: Es geht nicht gegen Sie, Mutter, aber mein Vater hat sich weniger ehrenhaft verhalten als mein Mann. Er will mir nicht helfen. Er hat nicht den Mut, gegen Montserrat auszusagen, ja es wäre ihm sogar recht, wenn ich mit Montserrat tatsächlich wie Mann und Frau zusammenlebte.“
Leonor blieb nichts weiter übrig, als sich zu verabschieden und gemeinsam mit Manél die Villa Montserrat zu verlassen. Der Wirt begleitete Leonor zurück nach Hause. Da im Medeiroschen Haus noch Licht brannte, bat Leonor den Schwager herein, damit sie gemeinsam Augusto von den neuesten Entwicklungen erzählen könnten. Diese Idee erwies sich als wenig glücklich, denn Augusto bebte vor Wut:
„Spar dir deine Erklärungen, Leonor, du hättest auf mich warten können. Wir wären dann gemeinsam zu Montserrat gegangen. Aber du ziehst ja andere Begleiter vor.“
„Aber Augusto“, warf Manél erschrocken ein, „ich bin doch immerhin euer Schwager. Du warst nicht da . . .“
„Du solltest dich um deine eigene Familie kümmern, Manél, es ist absolut unangebracht, dich als Leonors Beschützer aufzuspielen. Ich habe keine Lust, verspottet zu werden, weil meine Frau unablässig mit meinem Schwager herumläuft.“
Manél lief rot an, doch statt den rüden Angriff seines Schwagers zu erwidern, warf er Leonor nur einen bedauernden Blick zu und verließ wortlos das Haus.

Kaum hatte sich die Tür hinter dem Wirt geschlossen, wollte Augusto mit seiner Beschimpfung fortfahren, doch Leonor unterbrach ihn sofort:
„Es reicht, Augusto. Nicht nur, daß Sie Ihre Tochter schmählich im Stich lassen und mich mit unglaublichen Unterstellungen beleidigen, beschimpfen Sie nun auch noch den einzigen Freund, der Ihrer Tochter und mir noch zur Seite steht. Es gibt in dieser Angelegenheit kein Wort mehr zu sagen . . . Ich frage mich, ob es zwischen uns überhaupt noch etwas zu sagen gibt."
Augusto erhielt nicht einmal die Gelegenheit zu einer Erwiderung, denn Leonor zog sich auf ihr Zimmer zurück und ließ sich auch durch die flehenden Bitten ihres Mannes, ihm zu öffnen, nicht erweichen. Sie konnte lange nicht einschlafen und traf in dieser Nacht eine wichtige Entscheidung.

Seit Rosálias Einzug bei Montserrat waren nun bereits einige Tage verstrichen. Die neue Senhora de Montserrat und Berenice hatten sich fast schon angefreundet. Berenice schwärmte der jungen Frau von Adriano vor und beteuerte immer wieder, wie sehr „ihr Junge" Rosália liebe und verehre. Das paßte zwar nicht im geringsten zu Adrianos überaus kühlem Verhalten, doch es entsprach nur zu sehr Rosálias Hoffnungen. So flüchtete sich Rosália immer häufiger ins Gartenhäuschen.
Heute allerdings wäre sie am liebsten gleich wieder gegangen, denn Berenice sagte ihr, Adriano sei oben bei Joana. Und soeben kam der junge Arzt glücklich lächelnd die Treppe herunter.
„Stell dir vor, Bere, sie spricht. Sie hat mir eben Bruchstücke eines uralten Liedes vorgesungen. Wenn ich mich nicht täusche, habe ich dieses Lied früher von dir gehört."
„Wie schön", freute sich die Gärtnersfrau. Doch Adrianos Gesicht verdüsterte sich, er hatte Rosália erblickt, die unentschlossen in der geöffneten Tür stand.
„Adriano", sagte sie traurig, „willst du überhaupt nicht mehr mit mir sprechen?"
„Was gibt es zu besprechen?"
„Zum Beispiel die Annullierung der Ehe. Ich will versuchen, heute nachmittag zu da Silva zu gehen."

„Ich glaube nicht mehr daran, und wenn ich offen sein soll, es interessiert mich auch nicht mehr."
Berenice wollte vermittelnd eingreifen, doch Rosália hatte schon die Tür wütend hinter sich zugeschlagen.

Trotz Adrianos abweisendem Verhalten erschien Rosália gegen vier Uhr bei da Silva. Sie hatte eine List angewendet, um Mercedes, die sie täglich ins Waisenhaus begleitete, abzuschütteln. Eine Gruppe von Kindern war darauf vorbereitet, die rothaarige Begleiterin der jungen Frau zu einem gemeinsamen Spiel zu überreden.
Rosália und Mercedes betraten den weitläufigen Garten, der das alte, halbverfallene Gebäude umgab. Bereits auf dem von meterhohen Hecken gesäumten Weg, der von der Gartenpforte zum Haus führte, wurde Mercedes von den Kleinen umringt, die sie mit sich fort zogen, ohne ihr auch nur die Möglichkeit zum Widerstand zu geben. Rosália nutzte diesen Überfall, um rasch zur wartenden Kutsche zu laufen. Sollte Mercedes sie verraten, würde ihr schon eine Ausrede einfallen.
Da Silva runzelte die Stirn und blickte besorgt, als er von den neuesten Entwicklungen hörte.
„Sie haben einen Fehler begangen, Doña Rosália. Sie hätten unter keinen Umständen ins Haus Ihres Mannes einziehen dürfen. Die Kurie ist in dieser Hinsicht äußerst rigide. Auch wenn Sie den körperlichen Vollzug der Ehe verweigern, nützt Ihnen das wenig. Ein Zusammenleben unter einem Dach ist für die Kirche Grund genug, sich einer Annullierung der Ehe zu widersetzen."
Rosália erschrak. Diese Konsequenz hatte sie nicht bedacht, als sie Montserrats Angebot annahm.
„Heißt das, daß ich keine Aussicht auf Erfolg mehr habe?"
„Ich will Ihnen keine falschen Hoffnungen machen. Die Chancen, den Prozeß zu gewinnen, sind erheblich gesunken. Aber das heißt nicht, daß wir aufgeben müssen. Es wird nur schwieriger. Wir könnten auf eine wirtschaftliche Notlage verweisen, um Ihre Entscheidung zu begründen. Resignieren Sie also nicht, aber seien Sie vorsichtig: Jeder weitere falsche Schritt würde alles zerstören."
Rosália zögerte, ob sie dem Anwalt von den wahren Gründen ihres Einzuges bei Montserrat erzählen sollte, doch die Scham war stär-

ker: Wie hätte sie ihm die Geschichte mit den fragwürdigen Karten erklären sollen?

Alice wurde seit dem Galaabend von Alberto Cerqueira verfolgt und belagert. Der junge Mann hatte die Pfarrersnichte wiedererkannt und suchte sie schon am folgenden Tag im Pfarrhaus auf. Alice war zu dieser Stunde bei Carola, doch Padre Ignácio empfing den Gast freundlich und bot ihm an, zu warten. Als Alice zurückkam und den verhaßten Schatten aus ihrer Vergangenheit erblickte, lief sie entsetzt auf ihr Zimmer und bat den Onkel, Alberto vor die Tür zu setzen.

Das nächste Zusammentreffen ließ nicht lange auf sich warten. Alberto lauerte Alice in der Nähe des Kaffeehauses auf. Er wollte sie in ein Gespräch verwickeln und faßte sie entschlossen am Arm, um sie aufzuhalten. Doch Alice riß sich los und lief davon. Zu ihrem Glück mußte Alberto seine Verfolgungsjagd vorerst abbrechen, denn Nelo, der aus dem Kaffeehaus seine umschwärmte Freundin die Straße entlanghasten sah, kam herausgelaufen und stellte sie zur Rede. Alice weigerte sich, ihm den Grund ihrer Aufregung zu nennen, erklärte sich jedoch einverstanden, daß er sie zum Pfarrhaus zurückbegleitete. Zum Dank forderte er ihr einen Kuß ab, dazu das Versprechen, sich am folgenden Tag mit ihm im Lokal seiner Eltern zu treffen.

Als die Stunde dieser Verabredung näherrückte, zögerte Alice, ob sie nicht doch lieber zu Hause bleiben sollte. Das Wiedererscheinen Albertos in ihrem Leben, die Erinnerung an die große Enttäuschung, die sie mit ihm erlebt hatte, erschwerte es ihr zusätzlich, dem Werben Nelos nachzugeben. Schließlich brach sie doch zum Kaffeehaus auf.

Bei ihrem Eintreten sah sie Nelo und seinen Vater in einer entlegenen Ecke des Lokals zusammensitzen. Alice wollte nicht stören und setzte sich an einen freien Tisch.

Manél Barbosa berichtete soeben seinem Sohn, daß sich dessen Tante von ihrem Mann getrennt hatte.

„Augusto war gestern bei mir, um sich bei mir zu entschuldigen. Er bat mich, mit Leonor zu sprechen. Sie hätte seit der ärgerlichen Szene kein Wort mehr mit ihm geredet."

„Und?" Nelo sah den Vater zweifelnd an. Er erinnerte sich an ein wenige Tage zurückliegendes Gespräch, in dessen Verlauf Manél dunkel angedeutet hatte, er würde eine andere Frau verehren. Auf Nelos forschen Rat hin, sein Vater solle nur nicht übermäßig zurückhaltend sein, sondern dieser ominösen Frau den Hof machen, war Manél rot angelaufen. Nelo grübelte, ob der Vater sich womöglich in seine eigene Schwägerin verliebt hatte, denn die Sorgen, die dieser sich um Leonors und Augustos Ehe machte, schienen dem jungen Barbosa doch ein wenig übertrieben.
„Nun, ja . . ." Manél seufzte tief und nippte an seinem Cognacglas. „Ich habe es versucht, doch Leonor war nicht gerade gesprächsfreudig. Sie hat mir für meinen Vermittlungsversuch gedankt, sagte aber knapp und bestimmt, daß da nichts mehr zu vermitteln sei. Augusto habe sie bitter enttäuscht, und das mehrmals. Sie wolle sich von ihm trennen. Ich habe es nicht geglaubt, bis mir Juca vorhin erzählte, Augusto sei gestern in Esmeraldas Pension eingezogen."
„Machst du dir etwa Vorwürfe, Vater?"
„Nein, das nicht . . . Aber vielleicht hätte ich mich doch nicht so sehr einmischen sollen . . . Dabei habe ich das alles doch nur für die kleine Rosália getan."
Nelo wollte seinen Vater beruhigen, doch ein heftiger Wortwechsel an einem der Nebentische ließ ihn aufhorchen. Er hatte richtig gehört, Alice forderte soeben jemanden auf, sie nicht zu belästigen. Die beiden Barbosas erkannten den eleganten jungen Mann, der mit Esmeralda auf der Gala erschienen war. Kurzentschlossen trat Nelo hinzu.
„Wenn ich mich nicht täusche, mein Herr, hat Senhorina Alice Sie eben gebeten, sie in Ruhe zu lassen."
Alberto sah überrascht zu dem hochgewachsenen Mann auf und erwiderte:
„Was geht Sie das an? Kümmern Sie sich um Ihre eigenen Angelegenheiten."
Ein Wort gab das andere, und da Alberto immer unverschämter wurde, packte Nelo ihn schließlich an der Schulter und zerrte ihn zur Tür hinaus. Der Konkurrent ließ sich dies allerdings nicht widerstandslos gefallen, und im Nu war eine heftige Schlägerei

entbrannt. Zahlreiche Passanten waren bereits stehengeblieben und beobachteten neugierig den Ausgang des im Grunde ungleichen Kampfes. Zwar war Alberto kräftig gebaut, aber gegen den größeren und durchtrainierten Barbosa junior blieb er chancenlos. Nach einem kurzen Gerangel streckte Nelo den Widersacher schließlich mit einem rechten Haken zu Boden.
Alberto erhob sich taumelnd, klopfte sich den Staub von seinem Anzug und zog mit einem giftigen Blick auf seinen Bezwinger davon. Nelo ging ins Kaffeehaus zurück, wo Alice ihn, immer noch am ganzen Körper zitternd, erwartete. Alle Versuche Nelos, Genaueres über den Unbekannten zu erfahren, blieben erfolglos. Alice wollte nicht mehr sagen, als daß er sie seit Tagen schon belästigte.
Der junge Mann begleitete Alice zurück ins Pfarrhaus. Auf dem Rückweg traf er zufällig seine Cousine Rosália, die gerade von Anwalt da Silva kam. Er überredete sie, auf einige Minuten mit ins Lokal zu kommen. Von Paulas wütenden Blicken unbeeindruckt, setzte er sich mit Rosália an einen freien Tisch. Da sich die beiden unbeobachtet glaubten, erzählte Rosália von ihrem Besuch bei dem Anwalt. Plötzlich wurden sie gestört.
„Guten Tag, Doña Rosália. Hallo Nelo, wie geht's."
Vor ihrem Tisch stand Juca. Ob er von dem Gespräch etwas mitangehört hatte, wußten weder Nelo noch Rosália zu sagen.

Montserrat blieb an diesem Tag länger als üblich in der Bank. Er hatte es sich nicht nehmen lassen, Rosália auch einmal ins Waisenhaus zu begleiten. Seine Frau hatte ihm das Elend der Kinder vorgeführt und ihn vor allem von der Baufälligkeit des gesamten Gebäudes überzeugt. Um hier dauerhaft Abhilfe zu schaffen, benötigte man größere Summen. Bereits auf der Rückfahrt erging sich Montserrat in dunklen Andeutungen, er habe möglicherweise bald eine Überraschung für seine Frau.
Diese Überraschung bereitete er nun vor. Ihm gegenüber saß eine vornehme alte Dame von etwa siebzig Jahren. Auf ihrem faltenzerfurchten Gesicht spiegelten sich Hilflosigkeit und Furcht.
„Senhor de Montserrat, ich bitte Sie, Sie kennen die Umstände. Mein Mann hat mir nur Schulden hinterlassen, woher soll ich denn

das Geld nehmen, um die Hypotheken abzutragen? Bitte nehmen Sie mir nicht mein Haus, es ist alles, was mir von dem früheren Wohlstand geblieben ist."
Der Bankier schüttelte sorgenvoll den Kopf.
„Doña Amélia, ich verstehe Sie wirklich nicht. Seit gut drei Jahrzehnten bin ich nun Bankier, und immer wieder mache ich die Erfahrung, daß die Leute mit bittenden Augen zu mir kommen und Kredite fordern, mit der Beteuerung, innerhalb weniger Monate würden sie ihre Schulden tilgen. Und wenn es dann soweit ist, sitzen sie flehend, ja anklagend vor mir, ganz so, als wollte ich sie berauben."
„Aber Sie wissen doch von dem Unglück . . ."
„Ja, ich weiß, daß Don Francisco Alvim auf unglückliche Weise aus dem Leben geschieden ist. Sie aber, Doña Amélia, wissen auch, daß ich Ihnen Ihre Schulden über Jahre gestundet habe. Ich bin schließlich kein Lump, der das Unglück anderer zu seinem Vorteil nutzt. Doch ich bin auch den vielen kleinen Sparern verpflichtet, und irgendwann kommen die zu mir und wollen ihre Einlagen zurück. Was soll ich ihnen sagen? Vielleicht: Geht zu Doña Amélia Alvim, die hat euer Geld und kann es nicht zurückzahlen? Es ist doch nicht mein Geld, ich bin doch gewissermaßen nur ein Verwalter, der es zirkulieren läßt. Und wenn man mir kein Vertrauen mehr entgegenbringt, kann ich auch keine Kredite mehr gewähren."
Die alte Frau sank auf ihrem Stuhl zusammen. Sie blickte zu dem Mann mit dem kurzgeschorenen, grauen Schädel auf und suchte nach Worten, ihn zu erweichen. Doch sein unbeteiligtes, ja, ausdrucksloses Gesicht ließ keinen Zweifel: Er würde seine Drohung, das Haus samt anliegendem Grundstück zu pfänden, ohne Rücksichtnahme auf sie wahrmachen.

Ramos erhielt endlich die ersehnte Antwort aus Paris. Nanette schrieb allerdings nicht an ihn, sondern an Carola, die ihrem Freund den inhaltsleeren Brief ihrer Mutter vorlas:
„Ich weiß wirklich nicht, was dein Dr. Ramos von mir will. Joana ist in Brasilien ein nicht gerade seltener Name, und Cavalcantis wird es auch mehr als einmal geben. Was ist also daran so seltsam, wenn zufällig zwei Joana Cavalcantis in Rio gelebt haben sollten, beide

eben gleichaltrig. Ich verstehe das wirklich nicht. Und diesen Senhor de Montserrat kenne ich nicht. Ich erinnere mich, daß mein Bankier hier in Paris einmal das Bankhaus Montserrat erwähnte. Über dieses Haus laufen meine Zahlungen an dich. Das ist aber auch alles, was ich von diesem Montserrat weiß."
Carola glaubte den Beteuerungen der Mutter.
„Meinen Sie nicht, Ramos, Sie könnten sich verrannt haben? Weshalb sollte meine Mutter lügen?"
„Weil Montserrat sie dafür bezahlt."
Ramos war von seiner fixen Idee nicht abzubringen. In düsterer Stimmung saß er an seinem Schreibtisch und ging auf Carolas Zweifel kaum ein. Zu ihrer Enttäuschung mußte die junge Frau auch erkennen, daß der Freund ihre persönlichen Sorgen ignorierte. Sie hatte ihm erzählt, daß das Haus, in dem ihr Konfektionsgeschäft sich befand, verkauft worden war. Kurz, Carola mußte entweder ihr Geschäft aufgeben oder ihren Laden verlegen. Das alles interessierte den Arzt im Moment nicht.
Kaum war Carola gegangen, ging Ramos zu Adriano. In kurzen, knappen Sätzen erzählte er von Nanettes Brief und drängte Adriano, seine Amme Berenice auszufragen. Sie hatte schließlich Nanettes Anschrift herausgefunden und wußte auch einiges über die Geschehnisse von vor zwanzig Jahren, das selbst Ramos unbekannt war.
Etwas verwirrt über die Aufregung, in der sich der Arzt wegen dieses nichtssagenden Briefes befand, versprach Adriano, mit seiner Amme zu sprechen. Berenice wollte seinen bohrenden Fragen ausweichen, doch der junge Mann blieb unerbittlich.
„Nein, Bere, du mußt endlich die Wahrheit sagen. Es geht auch um Joana. Wenn Carola tatsächlich die Tochter von Joana ist, dann darfst du nicht schweigen. Ist das Kind damals wirklich tot geboren worden? Überleg bitte, wir müssen in Joanas Vergangenheit vordringen, sonst kommen wir nicht weiter. Und das Kind ist das wichtigste Glied in dieser Kette. Könnte Carola das angeblich tot geborene Kind sein?"
„Dem Alter nach wäre das nicht auszuschließen . . ."
„Also doch! Das Kind der armen Joana lebt . . ."
„Bitte, Adriano, ich habe gesagt, es könnte sein. Alles liegt so lange

zurück, und dann . . . Ich war doch nicht dabei, Joana wurde fortgebracht. Sie bekam das Kind . . ."

„. . . und man hat es ihr fortgenommen. Ja, das weiß ich. Und weil man ihr das Kind wegnahm, hat sie ihr seelisches Gleichgewicht verloren und ist verwirrt geworden."

Bere begann zu weinen und bat Adriano, sie nicht weiter zu bedrängen. Doch der junge Mann war zu aufgewühlt, als daß er Rücksicht nehmen konnte. Vielmehr fragte er Berenice auch nach seiner Mutter und deren Verhältnis zu Ramos aus.

„Warum quälst du mich so, Adriano? Ramos und deine Mutter waren sehr glücklich, sie wollten gemeinsam fliehen. Dann geschah dieser Unfall. Sie fuhr in einer Kutsche, die Pferde gingen durch und sie schlug gegen einen Stein . . . Als ich nach Rio zurückkam, war sie schon begraben."

„Sie wollte fliehen? Und ich . . . Wo war ich?"

Berenice sah Adrianos entsetzte Blicke. Sie brachte kein Wort mehr heraus. In diesem Augenblick kam Raimundo zur Tür herein, und die Frau atmete erleichtert auf. Doch Adriano war nicht mehr zu halten.

„Schön, daß du kommst, Raimundo. Du warst doch damals nicht auf dem Land, als meine Mutter verunglückte. Du kannst mir doch sicher mehr erzählen als Bere."

„Was soll ich erzählen, sie ist verunglückt."

„Das weiß ich, Raimundo, doch du sollst mir Genaueres über die Umstände erzählen. Verschweig mir nicht länger die Fakten, die wichtig für mich sind."

Der Gärtner wagte nicht, Adriano in die Augen zu sehen.

„Doña Barbara wollte fliehen . . ."

„Auch das weiß ich, Bere hat es mir eben erzählt. Aber weshalb? Vor wem? Erzähl mir die ganze Geschichte!"

„Sie wollte aus diesem Haus hier fliehen, wollte deinem Vater entkommen. Du weißt ja, sie liebte Dr. Ramos . . . Sie hatte einen Kutscher bestochen, der sie heimlich fortbringen sollte. Doch dein Vater kam dahinter, er rief die Dienerschaft zusammen und befahl, die Flucht zu verhindern. Mit ihm gemeinsam jagten wir der Kutsche hinterher. Der Patron wollte dem Kutscher das Fell über die Ohren ziehen, eigenhändig. Als der Mann die Reiter hinter sich sah,

hielt er an und sprang vom Kutschbock herunter. Dann knallte er mit der Peitsche, und die Pferde galoppierten mit der herrenlosen Kutsche davon. Der ängstliche Mann hatte richtig gerechnet, wir ritten natürlich der Kutsche hinterher und ließen ihn laufen. Aber wir kamen zu spät, die Kutsche stürzte um und wurde völlig zertrümmert. Es war ein scheußlicher Anblick . . ."
Der weißhaarige Mann vergrub den Kopf zwischen den Armen, die Erinnerung an das grausige Geschehen übermannte ihn. Doch Adriano ließ noch immer nicht von den beiden ab.
„Was war mit mir? Wo war ich?"
Er sah, daß Raimundo nicht reden konnte, deshalb wandte er sich an Berenice.
„Du warst bei mir, auf dem Land . . . Sie wollte dich später nachholen, gemeinsam mit Dr. Ramos."
„Willst du damit sagen, meine Mutter wollte mit Ramos fliehen und mich zurücklassen? Das muß ja eine große Liebe gewesen sein!"
Verbittert ging er zur Tür hinaus. Berenice sah ihren Mann vorwurfsvoll an:
„Hättest du nicht den Mund halten können? Genügt es nicht, wenn er weiß, daß seine Mutter verunglückt ist? Er wird keine Ruhe geben, das kannst du glauben. Sollen uns diese alten Geschichten denn ewig verfolgen?"

Montserrat hatte am darauffolgenden Tag ein umfangreiches Programm zu bewältigen. Von Juca, der Rosálias Gespräch mit Nelo natürlich belauscht hatte, über die Absichten seiner Frau informiert, suchte er früh am Morgen den Anwalt da Silva auf. Den Namen des Advokaten herauszubekommen, viel dem Bankier nicht schwer. Paula war ihm behilflich, und zum Dank für ihre Dienste lud er sie zum Abendessen ein. Für Adrianos Anwesenheit würde er schon sorgen.
Da Silva reagierte befremdet.
„Sie werden von mir doch nicht verlangen, daß ich meine Schweigepflicht breche. Selbst wenn Ihre Frau mich beauftragt hätte, gegen Sie zu klagen, würde ich Ihnen das nicht sagen."
Montserrat war darauf vorbereitet und reichte dem verdutzten Advokaten einen Stapel mit Postkarten.

„Gut, wenn Sie mir über den Stand der Dinge nichts sagen wollen, kann ich Ihnen vielleicht behilflich sein. Sehen Sie sich doch einmal diese Zeichnungen an."

Da Silva betrachtete die Postkarten, und in seiner Bestürzung gab er all seine Zurückhaltung auf.

„Das ist doch nicht möglich . . . Nein, ist das wirklich . . .? Doña Rosália sah doch so vornehm aus."

„Der Schein trügt bisweilen, Dr. da Silva. Sehen Sie zum Beispiel mich an. Als wir uns das erste Mal sahen, wurde ich Ihnen als ein alter Lüstling vorgestellt, der ein unschuldiges Mädchen zur Ehe zwingen wollte. In Wahrheit habe ich sie und ihre Familie vor dem wirtschaftlichen Elend bewahrt. Und dann kam die Geschichte mit diesen anrüchigen Zeichnungen, wieder habe ich eingegriffen, habe meine junge Frau vor dem völligen sittlichen Verfall bewahrt. Und was ist der Dank?"

Der Bankier sah den betroffenen Anwalt triumphierend an. Da Silva reichte ihm die Karten zurück und sagte mit bedauernder Stimme: „Verzeihen Sie, Senhor de Montserrat. Ich bin auf die Informationen angewiesen, die mir meine Klienten geben, und leider bin ich zweimal arglistig getäuscht worden. Doña Leonor enthielt mir damals die Informationen über die Unlauterkeit ihres Mannes vor, und Doña Rosália verschwieg mir die wahren Gründe ihres Einzugs bei Ihnen. Seien Sie vergewissert, daß ich mein Mandat hiermit niederlege."

Montserrat begab sich zufrieden in seine Bank. Hier erwartete ihn eine weitere unliebsame Überraschung. Nanette aus Paris schrieb ihm, sie habe einen Brief von einem gewissen Ramos erhalten, voller neugieriger Fragen. In Abschrift hatte sie ihre Antwort an Carola beigefügt. Mit dem Hinweis, ihr Antwortschreiben sei doch wohl ein untrüglicher Loyalitätsbeweis, bat sie um eine zusätzliche Geldzuweisung.

Montserrat saß einige Minuten grübelnd an seinem Schreibtisch, dann zerriß er den Brief und rief Rogério zu sich. Er trug dem Angestellten auf, Padre Ignácio für den Nachmittag zum Grundstück Doña Amélias zu bitten. Er wollte an diesem Nachmittag dem Priester und Rosália das Haus vorführen, das er der Kirche überschrieben hatte.

Während Montserrat sich noch in der Bank aufhielt, erlitt Joana einen weiteren Anfall. Adriano wollte gerade zu seiner Praxis aufbrechen, als er die schrillen Schreie der Kranken hörte. Er lief rasch zu ihr und sah, wie Berenice sie zu beruhigen versuchte. Wie so oft war das einzige Hilfsmittel, das Aussicht auf Erfolg verhieß, das imaginäre Kind. Berenice machte mit der Decke wiegende Bewegungen und fragte die Frau, ob sie ihr Kleines nicht selber beruhigen wollte. Joana nahm die Decke und streichelte sie zärtlich. Adriano, der gerade eintrat, sah das ihm schon vertraute Bild. Er wollte die Situation nutzen.

„Geht es der kleinen Carola nicht gut?" fragte er, doch die Irre sah ihn nur geistesabwesend an. Sie schien nicht zu begreifen, was dieser Name bedeutete. Plötzlich starrte sie mit großen Augen zur Tür: Dort stand Rosália.

„Was machst du denn hier?" fuhr Adriano sie an.

„Ich habe die fürchterlichen Schreie gehört . . . Ich hielt es nicht mehr aus. Außerdem . . . ich wollte deine Tante einmal sehen. Willst du mich nicht vorstellen?"

Adriano wollte die junge Frau zum Gehen auffordern, doch plötzlich kam ihm eine Idee.

„Tante Joana, sieh einmal: Das hier ist Rosália, die neue Senhora de Montserrat. Du weißt doch, erinnerst dich doch gewiß an deine Schwester Barbara, die erste Senhora de Montserrat . . . Oder?"

Joana sah zu Rosália, schrie unvermittelt auf und begann noch schlimmer als zuvor zu toben.

„Geh hinaus!" brüllte Adriano Rosália an, die daraufhin erschrokken in den Park lief. In diesem Augenblick kam Montserrat zur Pforte herein.

„Wo kommst du denn her?"

Er hörte das Schreien und Toben der Verrückten, und noch ehe Rosália etwas sagen konnte, verriet ihm ihr entsetzter Gesichtsausdruck, wo sie gewesen war. Wütend schnaubte er:

„Wer hat dir das erlaubt? Bist du wahnsinnig geworden? Wage nie wieder, das Zimmer der Wahnsinnigen zu betreten!"

Sein Gesicht war kalkweiß, seine Stimme bebte und seine stechenden Augen funkelten drohend. Ängstlich lief Rosália ins Haus. Minuten später erschien der Bankier auf ihrem Zimmer.

„Entschuldige bitte, daß ich eben so unbeherrscht war, Rosália. Es ist nur . . . Doña Joana ist seit mehr als zwanzig Jahren in diesem Zustand. Wir müssen sehr behutsam mit ihr umgehen. Sie verträgt es nicht, Fremde zu sehen."
„Aber warum sperren Sie sie dort oben ein? Wäre es nicht besser, sie in eine Anstalt zu bringen?"
„Nein, es ist besser, Berenice kümmert sich um sie. Zu ihr hat Joana Vertrauen. Glaub mir, Rosália, sie hat hier die beste nur denkbare Behandlung. Doch ich bin auch gekommen, weil ich eine Überraschung habe, für dich und Padre Ignácio. Ich habe ein Haus gekauft, in dem die Kinder aus dem baufälligen Waisenhaus eine bessere Unterkunft finden werden. Wir wollen es nachher gemeinsam besichtigen, Padre Ignácio wird ebenfalls dabeisein."
Wieder einmal war es Montserrat gelungen, seine junge Frau zu beeindrucken. Rosálias dankbares Lächeln gab ihm neue Hoffnung, sie eines nicht mehr allzufernen Tages vielleicht doch noch zu erobern.

Das Abendessen in der Villa Montserrat verlief unter lebhaften Gesprächen. Rosália erzählte begeistert von dem neuen Waisenhaus, das der Bankier dem Padre gestiftet hatte, und wie sehr sie sich für die Kinder freute, die demnächst dort einziehen würden. Allerdings mußten noch einige Umbauarbeiten vorgenommen werden. Adriano schwieg beharrlich, er wunderte sich über die plötzliche Wohltätigkeit seines Vaters und fürchtete, Rosália könnte sich durch diesen Akt von dem Alten bestechen lassen. Paula konnte sich einige schnippische Anspielungen auf Rosálias Sorge um die Kinder nicht verkneifen. Dann wechselte sie unerwartet das Thema.
„Ich habe heute in der Zeitung gelesen, daß Sie Ihren Posten im Ministerium gekündigt haben, Adriano. Warum denn, ich habe mich doch so dafür eingesetzt."
Montserrat horchte auf, die Nachricht war ihm neu.
„Stimmt das, Adriano? Warum hast du nicht mit mir darüber gesprochen? Auch ich habe mich dafür eingesetzt."
„Es stimmt. Ich mußte rasch einsehen, daß ich dort fehl am Platze bin. Meine eigentlichen Anliegen werde ich überall verwirklichen können, nur dort nicht. Und wenn ich mit meinem Entschluß Ihren

Interessen schade, Vater, tut mir das leid, aber ich kann und will mich nicht mißbrauchen lassen. Und was Sie gewiß noch mehr enttäuschen wird, Vater: Ich habe den Entschluß gefaßt, mich der Kampagne von Dr. Oswaldo Cruz anzuschließen, gemeinsam mit . . .!"
Er brach mitten im Satz ab, doch die steinerne Miene seines Vaters zeigte, daß er sofort erraten hatte, mit wem Adriano zu Cruz wollte: Hinter dieser Sache steckte wieder einmal Ramos.
Dem Bankier war die Stimmung gründlich verdorben, und er nutzte die erstbeste Gelegenheit, sich zurückzuziehen. Auch Rosália und Mercedes täuschten Müdigkeit vor. Der Höflichkeit halber forderte Montserrat seinen Sohn auf, ihrem gemeinsamen Gast einige Musikstücke auf dem Grammophon vorzuspielen. So blieben Adriano und Paula allein zurück.
Der junge Mann entkorkte eine Flasche französischen Rotwein und legte die Arie aus „Rigoletto" auf.
„Haben Sie nicht etwas, wonach man tanzen kann, Adriano?"
„Vielleicht im Arbeitszimmer meines Vaters, ich werde einmal dort nachsehen."
Nachdem Adriano das Wohnzimmer verlassen hatte, zog Paula in Windeseile ein Fläschchen aus ihrer Tasche hervor und träufelte einige Tropfen der farblosen Flüssigkeit in Adrianos Weinglas. Soeben kehrte der junge Mann mit einigen Grammophonplatten zurück und legte einen Walzer auf. Paula prostete Adriano aufmunternd zu, worauf dieser sein Glas in einem Zug leertrank. Von dem schweren Wein, wie er glaubte, schon leicht benommen, forderte er Paula zum Tanzen auf. Doch schon nach wenigen Drehungen brach er ab. Er fühlte sich schwindlig. Verständnisvoll lächelnd dankte ihm Paula für den schönen Abend und ließ sich zur Tür begleiten. Sein Angebot, sie zum Kaffeehaus zu begleiten, lehnte sie dankend ab.
„Sie sind erschöpft und überarbeitet, Adriano. Sonst würde Sie der Wein nicht so müde machen. Legen Sie sich schlafen, ich komme schon ohne Schaden zu nehmen allein heim."
Adriano stolperte die Treppe hinauf, er fühlte, wie ihm schwarz vor Augen wurde. Mit Mühe konnte er sich gerade noch entkleiden, dann torkelte er auf sein Bett und schlief ein.

Paula war unterdessen nicht fortgegangen, sondern hatte sich im Park hinter einem Baum verborgen. Nach einiger Zeit schlich sie in der Dunkelheit zur Villa zurück, öffnete leise die Tür, schaute sich vorsichtig um und ging langsam die Treppe hinauf. Adrianos Tür war nur angelehnt, er lag schwer atmend auf seinem Bett, nur halb zugedeckt. Kurzentschlossen zog sich Paula aus, deckte Adriano vorsichtig zu und legte sich neben ihn.

Nelo kam in dieser Nacht wieder einmal spät von einer Zechtour heim. Überrascht erkannte er in dem bereits dunklen Lokal seine Mutter, die auf einem Stuhl saß und eingenickt war. Er vermutete einen neuerlichen Streit seiner Eltern und beließ deshalb Catarina in ihrer wenig bequemen Lage.
Früh am Morgen, die ersten Sonnenstrahlen schienen zum Fenster herein, stand plötzlich Manél in Nelos Zimmer.
„Was ist, Vater?" fragte er schlaftrunken.
„Paula ist heute nacht nicht heimgekommen, deine Mutter hat mich eben geweckt. Ihr Bett ist völlig unberührt."
Tatsächlich war Catarina bei Tagesanbruch aus ihrem Tiefschlaf erwacht. Sie konnte nicht glauben, daß Paula sie bei ihrer Heimkehr nicht geweckt hätte, und war deshalb sofort auf das Zimmer der Tochter gelaufen.
„Vielleicht ist es gestern abend zu spät geworden, und sie ist bei den Montserrats geblieben", versuchte Nelo seine Mutter zu beruhigen. Überzeugend fand er diese Erklärung allerdings selber nicht und er schlug deshalb ungeachtet seiner Müdigkeit vor, sofort zur Villa zu gehen. Catarina und Manél bestanden darauf, ihn zu begleiten.
Der Bankier saß mit Rosália und Mercedes beim Frühstück, als Raimundo ihm Besuch meldete und ein wutschnaubender Manél ihm bereits aus der Empfangshalle entgegenrief:
„Wo ist meine Tochter, Senhor de Montserrat?"
„Onkel Manél, was ist denn passiert?" Rosália lächelte den dicken Wirt liebevoll an, doch als sie hinter dem Onkel auch Catarina und Nelo entdeckte, ahnte sie, daß etwas Fürchterliches geschehen sein mußte.
„Rosália, Kind, weißt du nicht, wo Paula ist? Sie war die ganze Nacht über fort."

„Das verstehe ich nicht", sagte Mercedes, „sie hat nach dem Essen mit Adriano Musik gehört. Doch mir war, als hätte ich sie wenig später hinausgehen hören."

„Wo ist Ihr Sohn?" fragte Manél schroff. Und ohne eine Antwort abzuwarten, lief er zur Treppe. „Ich werde ihn selbst wecken. Hier greift ja doch niemand ein."

Mercedes wollte ihm nachlaufen, doch Montserrat hielt seine Haushälterin mit einer stummen Geste zurück. Es wäre ohnehin zu spät gewesen, Manél war bereits oben angekommen und öffnete nach einem kurzen, heftigen Klopfen die Tür. Wie angewurzelt blieb er im Rahmen stehen: Seine Tochter lag neben Adriano!

„Paula, mein Gott!"

Das Mädchen öffnete schlaftrunken die Augen. Verständnislos starrte sie ihren Vater, dann Adriano an, der neben ihr noch fest schlief. Verschämt blickte sie zur Seite.

Kurz darauf kam Manél mit hochrotem Gesicht ins Eßzimmer. Seine Tochter zog er hinter sich her, die nur ihr Korsett und einen Unterrock trug.

„Senhor de Montserrat, haben Sie eine Erklärung für diesen unerhörten Vorfall? Und für das charakterlose Vorgehen Ihres Sohnes?"

Catarina nahm die weinende Paula in die Arme, Nelo stand betroffen schweigend daneben und sah zu Rosália, die mit versteinerter Miene und kreidebleichem Gesicht auf ihrem Platz saß. Konnte sie glauben, was sie hier mit eigenen Augen sah? Hatte Adriano, ihr Geliebter, sie schändlich betrogen? Montserrat fand als erster seine Fassung zurück.

„Wenn wirklich geschehen ist, was ich angesichts dieser Szene befürchten muß, dürfen Sie versichert sein, Don Manél, daß mein Sohn für die Folgen seiner Tat geradesteht."

Mercedes ging unterdessen auf Adrianos Zimmer, um Paulas Kleider zu holen. Der junge Mann schlief noch immer tief und fest, trotz des Tumults, den er eigentlich nicht überhört haben konnte.

Catarina führte die schweigende Paula auf das Zimmer der jungen Senhora. Rosália schaute ihre Cousine haßerfüllt an, brachte jedoch kein Wort über die Lippen. Dann ging sie hinaus. In diesem Augenblick schleppte sich Adriano gerade zur Tür heraus. Rosália sah ihn vernichtend an und sagte:

„Vieles hätte ich für möglich gehalten, oft genug schon hast du mich enttäuscht. Aber das . . .?"
Der junge Mann verstand den Grund dieses Vorwurfs nicht, doch Rosália ging ohne ein weiteres Wort an ihm vorbei.
Montserrat hatte Nelo und Manél unterdessen ins Wohnzimmer geführt. Vater und Sohn Barbosa liefen aufgeregt hin und her, sie warteten angespannt auf Adriano, um die Sache ein für allemal zu klären. Adriano aber kam nicht. Statt dessen erschien Catarina mit ihrer Tochter, die weiterhin die Rolle der geschändeten Unschuld spielte. Tränen liefen ihr über das Gesicht, und sie wich allen Augen aus, ausgenommen denen Rosálias: Die beiden Cousinen wechselten heimlich gehässige Blicke.
„Wir erwarten heute noch Besuch von Ihnen und Ihrem Sohn", erklärte Manél entschieden.
Montserrat wurde nun seinerseits ärgerlich.
„Don Manél, es gibt keinen Anlaß, an meinem Wort zu zweifeln! Adriano ist ein Montserrat, und er wird diesem Namen Ehre machen. Sie können versichert sein, daß er ihre Tochter heiratet, wenn sich das zu befürchtende Vergehen bestätigen sollte. Sie können mit unserem Besuch rechnen."
Die Barbosas gingen. Montserrat spielte Rosália gegenüber den Verwunderten:
„Ich hatte immer schon den Verdacht, Adriano hätte ein Auge auf deine Cousine geworfen. Aber diese Schliche . . . Mir schien, er hätte das kaum nötig gehabt. Sie hätte seine Werbung gewiß angenommen. Was mag nur diese unerklärliche Eile provoziert haben?"
Rosália spürte, daß Montserrat sie reizen wollte, aber sie war viel zu verletzt, als daß sie auf diese Worte, die sie wie Peitschenhiebe trafen, reagieren konnte.
In diesem Augenblick kam Adriano benommen die Treppe herunter. Er rieb sich mit der Hand die Augen, sein Blick war immer noch getrübt.
„Ich verstehe das nicht, ich bin wie betäubt. So viel Wein habe ich doch gar nicht getrunken . . . Es ist, als hätte mich jemand mit einem Hammer narkotisiert."
Montserrat lächelte nachsichtig.

„Es war gut, daß du dich schlafend gestellt hast, Adriano. Die Barbosas sind fort, und dieser Nelo schien mir sehr aufgebracht. Wer weiß, welch unangenehme Szene sich hier ereignet hätte, wenn du früher gekommen wärest. Es ist besser, die Gegenüberstellung zu verschieben."

Adriano verstand kein Wort.

„Was soll das, Vater . . . Szene? Nelo? Und was wollten die Barbosas hier?"

„Nun ist es gut, Adriano, wir sind unter uns, du mußt dich nicht mehr verstellen. Senhorina Paulas wegen waren sie hier, die friedlich neben dir schlief. Wir werden heute noch im Kaffeehaus deine Verlobung besiegeln."

„Sind Sie verrückt? Paula in meinem Bett? Davon müßte ich ja wissen. Und was soll dieser Unsinn mit einer Verlobung?"

„Die Fakten, mein Sohn, deuten darauf hin, daß du Senhorina Paula heute nacht entehrt hast. Und du bist es dem Namen Montserrat schuldig, die Konsequenzen aus diesem Sachverhalt zu ziehen. Don Manél hat schließlich seine Tochter halbnackt aus deinem Bett gezogen."

Adriano sah flehend zu Rosália, die schweigend das Zimmer verließ. Verzweifelt rief er aus:

„Was wird hier für eine Farce mit mir gespielt? Könnt ihr mir erklären, was ihr mit mir vorhabt?"

„Du vertauschst die Positionen, Adriano. Nicht wir haben etwas zu erklären, sondern du schuldest Don Manél und seiner Frau Erklärungen. Ich habe mich den Barbosas gegenüber für dich verbürgt, und du wirst mir keine Schande bereiten."

Damit ließ er Adriano stehen und zog sich auf sein Arbeitszimmer zurück. Der junge Mann ließ sich fassungslos in seinen Sessel zurückfallen und suchte verzweifelt nach Erklärungen. Er hatte Paula doch zur Tür gebracht, und sie war in den Park hinausgegangen. Was für einen Streich hatte man ihm gespielt? Dieser neuerliche Schicksalsschlag übertraf alles, was er bereits erleben mußte.

4. KAPITEL

Innerlich aufgewühlt betrat Ramos den „Pavillon der Pest", das Institut, in dem Oswaldo Cruz amtierte. Adriano war aus unerfindlichen Gründen ausgeblieben. Noch während Ramos in der Morgenfrühe durch die dunklen Alleen am Stadtrand ging, hatte er gehofft, der junge Freund würde nachkommen. Nun aber ließ er sich allein von einem Mitarbeiter des berühmten Arztes durch die Hallen und Korridore des Pavillons führen. Nachdenklich betrachtete er die Ärzte und Pfleger, die eilig über die Gänge huschten. Er bewunderte die Männer, die sich hier unter Einsatz ihres Lebens der Seuchenbekämpfung widmeten. Viele von ihnen würden ihren selbstlosen Einsatz mit einem verfrühten Tod bezahlen.

Endlich saß er dem berühmten Arzt gegenüber, den das einfache Volk liebte und der von all jenen angefeindet wurde, die kraft öffentlicher Ämter mit Fragen des Gesundheitswesens befaßt waren. Ramos betrachtete den jungen Mediziner von gerade dreißig Jahren. Der dunkelhaarige Mann besaß energische Gesichtszüge, man erkannte den engagierten Kämpfer auf den ersten Blick, doch seine braunen Augen strahlten eine unendliche Güte aus.

„Ich freue mich, Sie endlich persönlich kennenzulernen, Dr. Cruz. Die ganze Stadt spricht von Ihnen, und auch ich gehöre zu Ihren Bewunderern."

„Aber Dr. Ramos, ich bitte Sie, was habe ich schon Großes geleistet, das mir solche Lobreden aus dem Munde eines älteren, verehrten Kollegen einträgt? Vielmehr freue ich mich, Sie zu sehen, um so mehr, als Sie in Ihrem Schreiben andeuteten, Sie wollten bei unserer Kampagne gegen das Gelbfieber mitwirken. Doch hatten Sie mir nicht auch noch einen jungen Kollegen angekündigt, Dr. de Montserrat, wenn ich nicht irre?"

„Ihm muß etwas Wichtiges dazwischengekommen sein, sonst wäre er gewiß hier. Er ist sehr zuverlässig."

Cruz lächelte seinen Gast freundlich an.

„Nun, ich werde ihn sicher bald kennenlernen. Doch zunächst sind Sie erst einmal auf unserer Seite, nicht wahr?"

„Gewiß, ich verfolge Ihre Kampagne gegen das Gelbfieber seit

Wochen, und ich bin von Ihren Methoden überzeugt. Wir müssen diese Seuchen ausrotten, ehe Rio menschenleer zu werden droht."

„Die Gefahr, von der Sie sprechen, besteht in der Tat. Wir sind hilflos, die Seuche greift um sich, die Zahl der Freiwilligen und die uns zur Verfügung stehenden Mittel reichen vorn und hinten nicht. Zudem werden wir von den verantwortlichen Politikern behindert. Diese ständigen Intrigen könnte man ignorieren, ginge es nicht um eine solch gefährliche Angelegenheit. Sie werden verstehen, wie dankbar ich bin, wenn sich freiwillige Mitarbeiter wie Sie melden. Gemeinsam gewinnen wir den Kampf, meinen Sie nicht auch?"

Cruz sah seinen Kollegen fast bittend an, als benötigte er dessen Zustimmung, um neue Kraft für seine schwere Aufgabe zu schöpfen. Ramos nickte. Cruz erhob sich und sagte herzlich:

„Kommen Sie, Dr. Ramos. Taten sind besser als Worte, und Sie wollen gewiß sehen, wie wir hier arbeiten."

Er führte Ramos durch die verschiedenen Stationen des weitläufigen Gebäudes. Der muffige Geruch des alten Hauses vermischte sich mit den Dämpfen von Desinfektionsmitteln und Arzneien zu einem schwer erträglichen Dunst.

Zunächst betraten die beiden Männer die Impfstation, wo gerade einem Pferd ein Präparat injiziert wurde. Cruz beschrieb den langwierigen Prozeß, bis schließlich ein wirksames Mittel vorliegt, und beklagte einmal mehr den Widerstand der Behörden, die sich weigerten, die Forschung finanziell zu unterstützen. Ganz zu schweigen von seinen Forderungen, Vorbeugemaßnahmen und Massenimpfungen zu finanzieren oder die Volksaufklärung über die Krankheiten und deren Erreger offensiv voranzutreiben. Dennoch war sein Optimismus ungebrochen, seine Energie riß jeden mit. So hatte er schon unzählige Mitkämpfer gewonnen, zu denen sich heute auch Ramos gesellte.

Während Cruz über seine aktuelle Kampagne sprach, fingerte er einen Briefumschlag aus seiner Kitteltasche.

„Wir werden es schaffen! Vordringlich ist im Augenblick, ich sage Ihnen damit kaum etwas Neues, das Gelbfieber an der Wurzel zu bekämpfen. Wir müssen die Infektionsherde löschen, müssen die Moskitoschwärme vernichten, vor allen in den Favelas am Stadtrand. Das ist gewiß nicht gefahrlos, die Unwissenheit ist derart

groß, daß unsere Mitarbeiter in den Elendsvierteln schon häufiger mit Steinen vertrieben wurden. Unser Kampf ist also in mehrfacher Hinsicht lebensgefährlich, und ich kann verstehen, daß sich viele zurückziehen."
Nun öffnete er den Umschlag und zog ein Papier hervor, das er Ramos überreichte. Mit ernster Miene sah der den Kollegen an und sagte mit fester Stimme:
„Diese Urkunde besagt, daß Sie von heute an Direktor des Gesundheitsdistriktes in ihrem Wohnbezirk sind! Sie wissen, worauf Sie sich einlassen. Wenn Ihnen die Gefahr zu groß erscheint, müssen Sie das Papier nur zerreißen."
Ramos war gerührt. Er nahm die Urkunde, faltete sie und steckte sie in die Tasche seines Jacketts. Wortlos ergriff er die Hand, die Cruz ihm reichte und drückte sie fest. Dann bedankte er sich für die Ehre, die ihm mit dieser Auszeichnung zuteil wurde und verabschiedete sich.

Für Leonor Medeiros verliefen die ersten Tage nach dem Auszug ihres Mannes sehr trist. So energisch und bestimmt sie ihrem Mann auch das Ende der Ehe erklärt hatte, konnte sie sich doch nicht verleugnen, daß sie Augusto noch immer liebte. Aber sie hatte die Achtung für ihn verloren, und deshalb gab es kein Zurück mehr. Sie faßte schließlich den Entschluß, ihre Zukunft eigenhändig zu gestalten. Ihr Stolz verbot ihr, sich von ihrem Mann aushalten zu lassen, mochten die Gesetze und die öffentliche Meinung dies auch tolerieren, ja fordern.
Als sie Tunica gegenüber erwähnte, sie wolle sich um eine Anstellung bemühen, versuchte das Mädchen ihr zu helfen. Und so wandte sie sich an den Mann, mit dem sie immer noch verlobt war, obwohl sich beider Verhältnis merklich abgekühlt hatte, seit Juca Direktor der Fabrik seines früheren Patrons geworden war.
Der junge Mann reagierte ablehnend:
„Was soll dieser Unsinn? Du weißt genau, daß ich wenig von diesen neumodischen Ideen halte, wenn Frauen arbeiten."
Tunica sah ihn mit großen, bittenden Augen an.
„Aber ich arbeite doch auch . . ."
„Das ist etwas anderes, du bist ein Dienstmädchen. Doña Leonor

hingegen ist eine vornehme Dame. Und im übrigen, da wir das Thema gerade angesprochen haben: Ich wollte dir schon lange sagen, daß unser Verhältnis nicht so bleiben kann, wie es einmal war. Du siehst selber, daß ich mittlerweile einen gesellschaftlichen Rang einnehme, der mir abverlangt, auch in meinem Privatleben auf Formen zu achten . . ."

„Juca . . ." Tunica sah ihn erschrocken an. Doch er fuhr unbeirrt fort:

„Es geht nicht länger an, daß ich als Fabrikdirektor und als Sozius von Senhor de Montserrat mit einem Dienstmädchen liiert bin. Stell dir einmal vor, mein Patron lädt mich zum Essen ein, und ich bringe dich als meine Verlobte mit. Das Dienstmädchen seiner Schwiegereltern . . ."

Er brach ab. Tunica lief vor Scham rot an. Sein Versuch, die harten Worte abzumildern, kam zu spät. Unter wüsten Beschimpfungen lief Tunica zur Tür hinaus und stieß fast mit Esmeralda zusammen, die gerade aus einem der Gästezimmer herauskam. Die beiden Frauen waren gleichermaßen überrascht von diesem Zusammentreffen. Während sich Tunica ihrer Tränen schämte, fürchtete die Wirtin, das Mädchen könnte bemerkt haben, aus wessen Zimmer sie soeben gekommen war. Doch Tunica war viel zu erregt, um sich über Esmeralda und ihren neuen Gast, den Industriellen Augusto Medeiros, Gedanken zu machen.

Nachdem sie einige Minuten ziellos umhergeirrt war, ließ sie sich gekränkt und verletzt auf einer Bank am Straßenrand nieder, schräg gegenüber dem Kaffeehaus der Barbosas. Natürlich erschien kurz darauf der Kellner Bodoque, der vom Kaffeehaus aus das weinende Mädchen erblickt hatte. Sie wollte ihm nicht sagen, weshalb sie sich in diesem Zustand befand, doch da er selber die Ursache ihrer Verzweiflung in Juca vermutete, erzählte sie ihm schließlich von Weinkrämpfen unterbrochen, was Minuten zuvor geschehen war.

„Dieser Schuft", empörte sich Bodoque, „dieser erbärmliche Schuft! Er kann doch nicht eine langjährige Verlobung so ohne weiteres lösen! Doch mach dir keine Sorgen, ich werde ihm meine Meinung sagen."

„Nein, Bodoque, bleib hier! Ich will ihn nie mehr sehen! Für mich ist er gestorben. Der wichtige Herr . . . Pah!"

Sie machte eine wegwerfende Handbewegung. Dann sah sie zu ihrem Beschützer auf und sagte:
„Ich bin nicht mehr seine Verlobte! Und ich werde gewiß glücklicher sein ohne ihn. Das kannst du mir glauben."
Jetzt lächelte sie dem erstaunten Kellner zu. Bodoque schwankte zwischen Hoffen und Bangen.
„Was heißt, du wirst glücklicher sein? Willst du denn allein bleiben?"
„Wie kommst du darauf, du Schafskopf? Weshalb sollte ich denn allein bleiben?" Und mit schmeichelnd verführerischer Stimme forderte sie den schüchternen Mann auf: „Was ist mit dir? Hast du mir nicht Tausende von Malen erklärt, wie unsterblich du in mich verliebt bist?"
Bodoque glaubte seinen Ohren nicht zu trauen.
„Natürlich liebe ich dich . . . Aber sag, meinst du ernst, was du da sagst . . . Willst du . . ."
„Ich habe noch nie in meinem Leben so ernst gesprochen wie eben in dieser Minute."

Adriano versäumte an diesem Vormittag nicht nur die Verabredung mit Oswaldo Cruz. Er ließ auch seine Sprechstunde ausfallen, vergrub sich in seinem Zimmer und suchte verzweifelt nach Erklärungen für die Vorkommnisse der letzten Nacht sowie nach Auswegen aus seiner aussichtslosen Lage. Sein Vater, das spürte er, würde nichts für ihn tun. Ihm konnte es nur recht sein, wenn sein Sohn sich mit Paula verlobte. Denn spätestens am Tage der Hochzeit hätte er sich des Konkurrenten um Rosália endgültig entledigt. Eine Flucht aus Rio war auch kein Ausweg. Zum einen konnte er nicht hoffen, daß Rosália ihn begleitete. Und zum anderen durfte er die geisteskranke Tante nicht im Stich lassen.
Zuletzt erwachte seine Kampfbereitschaft. Widerstandslos wollte er sich nicht in sein Schicksal fügen. Als Montserrat ihn erneut aufforderte, die Barbosas aufzusuchen, zeigte er sich bereits wieder gefaßt. Er war neugierig, wie Paula sich jetzt, gut zehn Stunden nach ihrem bühnenreifen Auftritt, verhalten würde.
Bodoque führte die Gäste durch den Seitenausgang ins Treppenhaus und von dort ins Wohnzimmer der Familie Barbosa. Der kleine

Raum war eher spärlich eingerichtet, man sah auf den ersten Blick, daß die Wirtsleute sich nur selten in ihren Privaträumen aufhielten. Eine der Wände wurde allerdings von einem gewaltigen Eichenschrank beherrscht, und hinter den gläsernen Scheiben der Vitrine blickte man auf eine Sammlung von buntbemalten Figuren aus imitiertem Porzellan. Montserrat rümpfte angesichts dieser Geschmacklosigkeiten, die Catarina Barbosa mit Stolz erfüllten, die Nase und wandte seine Blicke rasch zu seinen Gastgebern.

Die Begrüßung verlief kühl und förmlich, die Stimmung war peinlich gedrückt. Manél saß mit versteinerter Miene am Tisch, Nelo sah seinen Freund halb anklagend, halb fragend an, und Paula spielte weiter die Rolle der entehrten Unschuld: Sie starrte schüchtern verschämt zu Boden. Einzig Catarinas triumphierendes Gesicht deutete darauf hin, daß man den Anlaß dieses Zusammentreffens auch anders empfinden konnte.

Montserrat ergriff an Stelle seines Sohnes das Wort.

„Don Manél, wir bedürfen, denke ich, keiner großen Vorreden. Die Sachlage ist klar. Deshalb kann ich den Anlaß unseres Besuches geradeheraus benennen: Von Vater zu Vater bitte ich Sie im Namen meines Sohnes Adriano um die Hand Ihrer Tochter Paula."

Manél erwiderte mit erzwungener Feierlichkeit:

„Ich danke Ihnen, Don Francisco, für diese Ehre. Und ich sehe keinen Grund, Ihnen meine Zustimmung zu verweigern."

Im Raum herrschte bleierne Stille. Vier Augenpaare richteten sich neugierig auf die beiden Hauptpersonen, doch weder Paula noch Adriano sagten ein Wort. So griff Nelo ein.

„Du schweigst so beharrlich, Adriano. Meinst du nicht, daß du uns allen eine Stellungnahme schuldig bist? Oder findest du es völlig korrekt, daß du deinen Vater für dich sprechen läßt?"

„Ich hatte erwartet und gehofft, Nelo, daß deine Schwester sich äußert. Aber sie zieht es vor, zu schweigen."

Paula blickte verklärt zu Adriano auf und schwieg weiter. In frostigem Tonfall wandte sich der Bräutigam an Manél:

„Nelo hat recht, ich habe schon noch etwas zu sagen. Für den Augenblick aber würde ich es vorziehen, mit Paula allein zu reden. Ich bitte Sie, Don Manél, deshalb um Erlaubnis, mit Ihrer Tochter unter vier Augen sprechen zu dürfen."

Manél war peinlich berührt, forderte aber seine Frau und seinen Sohn auf, ihm ins Nebenzimmer zu folgen. Montserrat begleitete die drei kopfschüttelnd.
Aus Paulas Augen sprach blanke Furcht, als sie sich mit Adriano allein fand. Sie sprang auf und wollte ihrer Familie folgen, doch der junge Mann hielt sie wütend am Arm fest.
„Was soll das, Paula? Meinen Sie nicht, daß es endlich an der Zeit ist, die Schmierenkomödie zu beenden?"
Paula stellte sich verständnislos.
„Schmierenkomödie? . . . Was meinen Sie, Adriano . . . Ich verstehe nicht, was Sie noch von mir verlangen . . ."
Adriano baute sich drohend vor ihr auf.
„Lassen Sie endlich das Theater, Paula. Sie können mich nicht zum Narren halten. Ich weiß ganz genau, daß ich Sie gestern abend zur Tür hinausbegleitet habe."
„Und wie bin ich in Ihr Bett gekommen? Hat mein Vater das etwa geträumt? Wer soll Ihnen Ihre fadenscheinigen Ausreden abnehmen, Ihre schändlichen Versuche, sich um Ihre Verantwortung zu drücken? Ganz abgesehen davon, daß Ihr Vater wohl überrascht wäre zu erfahren, was sein Sohn im verborgenen mit seiner Ehefrau treibt. Ich könnte da einiges erzählen."
Adriano fuhr zusammen.
„Sie würden doch nicht wagen . . ."
„Ich wage noch viel mehr, mehr als Sie mir je zutrauen würden, Dr. Adriano! Ich habe Ihnen mehrfach meine Liebe beteuert, und für diese Liebe habe ich nicht nur Kränkungen auf mich genommen, sondern auch die Schande der letzten Nacht. Sie dürfen vergewissert sein, daß ich den Preis, für den ich so hart gekämpft habe, nicht einfach an meine Cousine abtrete. Und der Preis sind Sie!"
Da Adriano nur entsetzt und ungläubig dastand, lachte sie ihm frech ins Gesicht und fuhr drohend fort:
„Doch es liegt in Ihrer Hand, Adriano. Wenn Sie schon bereit sind, eine geschändete junge Frau vor aller Öffentlichkeit zu verlassen, wird es Ihnen womöglich auch gleichgültig sein, was man sonst noch so über Sie hört. Ich glaube, die Geschichte von der schönen jungen Stiefmutter und dem Sohn des arglosen Ehemannes wird manchen interessieren."

Adriano fühlte, wie der Boden unter seinen Füßen schwankte. Unerwartet wechselte Paula nun die Rolle. Weinend rief sie ihre Eltern zu Hilfe. Und als sei von dem Geliebten schroff beleidigt worden, warf sie sich der Mutter in die Arme. Adriano rang nach Worten:

„Diese Schamlosigkeit . . . Es ist nicht zu glauben. Merkt ihr denn nicht, daß sie Komödie spielt? Seht ihr denn diese Verlogenheit nicht, die Heuchelei dieser Tränen . . ."

„Beherrsche dich, Adriano", rief Nelo wütend dazwischen, „du bist zwar mein Freund, aber du hast kein Recht, die Ehre meiner Schwester zu beschmutzen und sie dazu noch zu beleidigen."

„Dann frag doch deine Schwester, was gestern geschehen ist. Fordere sie doch auf, zu reden. Hier, vor unser aller Ohren, soll sie behaupten, sie sei entehrt worden."

„Es ist sinnlos, zu leugnen, Adriano." Montserrat funkelte seinen Sohn wütend an. „Die Fakten sind eindeutig."

„Zum Teufel mit den Fakten, Vater. Ich bezahle nicht für etwas, was ich nicht verbrochen habe."

Paula riß sich von ihrer Mutter los und sah drohend zu Adriano. Ihr Gesichtsausdruck verriet dem bedrängten jungen Mann, was gleich über ihre Lippen kommen würde. Doch noch ehe sie ein Wort herausbringen konnte, sagte Adriano:

„Ich gratuliere, Senhorina Paula, Sie wissen Ihr Spiel zu spielen. Betrachten Sie sich ab sofort als verlobt!"

Ohne einem der Anwesenden Gelegenheit zu einer Erwiderung zu geben, verließ er daraufhin den Raum und schlug wütend die Tür zu. Manél und Nelo sahen sich verständnislos an, während Paula ihrer Mutter siegessicher zuzwinkerte.

Manél geleitete Montserrat durchs Kaffeehaus auf die Straße und verabschiedete seinen Gast, der sich seinerseits für das Verhalten seines Sohnes entschuldigte. Dem Wirt war anzumerken, daß Adrianos Ausbruch ihn verunsichert hatte. Er ging ins Haus zurück und rief seine Frau, die ihre Tochter tröstend umsorgte.

„Catarina, was ist, wenn Dr. Adriano tatsächlich unschuldig ist? Wenn er unsere Paula gar nicht verführt hat . . .? Wenn die beiden unter diesen Voraussetzungen heiraten, dann wird ihre Ehe eine einzige Hölle auf Erden."

„Bist du von Sinnen, Manél Barbosa? Wie sollte es keine Verführung gegeben haben? Du selbst . . ."
„Ja, ich weiß. Aber ich mache mir Sorgen um die Zukunft."
„Die Zukunft wird sich von selbst einstellen! Im Moment zählt nur die große Chance für das Glück unseres Paulinchens. Ein Arzt, und zudem der Sohn des reichsten Bankiers von Rio. Ein Montserrat, nicht irgendein Kneipenwirt . . ."
Dieser Stich traf Manél kaum, er war die Vorwürfe seiner Frau seit Jahren gewohnt. Doch daß sie in dieser schmerzlichen Situation so gefühllos, geldgierig und berechnend reagierte, erschütterte ihn tief.

Augusto Medeiros teilte seine Tage zwischen Esmeraldas Pension und seiner Fabrik. Insbesondere die Stunden der Freizeit waren für ihn nur schwer erträglich. Traurig mußte er sich eingestehen, wie sehr er Leonor noch immer liebte und wie unerträglich ihm das Leben ohne sie war. Doch zu ihr zu gehen und sie zu bitten, ihn wieder aufzunehmen, ließ sein Stolz nicht zu. Außerdem mußte er damit rechnen, daß sie ihn nicht einmal empfangen würde.
In dieser Verfassung verhielt er sich daher anderen Menschen gegenüber bisweilen unbedacht und taktlos. Vor allem schien er nicht zu bemerken, daß seine Wirtin ihm eindeutige Angebote machte. So erinnerte sie ihn wiederholt an jenen schönen Herbstabend, an dem er ihr Parfum so gierig eingesogen hatte und auch sonst so überaus charmant gewesen war. Augusto konnte sich an diesen Tag nur dunkel erinnern, und er fragte sich, wie weit die Annäherung zwischen ihm und Esmeralda seinerzeit wohl gegangen sein mochte. Einer schlimmen Verfehlung hatte er sich gewiß nicht schuldig gemacht . . . meinte er jedenfalls.
Nichtsdestoweniger war sein Verhalten der zigeunerhaften Frau gegenüber zweideutig. Er ließ sich gern von ihr umsorgen und umhegen und machte ihr in unbedachter Naivität Avancen. Um so mehr kränkte es die zurückgewiesene Frau, als ihr Gast in einer Situation, in der sie sich beinahe schon am Ziel ihrer Wünsche sah, mit traurigen Augen beteuerte, wie sehr er seine Frau noch immer liebte. Erst als Esmeralda wütend und mit Tränen in den Augen sein Zimmer verließ, wurde ihm bewußt, daß er sie gekränkt hatte. Um seinen Fehler wiedergutzumachen, war er zu Carola gegangen und

hatte für seine Wirtin eines der teuersten Modelle und einen auffälligen Hut mit einem Gebinde aus künstlichen Blumen erstanden. Wie sich später herausstellte, paßten weder Kleid noch Hut. Doch die gerührte Esmeralda durfte alles bei Carola umtauschen, und als sie kurz darauf prächtig herausgeputzt in die Pension zurückkehrte, sah sie sich in ihren kühnsten Träumen bereits als die künftige Senhora Medeiros.
Carola ihrerseits hatte den Besuch des Fabrikanten genutzt, um mit ihm über Möglichkeiten einer Zusammenarbeit zu sprechen. Zwar wußte sie noch immer nicht, was aus ihrem Geschäft werden sollte, aber der Kaffeehauswirt hatte Andeutungen gemacht, er wisse sowohl eine Geschäftspartnerin als auch einen neuen Geschäftsraum für Carola. Und da alle Neuerungen mit Kosten verbunden sind, schien Carola der Gedanke, ihre Kleider in größerer Menge in der Fabrik Augustos herstellen zu lassen, nicht abwegig. Medeiros zeigte sich an Carolas Angebot überaus interessiert. Allerdings wußte er noch nicht, welche Partnerin sein Schwager Manél der Senhorina Cavalcanti empfehlen wollte: Leonor Medeiros.
Am Abend dieses für ihn so schweren Tages suchte Manél seine Schwägerin auf. Besorgt erzählte er von den Vorfällen der vergangenen Nacht. Dann kam er zu seinem eigentlichen Anliegen.
„Ich habe auch eine gute Nachricht: eine Stelle für dich, in einem sehr feinen Modegeschäft. Es gibt da nur ein Problem . . . Das Haus, in dem sich Senhorina Carolas Geschäft befindet, wird demnächst abgerissen . . . Eine der verrückten Ideen unseres Bürgermeisters, der überall Prachtboulevards errichten will und damit anderen die Existenz raubt."
„Was soll das, Manél, willst du mich in ein Geschäft abschieben, das ohnehin geschlossen wird?"
„Nein, Carola will ihren Laden anderswo neu eröffnen. Das Ganze wird jedoch sehr kostspielig, und deshalb sucht sie keine Angestellte, sondern eine Teilhaberin. Sie kann die nötigen Investitionen nicht allein aufbringen."
„Und woher soll ich das Geld nehmen, um mich zu beteiligen? Ich habe nichts."
Manél lächelte seine Schwägerin zufrieden an.
„Wenn du Carolas Teilhaberin werden willst, Leonor, wird sich das

Geldproblem schon lösen lassen. Du weißt, ich habe auch deinem Mann einige Kredite gegeben . . ."
„Nein, Manél, ich kann von dir kein Geld annehmen, solange Augusto seine Schulden nicht abgetragen hat. Aber vielleicht kann ich das Geld doch aufbringen, Manél, aber auch dafür benötige ich zumindest deine Zustimmung. Du erinnerst dich an das Collier, das ich dir als Sicherheit für Augustos Schulden gab? Ich könnte es verpfänden. Doch es ist ein Geschenk von dir."
„Aber Leonor, nimm doch das Geld als Kredit von mir und behalte diese wunderschönen Perlen . . ."
Alle Versuche Manéls, seine Schwägerin umzustimmen, blieben erfolglos. Leonor wollte ihre Teilhaberschaft bei Carola selbst finanzieren. Zuletzt gab der Kaffeehausbesitzer auf und erklärte sich einverstanden. Für den nächsten Tag wollte er im Kaffeehaus ein Treffen zwischen Leonor und Carola arrangieren.
Adriano war nach dem Besuch bei den Barbosas aufgeregt zu Ramos gelaufen, doch er traf den Freund nicht an. So kehrte er in der Dämmerung heim, in der Hoffnung, Rosália würde ihn zumindest anhören. Doch die Geliebte entzog sich kühl jedem seiner Versuche, sie von Mercedes unbelauscht zu sprechen.
Mercedes ihrerseits hatte in Abwesenheit der beiden Montserrats Rosália ihre Liebe zu dem Patron gestanden.
„Jetzt, wo Adriano verlobt ist, haben Sie doch keinen Grund, länger in diesem Haus zu bleiben", sagte sie zu der erstaunten jungen Frau.
„Was haben Sie gegen mich, Doña Mercedes? Mache ich Ihnen Ihren Platz in diesem Haus streitig?"
„Sie machen mir den Platz im Herzen Ihres Mannes streitig, Doña Rosália. Da Sie nicht leugnen, in Wirklichkeit Adriano zu lieben, will ich Ihnen gestehen, daß ich Francisco liebe. Ich liebe ihn seit dem Tag, an dem ich hier eingezogen bin, kurz nach dem Tod Doña Barbaras."
Rosália sah die Frau, die ihr bislang als Intrigantin entgegengetreten war, mitfühlend an.
„Sie haben in dieser Hinsicht nichts zu fürchten, ich werde Ihnen Senhor de Montserrat nicht streitig machen. Doch ich muß bleiben. Wohin sollte ich gehen? Und außerdem . . . Das neue Waisenhaus muß renoviert werden . . ."

Nach Adrianos Rückkehr redete die Haushälterin auch auf ihn ein.
„Adriano, es gibt nur zwei Möglichkeiten, diese für uns alle unerträgliche Situation zu beenden: Entweder verläßt Doña Rosália allein das Haus, oder, noch besser, Sie fliehen mit ihr gemeinsam. Oder wollen Sie tatsächlich mit zwei Paaren, die sich nicht lieben, unter einem Dach leben?"
„Du hast ja recht, Mercedes. Doch verfolgt dein Vorschlag nicht ein ganz anderes Ziel?"
„Ich habe Ihnen meine Liebe zu Ihrem Vater gestanden, Adriano. Was wundern Sie sich also? Denken Sie daran: Wenn man wahrhaft liebt, soll man um seine Liebe auch kämpfen, wenn es nötig ist, bis zum Tod!"
Den letzten Satz betonte Mercedes mit derartiger Nachdrücklichkeit, daß Adriano die versteckte Anklage gegen seine Wankelmütigkeit nicht überhören konnte. Nachdenklich zog er sich auf sein Zimmer zurück. Doch hielt er es dort nicht lange aus, und wie früher, zu seinen Kinderzeiten, floh er zu Berenice. Seine Amme versuchte ihn zu trösten, so gut es ging, aber sie erkannte bald die Hoffnungslosigkeit dieses Unterfangens. Selbst über das Unglück ihres Pflegekindes verzweifelt, ging Berenice zu Rosália und forderte die junge Frau auf, Adriano wenigstens anzuhören. Sie hatte ihr Ziel fast schon erreicht, da kam unglücklicherweise Montserrat nach Hause. Berenice kehrte erfolglos ins Gartenhaus zurück, doch Adriano wollte nicht glauben, daß allein die Heimkehr seines Vaters Rosália daran hinderte, ihn anzuhören.

Carola wollte nach Einbruch der Dunkelheit gerade ins Café der Barbosas aufbrechen, als Alice verweint und verzweifelt bei ihr im Laden erschien. Die Pfarrersnichte war den ganzen Tag aufgeregt in ihrem Zimmer umhergelaufen, verunsichert von einem weiteren Treffen mit Nelo. Sie konnte sich nicht mehr verhehlen, daß sie den jungen Barbosa liebte, aber sie konnte sich nicht überwinden, sich dieser Liebe hinzugeben. Sie erzählte der Freundin, wie Nelo sie geküßt hatte und anschließend über ihr Erröten in Verzückung geraten war. Er hatte zu ihr gesagt:
„Weißt du, Alice, das ist es, was ich so sehr an dir liebe, deine Schüchternheit, deine Scham . . ."

„Ja, ich bin schüchtern . . ."
Sie wollte noch etwas hinzufügen, doch Nelos Redeschwall war nicht zu bremsen.
„Du bist rein wie eine Blume. Genau so, wie ich mir meine ideale Frau erträumt habe. Weißt du, ich bin sicher, daß kein anderer Mann dich vor mir berührt hat. Und das macht mich so unglaublich glücklich . . . Was hast du denn? Entschuldige, Alice, habe ich zuviel geredet?"
Endlich sah er ihre Verzweiflung. Die junge Frau zitterte und machte Anstalten, davonzulaufen. Auf seine verständnislosen Blicke hin versuchte sie etwas zu erwidern, doch es wollte ihr nicht gelingen. Nelo war sich keiner Schuld bewußt und verstand nicht, weshalb sie plötzlich überhastet ins Pfarrhaus floh.
Carola sah ihre Freundin fragend an.
„Willst du mir nicht endlich erzählen, was dir früher widerfahren ist. Aus deinen Andeutungen habe ich, denke ich, einiges erraten, doch sicher bin ich mir nicht."
„Du hast wohl das Richtige erraten . . ."
„Erzähl doch, Alice, schütte endlich einmal jemandem dein Herz aus."
Carola sah, wie schwer es der jungen Frau fiel, ihre Geschichte zu beichten. Mehrfach unterbrach sie ihren Bericht und mußte von neuem ansetzen. Wie Carola richtig vermutet hatte, war Alice vor Jahren von Alberto Cerqueira verführt und anschließend verlassen worden.
„Weißt du, Carola", beendete sie ihre Erzählung, „das Schlimmste ist, daß sich Nelo ein völlig falsches Bild von mir macht. Er hält mich für unberührt, und wenn ich ihm alles gestehe, wird er mich nicht mehr lieben."
„Dann wäre seine Liebe nicht sonderlich stark", erklärte Carola entschieden. „Ich an deiner Stelle würde ihm alles erzählen. Sicher wird er enttäuscht sein, doch wenn er das nicht verkraftet, ist er deiner auch nicht wert."
Alice sah Carola erstaunt und dankbar zugleich an. Doch überzeugt war sie von dem Vorschlag beileibe nicht. Das Gespräch der beiden Frauen dauerte an, doch von einem gewissen Zeitpunkt an drehte es sich im Kreis. Irgendwann bemerkte Carola, daß es längst über

Mitternacht hinaus war. Nur mit Mühe gelang es ihr, die Freundin dazu zu überreden, über Nacht bei ihr zu bleiben. Die letzte Straßenbahn war längst abgefahren, und in einer kühlen Winternacht wie dieser den langen Weg zum Pfarrhaus zu Fuß zu gehen, war unangenehm und überdies gefährlich. Alice sorgte sich allerdings um Padre Ignácio, der ihre Abwesenheit sicher bemerken würde.

Nach einer weiteren schlaflosen Nacht faßte Adriano den Entschluß, Rosália zu einem Gespräch zu zwingen. Vom gemeinsamen Frühstück hielt er sich fern. Statt dessen wartete er, bis sein Vater das Haus verlassen hatte. Kurz darauf hörte er Rosália die Treppe heraufkommen, und Sekunden später klopfte er an ihre Tür.

„Was soll dieser Überfall, Adriano?"

„Du mußt mich anhören, Rosália. Und da du anders zu keinem Gespräch zu bewegen bist, bleibt mir kein anderer Weg. Und ich habe ein Recht, dir darzustellen, was vorgefallen ist, im Namen unserer Liebe."

Rosália sah ihn ernst an, und da sie nichts erwiderte, schloß er hinter sich die Tür. In weitschweifigen Erklärungen versuchte er ihr seine Version glaubhaft zu machen. Er beschrieb seinen plötzlichen Taumel und äußerte die Vermutung, Paula habe ihm irgend etwas in den Wein getan. Wie sie auf sein Zimmer gekommen war, konnte er sich nicht erklären.

Rosália schien von seinen Erklärungen wenig überzeugt.

„Und warum hast du dich dann mit Paula verlobt, wenn du unschuldig bist?"

„Ich wurde dazu gezwungen. Paula drohte mir, unsere heimlichen Treffen an die Öffentlichkeit zu bringen. Du bist gerade dabei, dich von einer Schande zu erholen. All deine Bemühungen, die Postkartengeschichte vergessen zu machen, wären durch abermalige Beschuldigungen hinfällig. Deshalb mußte ich die Farce mitspielen."

„Großartig, du opferst dich für mich auf, und um mich zu beschützen, verlobst du dich mit Paula. Nein, Dr. Adriano, diese Erklärung nehme ich Ihnen schon gar nicht ab."

„Rosália, bitte, sei doch nicht so ungerecht."

„Das sagst du mir, der mich mehrmals schon im Stich gelassen hat? Ich will von dir nichts mehr hören, und ich bitte dich, jetzt auf der Stelle mein Zimmer zu verlassen." Selbst Rosálias sonst so warme Augen wirkten seltsam ausdruckslos, der Schimmer der Liebe, der aufleuchtete, wenn Adriano ihr gegenüberstand, war erloschen.

Montserrat war an diesem Morgen nicht sofort zur Bank, sondern zunächst ins Gartenhaus gegangen. Berenice hatte unvorsichtigerweise Mercedes gegenüber Andeutungen gemacht, Joana habe zu sprechen begonnen, und die Haushälterin hatte diese Neuigkeit an Montserrat weitergeleitet. Berenice sah den Patron mit unguten Gefühlen aufs Zimmer der Kranken gehen. Vorsichtig folgte sie ihm. Der Bankier war im Türrahmen stehengeblieben und beobachtete Joana, die, wie Berenice hörte, wieder ihr Wiegenlied sang. Plötzlich brach der Gesang jäh ab: Joana hatte ihren Peiniger erblickt. Montserrat ging wütend auf sie zu, während sie die Decke, in die ihr eingebildetes Kind gehüllt war, fest an sich preßte.
„Du singst also wieder dieses verfluchte Lied? Habe ich dir das nicht verboten? Und dann wiegst du diesen Lumpen? Wozu? Ist das da etwa ein Kind?"
Joana wich zurück. Montserrat wurde immer wütender.
„Aber bitte, wenn du willst . . . Wenn dies für dich wirklich ein Kind ist, dann werde ich es dir jetzt nehmen. Und ich komme immer wieder und nehme es dir, jedesmal, wenn du meinen Befehlen zuwiderhandelst."
Bei diesen Worten riß er der aufschreienden Frau die Decke aus der Hand. Völlig unerwartet verkroch sich Joana nicht, sondern ging entschlossen auf den kräftigen Mann los, versuchte nach der Decke zu greifen und schlug mit ihren kleinen Fäusten gegen seine Brust. Rasend vor Zorn versetzte der Bankier ihr daraufhin eine schallende Ohrfeige, die die geschwächte Frau zu Boden taumeln ließ. Berenice hastete ins Zimmer und stellte sich schützend vor Joana. Mit einer verächtlichen Geste ging Montserrat wortlos hinaus.
Berenice half der Kranken auf, die fortwährend stammelte:
„Er war hier . . . Das Kind . . . Er hat es mir wieder fortgenommen . . . Schon wieder . . ."
Dann verfiel sie in einen Weinkrampf und verlangte unablässig nach

ihrem Kind, bis Berenice kurz darauf mit der Decke zurückkam, die Montserrat wütend die Treppe hinuntergeschleudert hatte.
„Hier ist dein Kind . . . doch du mußt vorsichtig sein, versprichst du mir das? Du darfst dieses Lied nicht mehr singen, sonst kommt er zurück und nimmt es dir wieder fort."
Die Irre blickte dankbar zu ihrer Pflegerin auf, nahm das Bündel in die Arme und wiegte es zärtlich. Und wie Berenice ihr geheißen hatte, summte sie jetzt lediglich die Melodie, ohne den Text dazu zu singen . . .

Ramos trat nach mehrmaligem unbeantwortetem Klopfen in Adrianos Sprechzimmer und sah den jungen Mann gedankenversunken vor einem Regal mit Medikamenten stehen. Er hielt ein kleines Fläschchen in der Hand und schien irgend etwas zu suchen.
„Schläfst du oder träumst du, Adriano?"
„Ramos . . ." Adriano wandte sich zur Tür und sah den Freund erleichtert an. „Schlafen . . . Ja, in gewisser Weise haben Sie soeben ein Zauberwort ausgesprochen. Ich glaube, ich bin dem Rätsel eines geheimnisvollen Schlafes nähergekommen. Doch Sie wissen ja noch gar nicht . . ."
Er berichtete dem väterlichen Freund in knappen Worten von Paulas List. Ramos schüttelte ungläubig den Kopf.
„Adriano, ich bin nicht gekommen, um mir solchen Blödsinn anzuhören. Ich bin zwar dein Freund, doch du hältst mich hoffentlich nicht für so naiv, daß ich dir diese Geschichte abnehme. Daß Paula sich heimlich ins Haus zurückschleicht und zu dir ins Bett steigt, ist schon starker Tobak. Doch damit nicht genug, willst du mir auch noch weismachen, du hättest die Nacht über in einem solchen Tiefschlaf gelegen, daß du die Frau an deiner Seite nicht einmal bemerkt hast. Wer soll das glauben?"
„Ich weiß selber, wie aussichtslos meine Lage ist. Aber kurz bevor Sie zur Tür hereinkamen, habe ich etwas entdeckt. Sehen Sie dieses Fläschchen . . . Es ist ein gewöhnliches Schlafmittel. Aber ich muß Ihnen wohl nicht erklären, welch verheerende Wirkungen diese Arznei in Verbindung mit Alkohol hat."
Er reichte dem Freund die Flasche, die dieser achtlos beiseite stellte.
„Und . . .?"

„Nun . . . Ich hatte im Regal zwei dieser Fläschchen aufbewahrt, und Paula war oft genug hier. Sie hätte das Medikament leicht entwenden können. Die Symptome sprechen für sich, und ich habe an diesem Abend nicht mehr als zwei, höchstens drei Gläser Wein getrunken. Ein Angetrunkener schläft unruhig, jedenfalls verfällt er in keinen todähnlichen Schlaf wie ich."
Ramos schwieg nachdenklich, die Beweisführung des Freundes klang überzeugend. Doch sie hatte einen Haken.
„Wie willst du das beweisen, Adriano? Und warum hast du dich dann mit Paula verlobt?"
„Sehen Sie, Ramos, das ist es, niemand glaubt mir. Selbst Rosália straft mich mit Verachtung. Ich weiß selber nicht, wie ich aus dieser Situation herauskomme. Und die Verlobung ist leicht erklärt: Paula droht, meine Treffen mit Rosália an die Öffentlichkeit zu bringen."
Die traurigen Augen Adrianos, wenn er von Rosália sprach, versicherten Ramos, daß der junge Mann die Frau seines Vaters noch immer liebte, allen gegenteiligen Beteuerungen der zurückliegenden Wochen zum Trotz. Eindringlich versuchte er Adriano zu überzeugen, daß Rosálias abweisendes Verhalten gewiß Ausdruck von Eifersucht, also von Liebe sei.
„Du darfst jetzt nicht aufgeben, und vor allem darfst du nicht den Spieß umdrehen und Rosália anklagen." Er hielt kurz inne. „Doch ich bin eigentlich aus ganz anderen Gründen gekommen. Weshalb du mich und Cruz gestern versetzt hast, ist mir jetzt klar, und ich nehme an, daß dein Nichterscheinen nicht mit einer Absage an unsere Zusammenarbeit gleichzusetzen ist."
„Gewiß nicht, Ramos. Ich bin auf Ihrer Seite."
„Schön. Ich muß dich um etwas bitten. Ich habe die Verantwortung für diesen Stadtbezirk übernommen, doch ich muß für einige Wochen verreisen. Würdest du nach einigen Tagen der Einarbeitung für die Zeit meiner Abwesenheit meine Aufgaben übernehmen?"
Adriano blickte verwundert auf.
„Sicher . . . Doch wohin wollen Sie? Sie haben mir Ihre Reiseabsichten bislang verschwiegen."
„Es handelt sich um eine Reise auch in deinem Interesse, glaube ich jedenfalls. Ich habe eine Überfahrt nach Europa gebucht. Wir

drehen uns im Kreise, kommen mit unseren Thesen und Vermutungen nicht weiter. Kurz und gut, ich will Carolas angebliche Mutter, diese Kokotte Nanette, in Paris aufsuchen."

Ramos sprach so bestimmt, daß Adriano die Unabänderlichkeit dieses Entschlusses erkannte. Allerdings sah der junge Mann wenig Sinn in dieser kostspieligen und zeitaufwendigen Reise: Was erwartete der Freund? Es gab Dinge, bei denen Ramos seine Besonnenheit, die ihn sonst auszeichnete, völlig ablegte. Alles, was mit Montserrat und Joana zusammenhing, gehörte dazu.

Das alte Gebäude, das Montserrat seinem Seelsorger für das Waisenhaus gestiftet hatte, mußte für den Einzug hergerichtet werden. Gemeinsam mit Padre Ignácio hatte Rosália eine große Gruppe freiwilliger Mitarbeiter gewinnen können. Die groben handwerklichen Arbeiten wurden von Nelo und seinen Freunden verrichtet, die deshalb sogar ihre regelmäßigen Gelage ausfallen ließen. Die Mitarbeit der vier Nichten des Padre, die mit Schrubben, Putzen, Gardinennähen, Bettenmachen und ähnlichen Arbeiten befaßt waren, förderte natürlich das Engagement einiger der beteiligten Männer. Danilo gab sich besonders eifrig, denn es hatte ihn in den zurückliegenden Tagen große Mühe gekostet, die eifersüchtige Marize, die wegen der ominösen Zeichnungen schmollte, zu besänftigen. Nach und nach aber hellte sich ihre anfangs verdüsterte Miene wieder auf, wenn Danilo zur gemeinsamen Arbeit erschien. Dennoch betrachtete das junge Mädchen von Zeit zu Zeit Rosália mit eifersüchtigen Blicken, die bei den Arbeiten das Regiment führte.

Nelo wiederum verstand nicht, weshalb Alice sich zurückhaltender denn je verhielt. Es war ihm nicht möglich, die junge Frau in ein Gespräch zu verwickeln, stets täuschte sie Geschäftigkeit vor.

Den glücklichsten Eindruck machten in den Tagen der Renovierung des Waisenhauses Rogério und Mariana. Bei jeder sich bietenden Gelegenheit zogen sie sich in einen abgelegenen Winkel zurück und führten intime Gespräche. Der junge Mann hatte seiner Umschwärmten einen französischen Roman geschenkt und darin einige Lesezeichen angebracht. Neugierig schlug Mariana nun die so markierten Seiten auf, doch nachdem sie gelesen hatte, was dort geschrieben stand, lief sie vor Scham rot an. Hastig verbarg sie das

Buch vor Padre Ignácio, der gerade mit behenden Schritten über den Flur lief.
Bodoque und Tunica waren noch zu befangen, um sich öffentlich als Paar zu bekennen. Allein Rosália und Nelo wußten von dem Zerwürfnis zwischen Tunica und Juca. Daher gerieten sie in große Verwunderung, als der junge Fabrikdirektor ebenfalls im neuen Waisenhaus auftauchte und seine Hilfe anbot. Jedesmal, wenn er zugegen war, wurde die Stimmung einiger seiner früher engsten Freunde merklich getrübt. Doch abweisen wollte ihn niemand.
Fast täglich erschien auch die Kinderpflegerin Flora, um die Fortschritte zu überprüfen. Gemeinsam mit Rosália und dem Priester kamen sie zu der Feststellung, daß der Umzug bereits in den nächsten Tagen stattfinden könnte.
Als Flora an diesem Tag ihren Besuch abstattete, hatte sie auch einige der Kinder dabei, die demnächst hier wohnen sollten. Zufälligerweise war der Stifter des Hauses ebenfalls anwesend, der in gehobener Stimmung registrierte, wie weit die Arbeiten vorangeschritten waren. Padre Ignácio beobachtete mit Verwunderung, wie Montserrat sich freundlich lächelnd um die kleine Kinderschar bemühte. Einige von ihnen versuchten in seine Kalesche zu klettern, und der Bankier, den alle als kalten, berechnenden Geschäftsmann kannten, geriet nicht in Verärgerung, sondern half den Kindern sogar hinauf und kutschierte sie eigenhändig durch den kleinen Park, der sich nahe des Hauses befand.
Padre Ignácio sah diesem Schauspiel ungläubig zu und sagte zu Rosália, die neben ihm stand:
„Ich hätte nicht gedacht, daß ich in meinem hohen Alter noch diese Verwandlung miterleben darf. Es ist beinahe schon komisch: Der mächtige, skrupellose Senhor de Montserrat erliegt dem Charme armer Waisenhauskinder."
„Ich hätte vor einigen Wochen auch nicht geglaubt, daß sein Herz so leicht zu rühren ist", erwiderte Rosália.
„Du bist dabei, Wunder zu bewirken, mein Kind. Montserrat wird zur Mildtätigkeit erweicht . . . durch die Liebe."
Rosália erschauderte bei diesen Worten. Sie entfernte sich vom Padre und beobachtete, wie Montserrat gerade mit unbeholfenen Bewegungen eines der Kinder zu streicheln versuchte. Er bemerkte

seine Ehefrau und lächelte ihr glücklich zu. Rosália war gerührt, und sie erwiderte sein Lächeln, ohne es zu bemerken.

Adriano erhielt bei seiner Heimkehr eine Bestätigung seiner Vermutungen. Mercedes wiederholte ihm ein Gespräch zwischen Montserrat und Paula, das die Haushälterin belauscht hatte. Die junge Frau war einige Stunden zuvor bei dem Patron erschienen, und Montserrat hatte ihr unmißverständlich zu verstehen gegeben, daß er ihrer Version nicht glaubte:
„Zwischen Verbündeten darf es keine Geheimnisse geben. Ich weiß genau, daß Sie meinem Sohn in der fraglichen Nacht eine Falle gestellt haben, und ich bin weit davon entfernt, Sie dafür zu schelten. Ich unterstütze diese Verlobung, doch Sie dürfen nicht meinen, mich ebenfalls täuschen zu können."
Den weiteren Fortgang des Gespräches hatte Mercedes nicht mehr mitbekommen, doch sie schwor Adriano, daß Paula dem Bankier reinen Wein eingeschenkt hatte.
Wenig später kamen Montserrat und Rosália aus dem Waisenhaus zurück. Adriano bemerkte die fröhliche Stimmung, in der sich beide befanden und flüchtete verärgert ins Gartenhaus. Berenice und Raimundo saßen beim Essen, und so ging der junge Arzt zunächst zu seiner kranken Tante. Kurz darauf kam er mit ernster Miene die Treppe herunter.
„Sag, Bere, verstehst du das? Joana erscheint mir heute stumpfer als je zuvor. Als ich eintrat, hörte ich sie ihr Lied summen, doch als sie mich erkannte, verstummte sie und sah mich nur verschreckt an. Dabei schien sie gestern abend nahe daran, zu sprechen . . ."
Die Gärtnersfrau reagierte ausweichend.
„Ich weiß es nicht, Adriano . . . Es ist wohl ein Rückfall."
Adriano sah sie böse an, er glaubte ihr kein Wort. Wütend ging er hinaus und schlug die Tür laut hinter sich zu. Kaum war Adriano fort, schalt Raimundo seine Frau.
„Fängst du jetzt auch noch an zu lügen?"
„Was hätte ich denn sagen sollen?"
„Die Wahrheit! Daß sein Vater hier gewesen ist, ihr das Kind weggenommen und sie geschlagen hat."
Montserrat und Rosália saßen an diesem Abend lange zusammen,

hörten gemeinsam Musik und tranken Wein. Adriano hatte sich nicht blicken lassen, und Mercedes war längst zu Bett gegangen. Irgendwann wurde auch der Bankier müde, und so begab sich jeder auf sein Zimmer. Rosália konnte nicht einschlafen. Die anstrengende Arbeit hatte sie erschöpft, und den schweren Rotwein vertrug sie ohnehin nur schlecht. Ihr war übel. Da sie noch angekleidet war, beschloß sie, im Park frische Luft zu schöpfen.

Im Freien angekommen, sah sie, daß auch im Gartenhäuschen kein Licht mehr brannte. Erschrocken bemerkte sie plötzlich eine Gestalt, und sie wollte ihren Augen nicht trauen: Dort stand die Wahnsinnige in ihrem leichten Nachtkleid an einen Baum gelehnt und starrte zur Villa hinüber, als versuchte sie, sich in der ihr fremden Umgebung zu orientieren. Jetzt schien sie Rosália entdeckt zu haben, und ehe die junge Frau reagieren konnte, machte die Verrückte kehrt und lief mit unerwarteter Schnelligkeit zum Parktor.

„Doña Joana, so bleiben Sie doch stehen!" rief Rosália ihr nach, doch Joana beschleunigte ihre Schritte. Kurzentschlossen folgte Rosália der Flüchtenden, ohne Rücksicht darauf, daß sie nur ihr Kleid trug und es empfindlich kühl war.

Eine halbe Stunde später erschien Berenice völlig aufgelöst in der Villa. Rogério war leicht angetrunken aus dem Kaffeehaus zurückgekommen, und durch den Lärm, den er verursacht hatte, war sie aufgewacht. Eine innere Unruhe drängte sie, nach Joana zu sehen, doch sie fand ein leeres Zimmer vor. Berenice hoffte nun, Adriano wecken zu können, ohne daß Montserrat etwas bemerkte. Mehrmals klopfte sie leise an die Tür seines Zimmers, doch niemand antwortete. Fast gleichzeitig wurde im Erdgeschoß die Haustür geöffnet, Adriano kehrte heim. Er war nach seinem Besuch im Gartenhaus bei Ramos gewesen. Mitten in die aufgeregte Besprechung der beiden Männer über Joanas abermaligen Rückfall war Danilo hineingeplatzt: Auf der Straße, fast direkt vor dem Eingang zu Esmeraldas Pension, war ein Mann zusammengebrochen. Die beiden Ärzte waren sofort aufgebrochen, konnten jedoch nur mehr den Tod des Mannes feststellen. Die Diagnose war eindeutig: Gelbfieber. Lange hatten sie in Esmeraldas Pension über die dringlichsten Maßnahmen gesprochen. Ramos war immerhin Sanitätsdirektor des Bezirkes, in dem sich der Todesfall ereignet hatte, und es

war absolut erforderlich, gleich am nächsten Tag Gegenmaßnahmen zu ergreifen. Die Wirtin hatte die Ärzte angefleht, die Sache nicht an die Öffentlichkeit zu bringen. Der Unfall hatte sich schließlich vor ihrer Tür ereignet, und sie fürchtete die Schließung ihres Hauses.
Berenice lief auf den heimkehrenden Adriano zu und bedeutete ihm, nicht zu reden. Doch es war zu spät, sowohl Mercedes als auch der Patron waren aufgewacht und erschienen im Treppenhaus. Der verängstigten Gärtnersfrau blieb nun nichts weiter übrig, als Joanas Verschwinden zu gestehen. Montserrat wurde kreidebleich und wollte lostoben, als er die halboffene Tür zu Rosálias Zimmer sah. Aufgeregt ging er hinein und kam noch verstörter zurück: Auch Rosália war verschwunden. Völlig außer sich äußerte der Bankier den Verdacht, Joana könnte Rosália etwas angetan haben. Einzig Adriano behielt in dem hektischen Durcheinander kühlen Kopf. Er rief Raimundo und Rogério hinzu und bat sie, ihm bei der Suche nach den beiden Vermißten zu helfen.

Ramos saß noch über einem schriftlichen Bericht und hatte darüber jegliches Zeitgefühl verloren. So wunderte es ihn nicht, daß es jetzt, weit nach Mitternacht, an seiner Tür klopfte. Um so ungläubiger schaute er, als Rosália vor ihm stand und die völlig erschöpfte Joana zu ihm hereinbrachte.
„Rosália? Joana? Was ist geschehen . . . Was bedeutet das?“
„Ich kann es mir auch nicht erklären, Dr. Ramos. Vorhin wollte ich im Park noch etwas frische Luft schöpfen, da sah ich sie vor der Villa stehen. Dann lief sie fort, mit einem Tempo, das ich ihr nie zugetraut hätte. Es war mir kaum möglich, mit ihr Schritt zu halten, einige Male hat sie sich sogar versteckt, und ich bin an ihr vorbeigelaufen. Wir sind wohl einmal quer durch die Stadt . . . Zum Glück habe ich sie jedesmal, wenn sie mir entwischt war, wiedergefunden . . . Und zuletzt überkam sie wohl Müdigkeit. Sie lebt seit Jahren eingesperrt und ist das Laufen nicht mehr gewöhnt.“
Ramos betrachtete die Irre, die nur stumpf vor sich hinstarrte. Sie reagierte nicht auf die Versuche des Arztes, sie anzusprechen. Ramos gab ihr ein Beruhigungsmittel und wandte sich wieder an Rosália.

„Ich werde euch zurückbringen."
„Nein, Dr. Ramos, behalten Sie Joana hier, ich werde später Adriano schicken, sie zu holen. Sie spricht zwar nicht, doch wenn man versucht, sie zur Heimkehr zu überreden, sträubt sie sich am ganzen Körper. Sie hat fürchterliche Angst, und ich glaube, Adriano hat noch am ehesten ihr Vertrauen."
Ramos schien skeptisch, sah aber keine bessere Lösung. Deshalb ließ er zu, daß Rosália allein heimging. Als sie das hell erleuchtete Haus sah, wußte sie, daß ihre und Joanas Abwesenheit nicht unbemerkt geblieben war. Montserrat lief aufgeregt im Wohnzimmer umher, und Mercedes und Berenice saßen schweigend in einander gegenüberliegenden Ecken des geräumigen Zimmers. Bei Rosálias Eintreten zitterte Montserrats Stimme vor Erleichterung, als er ausrief:
„Gott sei Dank, ich fürchtete, sie hätte dir etwas angetan. Doch wo warst du, Rosália, ich habe mir solche Sorgen gemacht."
„Weshalb sollte Joana mir etwas antun? Sie ist völlig verstört vor mir geflüchtet, und ich mußte ihr durch die ganze Stadt folgen."
„Und, wo ist sie jetzt?"
Rosália suchte nach Ausflüchten und wollte Zeit gewinnen, bis Adriano zurückgekehrt war. Doch Montserrat, von der Sorge um seine Frau erlöst, ließ nicht locker, bis Rosália gestand, daß sie Joana zu Ramos gebracht hatte.
Zornig wollte Montserrat sofort aufbrechen, und Rosálias Versuche, ihn zurückzuhalten, blieben erfolglos.
Immerhin konnte sie ihn dazu überreden, Berenice mitzunehmen.

Die Kranke hatte sich inzwischen beruhigt. Neugierig wie ein Kind lief sie in Ramos' Praxis umher und betrachtete mit großen Augen die zahlreichen medizinischen Instrumente. Besonders eine kleine Marmorskulptur schien es ihr angetan zu haben, die sie gar nicht mehr loslassen wollte. Ramos sagte:
„Gefällt Ihnen das? Nehmen Sie es, ich schenke es Ihnen."
Joana sah dankbar zu Ramos auf und es schien, als wollte sie etwas sagen. In diesem Moment wurde die Tür aufgerissen, und Montserrat trat grußlos ein, gefolgt von Berenice.
Barsch befahl der Bankier seiner Begleiterin:
„Los, nimm sie, Berenice, wir müssen sofort heim."

Als Joana dies hörte, schrie sie jäh auf und flüchtete sich in die Arme des Arztes, der sich schützend vor sie stellte. Montserrat geriet in Harnisch. Mit drohender Gebärde ging er auf Ramos zu, der vor dem Haß, der aus Montserrats Augen blitzte, unwillkürlich zurückwich. Berenice griff ein:
„Bitte, Senhor de Montserrat, gehen Sie schon nach unten, ich werde mit Joana nachkommen."
Der Bankier blieb tatsächlich stehen. Er zögerte einen Augenblick, ehe er Ramos entgegenschleuderte:
„Glauben Sie nicht, daß Joana hier bei Ihnen bleibt. Sie gehört mir, mir allein!"
Dann wandte er sich, noch immer mit hochrotem Kopf, zur Tür und herrschte Berenice an:
„Ich gebe dir fünf Minuten. Wenn ihr dann nicht unten seid, komme ich zurück und hole sie selber."
Erst als Montserrat fort war, sah die Irre, die ihren Kopf an Ramos' Schulter gepreßt hatte, wieder auf. Ramos und Berenice redeten behutsam auf sie ein, und endlich gelang es ihnen, Joana zum Mitgehen zu bewegen.
„Sag, Bere", fragte Ramos, „kannst du dir erklären, weshalb er so fürchterlich explodierte, als sich Joana in meine Arme flüchtete. Ich kenne seinen Haß seit Jahrzehnten, aber diese Augen . . ."
Berenice hielt Joana schützend im Arm, und Ramos bemerkte den Kampf, der sich in ihrem Inneren abspielte. Doch sie brachte es nicht fertig, das auszusprechen, was sie schon so lange quälte.

5. KAPITEL

Adriano teilte nun schon seit einigen Wochen seine Tage zwischen seiner Praxis, den abendlichen Besuchen bei der wahnsinnigen Tante und dem aufreibenden Kampf gegen die zahlreichen Seuchen. Ramos hatte ihm noch am Tag nach Joanas Flucht unmißverständlich erklärt, daß jeder Versuch, ihn von seiner Reise nach Paris abzuhalten, sinnlos sei. Besessen von seiner Theorie, mußte er unbedingt mit Carolas vermeintlicher Mutter sprechen. Die Zeit hatte gerade noch ausgereicht, den jungen Kollegen in seine gefährliche Aufgabe einzuführen. Wo größere Moskitoschwärme ausfindig gemacht wurden, zogen die Ärzte mit kleinen Trupps Freiwilliger zu den jeweiligen Orten und versprühten dort das übelriechende Desinfektionsmittel. In einigen Fällen war es erforderlich, die Anwohner ganzer Straßenzüge für Tage zu evakuieren. Dies hatte zur Folge, daß diese Aktionen gegen den bisweilen handgreiflichen Widerstand der Bevölkerung durchgesetzt werden mußten. Die ärmsten Bewohner Rios, die unter schlimmsten hygienischen Bedingungen lebten, waren zugleich die Gefährdetsten, aber auch die Uneinsichtigsten. Mangelnde Bildung hatte zur Folge, daß sie die Seuchen als Gottesstrafe auffaßten, gegen die man ohnehin nichts unternehmen konnte.

Die gefährlichsten Ansteckungsherde fanden sich am Stadtrand, in den Elendsvierteln. Die Favelas, notdürftig zusammengehauene Holzbaracken, beherbergten Massen von Menschen, deren Zahl niemand schätzen konnte. Hier konnten sich die Moskitoschwärme unkontrolliert ausbreiten. Zudem siedelten sich hier ständig neue Zuwanderer an, von denen viele bereits infiziert waren und ihre Nachbarn ansteckten.

Noch schwieriger war es unterdessen mit einer Gruppe von Stadtbewohnern, deren Aufenthaltsorte man nicht einmal kannte: die Stadtstreicher, Obdachlosen und Bettler. Sie nisteten sich in leerstehenden Häusern ein, wobei sie auch vor den Gebäuden nicht zurückschreckten, die erst jüngst wegen der Seuchengefahr geräumt worden waren. Sie lebten aber auch in Hinterhöfen, auf den Straßen der Armenviertel oder unmittelbar an den Flüssen und Kanälen, wo

die Gefahr am größten war. Da sie ihren Wohnort ständig wechselten, war es nahezu unmöglich, den Erregerherd ausfindig zu machen, wenn wieder einmal ein Bettler oder Obdachloser auf offener Straße zusammengebrochen war.
Jetzt, gut vier Wochen nach Ramos' Abreise, wurde Adriano wieder einmal mit einem solchen Fall konfrontiert. Eine Gruppe von Stadtstreichern, angeführt von einer zerlumpten alten Frau, die sich überraschend gewählt ausdrückte, schleppte einen Kumpanen in die Praxis des Arztes. Adriano diagnostizierte Gelbfieber. Dem Kranken lief der Schweiß in Strömen den Körper herab, sein Gesicht war hochrot und seine Schläfen pochten wie wild. Zudem klagte er über Übelkeit und konnte sich doch nicht erbrechen, weil er seit Tagen nichts mehr gegessen hatte. Gemeinsam brachten sie den Todkranken ins Hospital, doch für den armen Mann kam jede Hilfe zu spät. Adriano wollte mit den Bettlern zu deren Aufenthaltsort gehen, um dort Maßnahmen gegen eine weitere Ausbreitung der Seuche zu ergreifen. Doch die beiden Männer nutzten die erstbeste Gelegenheit, um ihrem Begleiter zu entwischen.
In seiner Not wandte sich der Arzt an Esmeralda. Die Mutter der Pensionswirtin sollte, wie man erzählte, viele Jahre mit einem Zigeuner zusammengelebt haben, und der Mann hatte sie zuletzt verlassen, als die Frau ihre Tochter erwartete. Inwieweit diese Geschichte der Wahrheit entsprach, wußte niemand, vielleicht nicht einmal Esmeralda selber. Immerhin versprach sie Adriano, ihm bei seiner Suche behilflich zu sein. Und der Hinweis auf die alte Frau mit der vornehmen Ausdruckseise versprach Erfolg.

Nicht nur Adriano wartete sehnlichst auf die Rückkehr seines Freundes und Kollegen Ramos, sondern auch Carola. Sie interessierte sich nicht etwa für die Nachrichten von ihrer Mutter, sondern wünschte nur, den Mann wiederzusehen, in den sie sich verliebt hatte und der sich ihr doch ständig entzog. In den Wochen seiner Abwesenheit wurde ihr die Trennung ein wenig erleichtert, denn sie arbeitete Tag und Nacht. Gemeinsam mit Leonor Medeiros, die seit kurzem ihre Teilhaberin war, und Luíza, einer Angestellten, plante sie ihr neues Geschäft, das in Kürze in der Innenstadt, unweit dem Kaffeehaus der Barbosas, eröffnet werden sollte.

Die drei Frauen saßen in Manéls Lokal beisammen und besprachen die nächsten Schritte. An diesem Tag gab es besonders viel zu verhandeln, auch Unangenehmes. Carola berichtete ihrer Teilhaberin von einem Besuch, den sie tags zuvor erhalten hatte.
„Ihr Mann, Don Augusto, war bei mir, Doña Leonor."
Leonor horchte auf. Sie wußte nicht einmal, daß Carola und Augusto einander kannten.
„Was wollte er?"
„Er war ziemlich aufgebracht, Ihretwegen. Kurz und gut: Er wollte mir schlicht und einfach verbieten, Sie als meine Teilhaberin zu akzeptieren."
„Und?"
„Nun, was glauben Sie?" Carola lächelte spöttisch. „Meinen Sie, ich lasse mich so leicht beeinflussen? Ich habe ihn vor die Tür gesetzt, als er laut wurde. Er drohte, uns mit seiner Kleiderfabrik Konkurrenz zu machen und in den Ruin zu treiben. Ich habe ihn nur ausgelacht."
Leonor seufzte tief.
„Ich hatte solch einen Auftritt befürchtet. Bei mir war er nämlich ebenfalls und redete dummes Zeug. Daß es unstatthaft sei, wenn eine verheiratete Frau arbeitet und was ihm sonst noch so in den Sinn kam. Doch lassen wir das, was mein Mann zu sagen hat, ist unwichtig. Wir haben andere Dinge zu besprechen."
„Ja, beispielsweise den Namen unseres Hauses", warf Luíza ein. Das Mädchen arbeitete schon längere Zeit für Carola und stand zu ihrer Chefin in einem beinahe freundschaftlichen Verhältnis. Luíza war einen Kopf kleiner als Carola, und unter ihren schwarzen Locken sahen frech blinzelnde, hellblaue Augen hervor, die immer dann aufleuchteten, wenn Nelo im Kaffeehaus auftauchte. Durch ihr schmales Gesicht und den kleinen Mund unter der winzigen Stupsnase wirkte Luíza fast kindlich, und im klassischen Sinne konnte man sie kaum hübsch nennen. Dennoch kokettierte Nelo mit ihr, und Carola vermutete, daß der junge Mann Alice eifersüchtig machen wollte, die sich seit Wochen ihm gegenüber sehr zurückhaltend verhielt.
„Ja, der Name . . . Habt ihr eine Idee?" Carola schien unschlüssig, sie grübelte über diese Frage seit Tagen.

„Wie wäre es mit ‚Brasilianisches Haus'", sagte Manél, der den Frauen gerade ihren Kaffee servierte. Carola lachte.
„Don Manél, ich bitte Sie. Wir müssen unserem Unternehmen einen Hauch von Raffinement, von Eleganz verleihen. Ihr Vorschlag klingt mir doch sehr provinziell. Bei uns im Lande wird doch nur nachproduziert, was in Europa längst passé ist."
Über Leonors Gesicht huschte ein siegesgewisses Lächeln.
„Alles, was als ‚chic' gilt, kommt aus Europa . . . genauer aus Paris. Wie wäre es dann mit ‚Maison de France'?"
Carola war von diesem Einfall sofort begeistert.
„Wunderbar, Leonor, das ist die Lösung."
Manél wollte mit beleidigter Miene abziehen, er war von seinem Vorschlag überzeugt. Doch Carola rief ihn zurück.
„Warten Sie doch, Manél. Sie sind doch nicht etwa gekränkt? Wir haben auch noch etwas mit Ihnen zu besprechen."
„Ach ja", bestätigte Leonor und lächelte ihrem Schwager schmeichelnd zu. Der dicke Mann blieb stehen und strahlte, als er die Frau ansah, in die er insgeheim noch immer verliebt war. Leonor erklärte ihm ihr Anliegen.
„Du weißt doch, Manél, daß die Eröffnung eines neuen Geschäftes heutzutage nicht ohne Gefahren ist. Wir müssen die großen Investitionen möglichst schnell wieder hereinholen, und deshalb ist es nötig, unseren Laden bekannt zu machen. Wir dachten an eine Veranstaltung, die Aufsehen erregt, an eine . . . Modenschau gewissermaßen."
„Und?" Manél verstand nicht, was er mit dieser Angelegenheit zu tun hatte.
„Ganz einfach, wir wollten diese Modenschau hier, in deinem Kaffeehaus durchführen."
Und Carola ergänzte:
„Im Grunde ist die Idee schon ausgereift. Die Nichten Padre Ignácios sollen unsere neuesten Kreationen vorführen, dazu vielleicht Ihre Tochter, Don Manél. Wir haben ein wunderschönes Brautkleid entworfen . . ."
Manél verzog säuerlich das Gesicht, die Anspielung auf Paulas Heirat behagte ihm ganz und gar nicht. Auch Leonor quittierte diese Bemerkung mit düsterem Schweigen.

„Leonor will überdies ihre Tochter dazu bewegen", fuhr Carola unbeirrt fort, „über Montserrat und dessen zahlreiche Kontakte möglichst viele Damen der besseren Gesellschaft zu unserer Vorführung einzuladen. Das ist die beste nur denkbare Werbung, nicht nur für uns, sondern auch für Sie, Don Manél."
Das Gesicht des Wirtes hellte sich wieder auf. Er zwirbelte an seinem Schnurrbart und malte sich bereits aus, welch vornehme Klientel dieses Ereignis seinem Lokal bescheren würde.

Ramos kam tief in der Nacht in Paris an. In einem hoffnungslos überfüllten Zug war er von Le Havre in die Metropole gereist. Sein Rücken schmerzte, die harten Holzbänke machten das Reisen zu einem wenig angenehmen Erlebnis. Überdies verspätete sich der Zug maßlos, unzählige Male hielt er aus völlig unerfindlichen Gründen an und blieb manchmal bis zu einer Stunde mitten auf der Strecke stehen. An jeder Haltestelle drängten rücksichtslos neue Fahrgäste hinein, ungeachtet der Tatsache, daß längst alle Sitzbänke doppelt belegt waren und man nicht einmal mehr stehen konnte, ohne einen Mitreisenden anzurempeln. Immerhin konnten die Reisenden auf diese Weise nicht umfallen, wenn die dampfschnaubende Lokomotive ohne Vorwarnung ruckartig anzog. Andererseits war die Luft zum Ersticken. Da die Franzosen unablässig ihre Pfeifen oder billige, übelriechende Zigarren rauchten, drohte dem Arzt einige Male eine Ohnmacht. Überdies verbreitete die Landbevölkerung, die sich vorwiegend in den Gängen zusammendrängte, nicht unbedingt die Wohlgerüche Arabiens.
An der Gare du Nord nahm Ramos eine Kutsche. Obwohl es ihn reizte, einmal die neueste Pariser Errungenschaft, die Métropolitain, zu benutzen, verspürte er an diesem Abend nach der anstrengenden Reise wenig Lust, sich nochmals unter eine größere Menschenmenge zu begeben. Auch wurde ihm bei der Vorstellung, unter der Erde zu fahren, ein wenig mulmig.
Der Brasilianer nahm ein billiges Hotel im Quartier Latin, das ihm Adriano empfohlen hatte. Der Freund hatte während seiner Studienjahre hier gelebt und Ramos eine ausführliche Beschreibung gegeben. Allerdings wollte der Arzt möglichst wenig Zeit verlieren. Ihn drängte es, mit Nanette zu sprechen und danach schnellstmög-

lich in die Heimat zurückzukehren. Allein dieses seltsame Stahlgerüst an den Champs du Mars wollte er sich nicht entgehen lassen. Am nächsten Morgen ließ sich Ramos ins Montmartre-Viertel kutschieren. Der Mann auf dem Kutschbock lächelte dem Fremden frech ins Gesicht, als dieser die „Boite" als Ziel nannte. Dort angekommen, verstand Ramos den Grund dieses unverschämten Grinsens. Auf der schmutzigen Seitengasse, die von einem großen Boulevard abzweigte, flanierten bereits zu dieser frühen Stunde zahlreiche Kokotten, und die Verhandlungen, die sie auf offener Straße mit fremden Männern führten, hätte Ramos auch dann zu deuten gewußt, wenn ihm nicht ohnehin klar gewesen wäre, wo er sich befand.

Ein wenig verunsichert betrat er das Etablissement, das ihm als Nanettes Anschrift mit auf den Weg gegeben worden war. Er hatte kaum Platz genommen, als sich auch schon eine der umstehenden ‚Damen' mit aufforderndem Lächeln zu ihm setzte. Der Arzt mußte sich konzentrieren, sein Französisch ging ihm nur schwer über die Lippen, zu lange lagen die Schul- und Studienjahre zurück.

„Merci, Mademoiselle, mais pardon, je ne peux pas accepter votre avancement. Je cherche une personne."

„Est-ce que je peux vous aider?" Die Kokotte lächelte noch immer verschmitzt. Sie glaubte ihm kein Wort.

„Oui, la personne que je cherche est peut-être la maîtresse de ce salon."

In diesem Augenblick trat eine ältere Frau hinzu, dunkelhaarig und etwa vierzig Jahre, deren faltiges Gesicht von einer dicken Schicht billiger Schminke übertüncht war. Ramos stieg der Duft eines aufdringlichen Parfums in die Nase.

„Vous n'êtes pas français, Monsieur, c'est pas vrais? Vous avez un accent!"

„Oui, c'est vrai. Je suis brésilien."

„Ah, bien, dann kann ich Sie von Ihren Mühen erlösen", fuhr die Frau nun in perfektem Portugiesisch fort. „Ich bin ebenfalls Brasilianerin. Und es freut mich jedesmal, wenn ich einen Landsmann hier in meinem Haus begrüßen darf."

Ramos betrachtete die verlebte Frau. Das Alter mochte zutreffen, ansonsten aber konnte er beim besten Willen keine Ähnlichkeit mit

Carola feststellen. Und derselbe Typ Frau wie Joana in Rio war sie ebenfalls nicht. Die dunklen Haare schienen dem Arzt gefärbt, das Gesicht war füllig, fast aufgedunsen. Selbst wenn er der Kokotte zugestand, daß sich ihr Lebenswandel, vielleicht auch übermäßiger Alkoholgenuß in ihre Züge eingegraben hatten, war eine solche Veränderung nicht glaubhaft. Schließlich sagte Ramos:
„Sie sind Madame Nanette?"
„Mademoiselle", korrigierte sie ihn. „Und Sie sind Dr. Ramos aus Rio, nicht wahr." Sie musterte ihn aufmerksam, dann fuhr sie lächelnd fort: „Doch gewiß, meine Carola hat mir viel von Ihnen erzählt, hat Sie genau beschrieben. Vor allem hat Sie mir immer von Ihren attraktiven grauen Schläfen vorgeschwärmt. Ich glaube, meine Kleine liebt Sie, Dr. Ramos, meinen Sie nicht auch?"
Ramos fühlte sich unbehaglich, das aufdringliche Lächeln und der vertrauliche Tonfall mißfielen ihm sehr, doch er durfte sich diese freche Anbiederung nicht verbitten. Immerhin wollte er etwas von der Frau erfahren.
„Ich habe Ihnen einen Brief geschrieben, erinnern Sie sich? Sie haben leider nicht geantwortet."
„Doch, ich habe über Carola geantwortet, sie wird Ihnen das doch mitgeteilt haben. Aber sagen Sie, Dr. Ramos, ich habe Ihren Brief kaum verstanden. All diese neugierigen Fragen und dunklen Andeutungen . . . Von einer zweiten Joana Cavalcanti? Und von diesem Bankier de Montserrat, den ich überhaupt nicht kenne. Außerdem weiß ich wirklich nicht, was es Sie angeht, wie lange ich in Paris bin . . . Doch lassen wir doch dieses leidige Thema, Sie sind hier, und ich freue mich aufrichtig, Sie kennenzulernen. Was treibt Sie her? Haben Sie unsere schöne Stadt schon besichtigt?"
Es war nicht zu übersehen, dieser wenig geschickte Versuch, abrupt das Thema zu wechseln, war zugleich ein Hinweis auf mangelnde Auskunftsbereitschaft.
„Ich bitte Sie, Senhorina Cavalcanti, ich wäre gewiß nicht so hartnäckig, gäbe es nicht gewichtige Gründe. Ich kann Ihnen nicht alles erklären, das würde zu weit führen, aber ich muß unbedingt wissen, weshalb Sie Brasilien seinerzeit verlassen haben. Außerdem konnte mir Carola nie erklären, weshalb *sie* nach Brasilien zurückgekehrt ist, und wann das war. Oder war sie überhaupt nicht hier?"

Nanette reagierte unwirsch.
„Wollen Sie mir Vorwürfe machen, ich hätte meine Tochter vernachlässigt? Das geht nun wirklich zu weit."
Ramos bohrte weiter, aber je eindringlicher er seine Fragen stellte, desto verstockter wurde die Frau. Es war unmöglich, eine verwertbare Auskunft von ihr zu erhalten. Endlich gab der Arzt auf. Er verabschiedete sich mit einem in diesem Milieu befremdlich anmutenden Handkuß und ging resigniert zur Tür hinaus. Seine letzten Zweifel, daß diese Nanette nicht Carolas Mutter sein konnte, waren allerdings beseitigt. Doch da er ansonsten nichts aus der Frau herausgebracht hatte, blieb dieser Besuch letztlich ein zeitaufwendiger Fehlschlag.
Wäre Ramos jedoch umgehend in die „Boite" zurückgekehrt, hätte sich seine Resignation sicherlich in Überraschung, wenn nicht in Entsetzen verwandelt. Kaum daß er die Tür hinter sich geschlossen hatte, trat hinter einem Vorhang aus einem Séparée eine Frau hervor, die mit der vermeintlichen Nanette gleichaltrig war und eine auffällige Ähnlichkeit mit der irren Joana Cavalcanti in Rio aufwies. Die Frau, mit der Ramos gesprochen hatte, sah ihre Patronin triumphierend an:
„Nun, wie war ich?"
„Très bien! Perfekt, meine Liebe, wunderbar. Für einen Augenblick dachte ich, mich selbst zu hören. Du hast dir deinen Lohn redlich verdient, ich glaube, hiermit wirst du leicht die Heimkehr bestreiten können."
Nanette reichte ihrer Angestellten ein Bündel Geldscheine und fügte augenzwinkernd hinzu:
„Alles weitere wird sich in Rio regeln lassen. Ich kann mir vorstellen, daß Senhor de Montserrat sich nicht lumpen läßt. Deine Zukunft ist gesichert . . . Vor allem, wenn du ihm erzählst, wie loyal wir beide uns verhalten haben."

Während Ramos im fernen Europa vergeblich dem Geheimnis der zweiten Joana Cavalcanti nachspürte, machte die Genesung der Irren im Gartenhäuschen unerwartete Fortschritte. Tage und Wochen hatte sie sich während Adrianos Besuchen störrischer und schweigsamer denn je verhalten, in der beständigen Furcht, Mont-

serrat könnte ihr abermals das Kind rauben. Nur allmählich gelang es Adriano, ihr Vertrauen zurückzugewinnen. Eines Abends war er wieder bei ihr, bereits erschöpft von der harten Arbeit und der noch immer erfolglosen Suche nach der Bettlergruppe um die alte Frau. Joana sah ihn vertrauensselig an und summte wieder einige Takte ihres Liedes. Der junge Mann bedrängte sie, zu sprechen.
„Bitte, Tante Joana, du kannst doch dieses Lied nicht nur summen, sondern auch singen. Wie geht der Text? Ich habe ihn leider vergessen. Willst du mir nicht helfen?"
Die Kranke sah ihn verständnislos an. Adriano zweifelte, ob sie ihn verstanden hatte. Mehrfach wiederholte er seine Bitte, doch all sein Flehen schien vergeblich. Plötzlich aber bewegten sich Joanas Lippen, sie versuchte etwas zu formulieren. Adriano traute seinen Ohren nicht. Hatte er richtig verstanden?
„Was sagst du, Tante Joana? Ich habe dich nicht verstanden, wiederhole doch noch einmal . . ."
Er trat näher zu ihr und lauschte angestrengt den kaum hörbaren Tönen, die Joana hervorpreßte. Kein Zweifel, die Irre flüsterte mühsam einen Namen:
„Ro-sá-lia . . ."
Freudig erregt lief der junge Mann zur Villa hinüber. Ungeachtet der späten Stunde und ohne Rücksicht darauf, daß zwischen den beiden Liebenden seit Wochen jeglicher Kontakt abgebrochen war, klopfte er leise an Rosálias Tür. Endlich kam sie heraus und sah Adriano vorwurfsvoll an.
„Was soll dieser Überfall?"
„Bitte, nicht so laut, mein Vater darf uns nicht hören. Joana hat deinen Namen geflüstert, es ist, als ob sie etwas über dich sagen wollte. Bitte, kleide dich rasch an und komm ins Gartenhaus. Ich werde bei Berenice auf dich warten."
Rosália zögerte, sie fürchtete, Adriano könnte unter einem Vorwand versuchen, sie zu einer Unterredung zu zwingen. Schließlich aber erschien sie im Gartenhaus, und Adriano führte sie zu Joana. Die Irre kauerte auf ihrem Bett. Es schien, als erschreckte sie diese Begegnung. Rosália sprach sie behutsam an.
„Doña Joana, Adriano sagte, Sie hätten meinen Namen ausgesprochen. Stimmt das? Haben Sie mich gerufen?"

Langsam löste sich Joanas Verkrampfung. Auch ihr angsterfüllter Blick wurde wieder ruhiger, und als Rosália behutsam nähertrat, zog sie sich nicht zurück. Jetzt standen die beiden Frauen dicht voreinander, doch völlig unerwartet, schnellten Joanas Arme hervor, und sie ergriff Rosálias rechte Hand. Die junge Frau erschrak, merkte aber bald, daß die Kranke sie nicht angreifen wollte, sondern nur zärtlich ihre Hand streichelte. Adriano beobachtete diese Geste eindeutiger Zuneigung, die seine Vermutung bestätigte: Joana hatte Rosálias Namen ausgesprochen, weil die junge Frau ihr Vertrauen gewonnen hatte.
Der Zauber dieses Augenblicks wurde jedoch jäh zerstört: Montserrat stand im Zimmer, keiner hatte bemerkt, woher er plötzlich gekommen war.
„Was soll das? Was geht hier vor?"
„Bitte, Vater, wir sind in einer sehr kritischen Situation, Sie dürfen uns jetzt nicht stören."
Montserrat geriet außer sich.
„Rosália, habe ich dir nicht untersagt, hierherzugehen? Noch dazu tief in der Nacht? Wie erklärst du diesen unglaublichen Vertrauensbruch mir gegenüber?"
„Verzeihen Sie, Vater . . . Ich habe Rosália gebeten, zu Tante Joana zu kommen. Es ist äußerst wichtig für die Behandlung, ich habe große Hoffnung . . ."
„Ich glaube nicht an deine Methoden", unterbrach ihn der Alte, „und außerdem hast du kein Recht, Rosália in diese Sache hineinzuziehen."
„Aber Joana hat Rosália wiedererkannt . . ."
„Die Wahnsinnige ist völlig unfähig, überhaupt jemanden wiederzuerkennen. Und außerdem kommt Rosália jetzt mit. Wer kann die Verantwortung dafür übernehmen, wenn hier ein Unglück geschieht. Du etwa?"
Ohne daß Rosália protestieren konnte, ergriff Montserrat ihre Hand und zog sie mit sich zur Tür hinaus. Adriano beruhigte seine Tante, die durch Montserrats Auftauchen wieder in ihre Starre verfallen war. Endlich ließ ihr Zittern nach, und Adriano hörte mit Entsetzen, wie die Kranke schrie:
„Haß! Haß!"

Adriano sah einen Ausdruck in ihren Augen, den er zuvor noch nie wahrgenommen hatte. Er forderte sie auf, ihm zu sagen, was Montserrat ihr angetan hätte, doch Joana schwieg. Nur unter großen Anstrengungen gelang es ihm, einen Tobsuchtsanfall zu verhindern. Zuletzt beruhigte sich Joana ein wenig, und Adriano ging zu Berenice hinunter.
„Konntest du nicht verhindern, daß mein Vater unser Treffen stört?"
„Entschuldige, Adriano, ich habe ihn gar nicht kommen sehen. Ich war selber erstaunt, als er eben mit Rosália die Treppe herunterkam."
Adriano ging, er glaubte ihr kein Wort.

Montserrat und Rosália saßen noch einige Zeit zusammen. Die Frau verlangte vom Bankier eine Erklärung für sein Verbot, Doña Joana zu besuchen. Montserrat wich aus.
„Bist du denn öfter bei ihr gewesen?"
„Ja, doch das ist keine Antwort auf meine Frage."
Montserrat wurde wieder laut.
„Erzähl mir, welche Lügengeschichten erzählt sie über mich? Intrigiert die Verrückte etwa gegen mich?"
„Aber Senhor de Montserrat, weshalb sind Sie denn schon wieder so erregt? Doña Joana spricht ja kaum. Ich verstehe das alles nicht. Was könnte sie über Sie erzählen, was ich nicht wissen darf? Und weshalb darf ich nicht dazu beitragen, die Arme zu heilen?"
„Habe ich es dir nicht erklärt? Ich mache mir Sorgen, ich habe Angst, die Irre könnte . . . Sie ist bisweilen wie eine Furie, und ich will nicht, daß sie dir etwas antut."
Montserrat sprach nun mit sanfter Stimme, doch Rosália war nicht zu überzeugen.
„Sie wird mich nicht angreifen, da bin ich mir sicher. Wenn Sie vorhin aufmerksamer zugeschaut hätten, wäre Ihnen gewiß aufgefallen, daß Doña Joana meine Hand liebkoste."
Der Bankier sah, daß seine Argumente nicht halfen. Mit besorgter Miene setzte er stockend zu einer umständlichen Erklärung an.
„Es gibt noch einen anderen Grund, Rosália . . . Es fällt mir schwer, dir das einzugestehen . . . einen Grund, der mir Schande bereitet,

für den ich mich auch schäme. Aber ich kann mich nicht dagegen wehren. Ich bin auch nur ein Mensch, mit allen Schwächen . . ."
Er verstummte. Rosália, die noch immer nicht ahnte, worauf diese Erklärung hinauslief, drängte ihn weiterzusprechen.
„Verzeih bitte, es ist unbegründet und unberechtigt, aber ich bin eifersüchtig. Es fällt mir schwer hinzunehmen, daß du ständig mit Adriano bei der Irren bist. Ich will dich weder beschuldigen noch anklagen, Rosália, ich kenne deinen großartigen Charakter und weiß, daß du mich nie unter meinem eigenen Dach betrügen würdest. Dennoch . . . Ja, selbst wenn du mich nicht liebst, was ich ja weiß . . . Es fällt mir selbst schwer, anzuerkennen, daß du deine Freundschaft, deine Großherzigkeit mit einem anderen teilst, sei dieser andere auch mein eigener Sohn. Verzeih mir bitte, aber du hast mich zu dieser mir peinlichen Erklärung gedrängt."
Während der ganzen Rede, die er mit gedämpfter Stimme vortrug, wagte Montserrat nicht, seiner Frau in die Augen zu schauen, und auch jetzt sah er beschämt an ihr vorbei. Rosália wurde nachdenklich, Schuldgefühle stiegen in ihr auf. Sie hatte Mitleid mit diesem Mann, der sich ihr gegenüber durch sein Eingeständnis abermals demütigte.

Carola und Leonor waren am Morgen schon früh im Kaffeehaus, um Einzelheiten der Modenschau festzulegen, die am nächsten Abend stattfinden sollte. Padre Ignácio hatte nur zögernd zugestimmt, daß seine Nichten die neuen Kleider vorführten. Er fürchtete Ärger mit Augusto Medeiros.
Leonor maß gerade die kleine Bühne aus, auf der die Mädchen auftreten sollten, und diktierte Carola einige Zahlen. Plötzlich trat Nelo mit bedrückter Miene auf sie zu.
„Entschuldige bitte, Tante Leonor, darf ich dir für ein paar Minuten Carola entführen? Ich muß sie dringend um einen Rat bitten."
Mit diesen Worten führte er seine Vertraute zu einem abgelegenen Tisch. Er reichte Carola einen Brief und sagte:
„Das habe ich vorhin von Alice erhalten. Was sagen Sie dazu, ich weiß nicht, was ich tun soll."
Carola las:
„Lieber Nelo, ich weiß nicht, ob Sie meinen Schritt verstehen

werden, doch wenn Sie diese Zeilen lesen, werde ich längst abgereist sein. Ich habe oft versucht, mit Ihnen über meine Probleme zu sprechen, habe es aber nie übers Herz gebracht. Jetzt brauche ich ein wenig Ruhe und Abstand, ich muß ungestört über mein Leben nachdenken. Einer Familienangelegenheit wegen muß ich in meine Heimatstadt zurück, und dieser Aufenthalt wird mir vielleicht helfen, Klarheit zu gewinnen. Mein Leben ist nicht immer leicht gewesen, denn vor langer Zeit – ich hatte immer Furcht, Ihnen das zu gestehen – habe ich einmal einen Mann sehr geliebt. Er hat mich bitter enttäuscht, und bis heute konnte ich diese Enttäuschung nicht völlig verwinden. Es fällt mir sehr schwer, anderen Menschen zu vertrauen. Deshalb habe ich auch nicht mit Ihnen zu sprechen gewagt, ungerechterweise vielleicht. Ich bitte Sie um Verzeihung für meine überhastete Abreise. Aber vielleicht ist alles zwischen uns ohnehin nur ein Traum gewesen, wenn auch ein wunderschöner. Er wird nie Wirklichkeit werden. Bitte verzeihen Sie mir, wenn ich Sie verletzt haben sollte. Herzlichst, Ihre Alice."
Nelo sah Carola hilfesuchend an.
„Was soll ich dazu sagen, Nelo? Ich kenne Alices Geschichte und habe ihr geraten, mit Ihnen zu sprechen. Sie hat sich nicht getraut."
Nelos sonst so schelmisch funkelnde Augen wirkten leer und gebrochen. Seine Hilflosigkeit rührte Carola.
„Wollen Sie einen Rat, Nelo? Einen aufrichtigen Rat?"
„Ja, gewiß . . . Aber sagen Sie doch, was das alles bedeuten soll. Sie hat jemanden vor mir geliebt, gut. Aber das ist doch kein Grund, einfach davonzulaufen. Da muß doch noch irgend etwas anderes sein."
„Selbst wenn ich mehr wüßte, würde ich es Ihnen nicht sagen. Doch es ist ein leichtes, von Padre Ignácio oder den Mädchen herauszubekommen, wo sich Alice aufhält und wann sie wiederkommen wird. Wenn Ihnen das zu lange dauert, dann reisen Sie ihr doch einfach nach."
Nelo starrte noch immer unglücklich vor sich hin, doch er kam nicht dazu, weiter nachzufragen. Die vertrauliche Unterredung wurde von einem wutschnaubenden Augusto unterbrochen, der grußlos das Kaffeehaus betreten hatte und sofort auf seine Frau einredete.
„Nicht genug, daß du gegen meinen Willen ein Geschäft eröffnest,

wirbst du mir auch noch meine Angestellten ab. Das ist unerhört, und ich werde mir das nicht gefallen lassen."
„Aber Don Augusto", ließ sich Carola vernehmen, „zum einen werben wir Ihnen die Mädchen nicht ab, und zum anderen ist Doña Leonor hierfür nicht verantwortlich. Die Verhandlungen mit Padre Ignácio habe ich geführt, und er hat nur unter der Bedingung zugestimmt, daß die Arbeit der Mädchen nicht darunter leidet."
„Sie haben mich nicht zu unterbrechen, wenn ich mit meiner Frau spreche", schrie Augusto. „Und die Arbeit wird auch nicht darunter leiden, da ich die Mädchen sofort entlassen werde, samt ihrer Schwester."
Leonor geriet in Wut.
„Was soll das, Augusto? Willst du die Nichten Padre Ignácios dafür bestrafen, daß ich mich unabhängig von dir mache? Und was soll das überhaupt? Die Produktion in deiner Fabrik liegt seit Tagen still, ich weiß ganz genau, daß du ohne die neuen Stoffe, die Tuffy von seiner Reise mitbringen will, mit den Mädchen überhaupt nichts anfangen kannst."
Augusto zuckte zusammen, er fühlte sich ertappt. Während er noch nach Worten rang, fuhr Leonor fort:
„Ich verstehe dich nicht! Gestern erst hast du mir über Rosália ausrichten lassen, du würdest eine Versöhnung mit mir wünschen. Drohungen sind dazu kaum der geeignete Weg."
Der Fabrikant hob hilflos die Arme. Natürlich hatte er Rosália nicht ohne Hintergedanken im Waisenhaus aufgesucht, er wußte ganz genau, daß jedes seiner Worte ohne große Umwege zu Leonor dringen würde. Dennoch verteidigte er sich heftig.
„Ich habe Rosália um nichts gebeten. Kann ich etwas dafür, daß sie gleich zu dir rennt. Im übrigen ist es ja wohl selbstverständlich, daß ein verheirateter Mann mit seiner Ehefrau unter einem Dach zusammenleben möchte."
Leonors ironisches Lächeln trieb ihn endgültig in die Defensive.
„Aber ich bin ja kein Unmensch. Die Mädchen werden nicht entlassen, aber sowie Tuffy zurück ist, kommen sie unverzüglich wieder zur Arbeit."

Gegen Mittag erschien Adriano wie verabredet in Esmeraldas Pen-

sion. Die Wirtin hatte ihn morgens vor seiner Praxis erwartet und ihm mitgeteilt, daß sie die Bettlergruppe ausfindig gemacht und die Alte, die offenbar Wortführerin der Gruppe war, zu sich bestellt habe. In Adrianos Praxis wollte sie nicht kommen, sie sei zusammengezuckt, als sie den Namen Montserrat hörte.
Auf Esmeraldas Nachricht hin schickte Adriano sofort eine Moskitobrigade zu dem genannten Ort. Er selber mußte unbedingt in die Klinik, wo abermals an Gelbfieber erkrankte Patienten eingeliefert worden waren. Eine neue Epidemie drohte sich auszubreiten.
Nun saß der Arzt der alten Frau gegenüber. Wie schon beim ersten Zusammentreffen wunderte er sich über sie. Ungeachtet ihrer zerlumpten Kleider und des muffigen Geruchs, der sie umgab, wirkte die Bettlerin fast damenhaft. Adriano war sicher, daß die Frau einmal bessere Zeiten erlebt haben mußte.
„Entschuldigen Sie meine Verspätung, Doña . . . Wie heißen Sie eigentlich, wir haben einander gar nicht vorgestellt."
„Amélia . . . Doña Amélia Alvim. Ich glaubte . . ."
Sie brach mitten im Satz ab. Der Arzt sah sie verwundert an und wartete, doch sie schwieg.
„War die Desinfektionsbrigade bereits bei Ihnen, Doña Amélia?"
„Die Moskito-Vernichter? Ja, und sie haben meine Freunde vertrieben. Der bestialische Geruch des Mittels ist in der Tat unerträglich. Leider war ich zu langsam und konnte ihnen nicht folgen. So habe ich zu allem übrigen auch noch meine ‚Freunde im Unglück' verloren."
„Erzählen Sie, Doña Amélia . . . Ich habe bei unserem ersten Zusammentreffen schon nicht glauben wollen, daß Sie eine gewöhnliche Bettlerin sind. Von welchem Unglück sprechen Sie?"
Die alte Frau deutete traurig auf ihre Kleider.
„Sie können mir glauben, Doktor, ich habe nicht immer so ausgesehen. Ich schäme mich, Ihnen so entgegentreten zu müssen. Aber mir ist nichts geblieben. Das Haus nahm man mir, und da ich nichts zu essen hatte, mußte ich auch meine Kleider verkaufen. Ist man einmal in Not, geht der Verfall sehr schnell. Noch vor Monaten . . ."
Sie konnte kaum weitersprechen, Tränen liefen ihr über die Wangen und ihre Stimme zitterte.

„Was wollen Sie von mir, Dr. de Montserrat? Sprechen Sie doch endlich. Weshalb quälen Sie mich ein zweites Mal?"
„Bitte? Ich habe Sie noch nie gequält . . . Was meinen Sie?"
„Nicht Sie persönlich, doch Sie sind ein Montserrat, und diese Familie gibt es doch nur einmal in Rio."
„Wollen Sie andeuten, Doña Amélia, daß mein Vater, der Bankier de Montserrat, für Ihr Unglück verantwortlich ist?"
„Wissen Sie das denn nicht? Es ist doch stadtbekannt, jeder weiß doch, daß in meinem Haus heute die kleinen Waisenkinder leben . . ."
Adriano bedrängte die alte Frau, ihm ihre ganze Geschichte zu erzählen. Und als sie nach mehrmaligen Unterbrechungen endlich geendet hatte, sah sie mit Erstaunen ein seltsames Flackern in Adrianos Augen. Noch überraschter war sie, als sie hörte, wie er Esmeralda anwies, für Doña Amélia ein Zimmer herzurichten. Zuletzt bat er sie, ihre Freunde zu suchen und sich bereitzuhalten, er benötige sie und die Bettler in einer wichtigen Angelegenheit. Die arme Frau verstand kein Wort, wagte aber nicht, nachzufragen. Zuletzt drückte Adriano ihr noch einige Geldscheine in die Hand.
„Bitte, Doña Amélia, nehmen Sie dieses Geld, es ist nur eine kleine Wiedergutmachung für das, was mein Vater Ihnen angetan hat. Und bitte laufen Sie nicht davon, ich benötige Ihre Hilfe wirklich mit größter Dringlichkeit."

Am folgenden Abend fand endlich die langersehnte Modenschau statt. Catarina platzte beinahe vor Stolz, als nach und nach die Mitglieder der vornehmsten Gesellschaft Rios ihr Lokal betraten. Endlich einmal war sie nicht von Pöbel umgeben. Hinter der kleinen Bühne herrschte hektische Geschäftigkeit, und besonders die Pfarrersnichten litten seit Stunden unter heftigem Lampenfieber. Kurz vor Beginn der Vorführung erklärte dann auch noch die kleine Marinez, sie wolle lieber doch nicht mitwirken. Leonor, die versuchte, sie umzustimmen, bot ihr schließlich an, als Umkleidehilfe zu fungieren. Diese Aufgabe war eigentlich Tunica zugedacht, die jedoch von einem Erkundungsgang in den Zuschauerraum nicht zurückgekehrt war. Bodoque hatte ihr einen Tisch neben der Theke zugewiesen, und sie bedrängt, bei ihm zu bleiben.

Endlich trat Carola auf die Bühne und eröffnete mit einer kleinen Ansprache die Modenschau. Nacheinander traten nun Mariana, Marize, Luíza und einige Mädchen, die Carola und Leonor für diesen Abend verpflichtet hatten, auf und präsentierten sich in den von Carola nach europäischem Vorbild entworfenen Kleidern.
Üppige Hüte, mit Federn, künstlichen Blüten und luftigen Schleiern drapiert, riefen eine ebenso große Begeisterung hervor, wie die eng taillierten und tief dekolletierten Kreationen in für brasilianische Verhältnisse ungewohnter Farbenpracht. Kein dezentes Weiß oder unscheinbares Grau, wie es auf den Straßen Rios noch immer vorherrschte, sondern Kleider in allen Farbschattierungen wurden vorgeführt. Die Zuschauer konnten hier Modelle in Pastellrosa, Karminrot, Himmelblau oder auch leuchtendem Gelb bewundern. Einige der Kleider wirkten geradezu kühn, wie etwa jenes violettfarbene Sommerkleid, das man auch schon an Carola bewundern konnte. Diesmal trug es Mariana, und ein anerkennendes Raunen ging durch den Zuschauerraum, als sie damit auftrat. Die Schultern waren bei diesem Modell nur knapp bedeckt, das Oberteil, gefertigt aus leichter, durchscheinender Seide, war dazu angetan, die Fantasie vor allem der männlichen Zuschauer anzuregen.
Das Publikum war hingerissen. Immer wenn eines der Mädchen die Bühne wieder verließ, ertönte begeisterter Beifall, der sich von Auftritt zu Auftritt steigerte. Gegen Ende der Vorführung schlich sich Bodoque unauffällig zur Bühne, nahm am Flügel Platz und stimmte ein Hochzeitslied an. Es herrschte atemlose Stille, als nun Paula in einem elegant gearbeiteten Brautkleid die Bühne betrat. Sie trug ein riesiges Blumenbukett im Arm und schritt anmutig und feierlich die wenigen Stufen zu den Zuschauertischen hinab. Langsam bahnte sie sich ihren Weg durch die engen Tischreihen, bis sie vor dem Tisch, an dem Rosália, Adriano und Montserrat saßen, stehenblieb. Mit unbewegter Miene legte sie den Blumenstrauß vor Rosália nieder und sah dann Adriano mit einem verzückten Lächeln in die Augen.

Die Modenschau war beendet. Die Gäste saßen größtenteils noch an ihren Tischen und besprachen das Ereignis. Adriano bestellte eine Flasche Champagner und erklärte seinem Vater und Rosália, er sei am Nachmittag bei den Barbosas gewesen und habe ihnen angekündigt, daß er am kommenden Wochenende offziell mit Paula Verlobung feiern wollte. Rosália bemühte sich, ihre Erschütterung zu verbergen. Montserrat lächelte zufrieden und bemerkte süffisant, das erkläre dann auch Paulas Geste.

Hinter der Bühne fielen Leonor und Carola einander in die Arme. Die beiden Frauen waren überglücklich über ihren Erfolg. Wenig später erschien Augusto und gratulierte seiner Frau. Leonor lächelte ihm dankbar zu, und es war nicht zu übersehen, wie gut dem Fabrikanten diese freundliche Geste tat.

Die Montserrats kehrten erst spät in der Nacht heim. Der Bankier war seit Adrianos Ankündigung bester Stimmung, Rosália hingegen schwieg beharrlich. Sie hatte ungewöhnlich viel getrunken und begab sich sofort auf ihr Zimmer. Hier gelang es ihr nicht mehr, ihre Gefühle zu unterdrücken. Verzweifelt warf sie sich aufs Bett und hieb mit ihren Fäusten auf das seidenbestickte Kopfkissen ein. Tränen standen ihr in den Augen, und in ihrem Kopf überschlugen sich die Gedanken. Die Wut auf Adriano vermengte sich mit bitterer Enttäuschung. Endlich kleidete sie sich aus. Obwohl vom Champagner berauscht, konnte sie lange nicht einschlafen. Sie lag mehr als eine Stunde wach, als sie Adriano und Montserrat die Treppe heraufkommen hörte. Noch immer erregt, fiel Rosália schließlich doch in einen unruhigen Schlaf. Schweratmend wälzte sie sich hin und her und wurde von seltsamen Träumen heimgesucht. Innerhalb kurzer Zeit passierten noch einmal alle Ereignisse seit jener Silvesternacht der Jahrhundertwende Revue. Sie träumte auch von Joana, die ihr liebevoll die Hand streichelte. Dann erschien ihr das bedrohliche Gesicht Montserrats, und sie fuhr jäh aus dem Schlaf. Rosália spürte, daß ihr tatsächlich jemand die Hand streichelte, und konnte einen leisen Aufschrei nicht mehr unterdrücken. Joana, die ihrerseits erschrak, schrie nun ebenfalls auf und lief verängstigt aus dem Zimmer.

Die Laute hatten auch die übrigen Hausbewohner geweckt, und Adriano wie Montserrat standen bereits im Gang, als Joana die Tür aufriß. Der Bankier wollte die Frau festhalten, doch sie riß sich los und flüchtete Adriano in die Arme.

„Lassen Sie sie, Vater, kümmern Sie sich um Rosália. Ich werde Tante Joana zurückbringen."

Mit beruhigenden Worten geleitete er die Kranke zur Treppe. Montserrat warf Joana noch einen bösen Blick zu, bevor er sich Rosália zuwendete:

„Hat sie dir etwas getan?"

Rosália schüttelte den Kopf.

„Nein, sie hat nur wieder meine Hand gestreichelt. Es ist schon gut, ich habe mich nur erschrocken."

„Du zitterst ja immer noch. Komm, ich bringe dich in dein Zimmer und werde neben dir wachen, bis du eingeschlafen bist."

Montserrat versuchte ihre Hand zu ergreifen, doch sie entzog sie ihm. Sein traurig bittender Blick verunsicherte Rosália: Es war nicht zu bezweifeln, er wollte sie noch immer erobern, mit unglaublicher Geduld und Selbstbeherrschung.

„Ich bin schon ruhig. Legen Sie sich ebenfalls nieder, die Aufregung hat Ihnen auch nicht gutgetan."

Enttäuscht ging der Bankier auf sein Zimmer und setzte sich nachdenklich auf sein Bett. Er wartete, bis er Adriano zurückkommen hörte. Seit Joanas Auftauchen im Haus war inzwischen mehr als eine Stunde verstrichen. Jetzt erhob sich der Bankier und ging zu seinem Toilettentisch. Er öffnete die oberste Schublade und hantierte umständlich darin herum. Plötzlich zog er das Möbelstück samt dem riesigen Spiegel zu sich und verschwand durch eine dahinter verborgene Tür in einem engen Geheimgang. Mit einer Kerze in der Hand stieg Montserrat vorsichtig die schmale Treppe herab und durchquerte nun den annähernd einhundert Meter langen Gang, der unter der Erde des Parks die Villa mit dem Gartenhäuschen verband. Jetzt stand er abermals vor einer Treppe, die noch enger war als die vorherige. Der Schacht, der ursprünglich einmal als Abzug eines zweiten Kamins gedacht war, führte steil hinauf bis unter das Dach des Gartenhäuschens. Je mehr Stufen er hinter sich ließ, desto enger wurde es. Schließlich erreichte er eine zweite Geheimtür, die auf den Flur oberhalb der Wohnung Raimundos und Berenices führte. Hinter einem mannshohen Spiegel, den er leise nach vorn schob, trat Montserrat ins Innere des Gartenhäuschens und stand direkt neben der Tür zu Joanas Gefängnis. Nach-

dem er sich vergewissert hatte, daß seine Bediensteten sein Kommen nicht bemerkt hatten, trat der Bankier ins Zimmer der Wahnsinnigen.
„Warum hast du die andere angegriffen? Warum bleibst du nicht hier, wo du hingehörst? Habe ich dir nicht ausdrücklich verboten, deine Kammer zu verlassen? Und was fällt dir ein, auf andere loszugehen? Besonders auf sie . . . Ich habe dich oft genug gewarnt, doch du hörst nicht auf mich. Du willst wohl, daß ich dich bestrafe? Bitte, das kannst du haben."
Ohne ein äußerliches Zeichen der Erregung zog er die Frau von ihrem Bett hoch. Mit voller Beherrschung schlug er ihr einige Male ins Gesicht. Joana gab keinen Laut von sich, sondern sah den Mann nur haßerfüllt an. Ihre Regungslosigkeit erzürnte Montserrat, der nun noch wilder auf sie einschlug, bis Joana aufschrie.
„Bleib still! Ich habe dir verboten, zu reden, und wenn du nicht gehorchst, handelst du dir noch härtere Strafen ein. Nie wieder, hörst du, nie wieder wirst du meine Gebote mißachten . . . Du sollst mich nicht herausfordern."
Er holte zu einem weiteren Schlag aus, doch plötzlich fiel ihm Berenice in den Arm.
„Halte dich da raus, Berenice, du hast dich nicht einzumischen in meine Angelegenheiten."
„Ich werde nicht länger zulassen, daß Sie Joana schlagen. Ich werde alles erzählen. Mittlerweile ist es mir egal."
Montserrat sah die beiden Frauen drohend an, doch Berenices entschlossener Gesichtsausdruck ließ ihn abermals zurückweichen. Mit steinerner Miene ging er an Raimundo und Rogério vorüber, die von dem Lärm ebenfalls geweckt worden waren. Diesmal wählte der Bankier den normalen Ausgang. Berenice schickte daraufhin die Männer nach unten und kümmerte sich um Joana.
„Sag, Vater, was soll das heißen, sie will alles sagen? Was könnte Mutter denn erzählen, womit sie selbst den Patron einschüchtern kann?"
Raimundo sah seinen Sohn mürrisch an.
„Laß diese Fragen, Rogério. Ich weiß es selber nicht, deine Mutter kennt die finstersten Geheimnisse des Patrons . . . Dinge, die sie nicht einmal mir erzählt."

6. KAPITEL

Im Hause Montserrat war die Dienerschaft mit den Vorbereitungen für die Verlobungsfeier beschäftigt. Adriano wollte ursprünglich ein pompöses Fest mit allen Freunden und Geschäftspartnern seines Vaters veranstalten, doch war dafür die Zeit zu knapp bemessen. So entschieden sich Vater und Sohn für eine Feier im erweiterten Familienkreis. Neben den Verwandten sollten Adrianos Freunde sowie Padre Ignácio und seine Nichten eingeladen werden.

Zwei Tage nach der überraschenden Ankündigung Adrianos schwärmte der Bräutigam seiner Amme im Gartenhäuschen von der bevorstehenden Feier vor. Berenice schüttelte ungläubig den Kopf.

„Ich kaufe dir deine Begeisterung nicht ab, Adriano. Alle kannst du täuschen, aber mich doch nicht. Ich kenne dich so gut, du kannst mir nicht erzählen, daß du glücklich bist."

„Ach Bere, glücklich bin ich gewiß nicht, noch nicht. Aber ich sehe das Glück endlich wieder greifbar nahe. Der Zeitpunkt ist gekommen, einige Dinge ins reine zu bringen. Und ich werde mich für etliche Fallen, die man mir gestellt hat, rächen. Glaube mir."

Berenice verstand diese dunklen Andeutungen nicht, doch der düstere Blick Adrianos verhieß ihr wenig Gutes. Sie wollte ihn drängen, alles zu erzählen, als plötzlich ein jäher Aufschrei durchs Haus gellte. Sofort eilten sie zu Joana hinauf, konnten jedoch nichts Besonderes feststellen. Die Kranke kauerte mit aufgerissenen Augen auf ihrem Bett, aber die Ursache ihres Entsetzens war nicht zu erkennen.

„Verstehst du das, Bere?"

„Nein. Vielleicht . . ." Sie stockte.

„So rede doch."

„Sie hat manchmal Visionen. So, als spüre sie, wenn ein Unglück sich ankündigt."

„Bitte, Berenice, komm mir nicht mit solchen Geschichten. Du willst mir doch nicht erzählen, Joana habe das zweite Gesicht. Was soll dieser Unsinn?"

Kurz darauf geriet Adriano doch ins Zweifeln. Berenice kam aufgeregt in seine Praxis.

„Adriano, komm schnell. Dein Vater braucht dich. Rosália hat einen Unfall gehabt."
Der junge Arzt erschrak. Ihm kam in Erinnerung, daß er an diesem Morgen verärgert mitansehen mußte, wie Montserrat und Rosália gemeinsam ausritten. Seit Tagen hatte der Bankier auf seine junge Frau eingeredet, ihm das Vergnügen eines gemeinsamen Ausflugs zu Pferde zu machen, doch Rosália hatte sich nicht erweichen lassen. Adriano vermutete einen Zusammenhang zwischen ihrem unerwarteten Sinneswandel und seiner Verlobung. In diesem Augenblick indes irritierten ihn allerdings Berenices Erzählungen von Joanas Visionen.
Rosália lag auf ihrem Bett, Montserrat saß mit besorgter Miene neben ihr. Der jungen Frau schmerzte das rechte Bein, bis hinauf zur Hüfte. Adriano forderte sie auf, das Bein zu bewegen. Sie schrie vor Schmerz auf.
„Es ist weniger schlimm, als ich zunächst befürchtete. Der obere Teil des Schenkelknochens ist verrenkt. Du mußt einige Tage ruhen und darfst dich nicht bewegen."
Montserrat seufzte erleichtert auf. Rosália aber rief erschrocken aus:
„Wie, nicht laufen? Soll ich hier im Bett bleiben? Und deine Verlobung? Ich muß mich doch an den Vorbereitungen beteiligen, Mercedes kann doch nicht alles allein schaffen."
Adriano sah sie böse an. Was sollte diese Beflissenheit, an seiner Verlobung mitzuwirken? Wollte sie ihn eifersüchtig machen?

Padre Ignácio kam ins Kaffeehaus der Barbosas. Bodoque war morgens bei ihm gewesen und hatte ihn gebeten, Catarina aufzusuchen und zu beruhigen. Die Wirtin sorgte sich um ihren Sohn, der seit zwei Tagen verschwunden war.
„Wissen Sie etwas, Padre? Kann es sein, daß Nelos Verschwinden mit Ihrer Nichte Alice zu tun hat?"
„Beruhigen Sie sich, Catarina, ihm ist nichts geschehen. Im Gegenteil . . ." Der kleine, weißhaarige Mann lächelte mild. „Es ist tatsächlich wegen Alice. Er war bei mir, hat mich bedrängt, ihm zu sagen, wo Alice sich aufhält. Er hat sogar . . . Nun, ich habe es ihm gesagt."

„Was hat er sogar . . .?"
Padre Ignácio zögerte. Nein, er wollte Catarina nicht sagen, daß Nelo sogar Heiratsabsichten geäußert hatte. Er stellte sich dumm.
„Was meinen Sie?"
„Nun, Padre, Sie wollten noch etwas hinzufügen."
„Ich? Nein, das ist schon alles. Verzeihen Sie, ich bin etwas zerstreut, diese ständigen Sorgen der Nichten wegen."
Der Priester schaute so verwirrt, daß sich Catarina beruhigte. Was sie nicht wissen konnte: Padre Ignácio fand seit dem Abend der Modenschau kaum mehr Zeit für seine seelsorgerischen Aufgaben in der Gemeinde, da ihm seine Nichten nacheinander mit unerwarteten Überraschungen aufwarteten. Am Morgen nach der Modenschau hatte ihn die kleine Marinez beiseite gezogen und ihm eröffnet, der vergangene Abend habe ihr endgültig Klarheit verschafft: Sie sei anders als ihre Schwestern und wolle fortan Gott dienen, wie auch der Onkel. Der Padre beschwor sie, diese Entscheidung genau zu überdenken, denn ein Zurück würde es nicht mehr geben. Marinez versicherte ihm jedoch, ihr Entschluß sei unumstößlich. Der Onkel sollte für sie ein Kloster aussuchen.
Kaum hatte der Onkel diese Nachricht verkraftet, erschien Rogério bei ihm und gestand seine Absichten auf Mariana. Von einer Verlobung wolle er noch nicht sprechen, doch es sei ihm ernst.
Durch Alices übereilte Abreise sah sich der Priester gänzlich überfordert. Zum einen hatte er der Ältesten zugestanden, ihr die Erziehung ihrer Schwestern zu überlassen, zum anderen aber konnte er sich seiner Verantwortung nicht entziehen. Es gab Tage, da wünschte er sich seinen früheren Zustand zurück. War sein Leben oft auch sehr einsam gewesen, so hatte er doch bis zu Beginn dieses Jahres familiäre Sorgen nicht gekannt. Wann, so fragte er sich, habe ich eigentlich das letzte Mal mit Ramos Schach gespielt? Aber der Arzt war ja ebenfalls seit Wochen verreist.

Der Tag der Verlobungsfeier rückte näher. Rosálias Verletzung erwies sich hartnäckiger als vermutet, die Genesung wollte einfach nicht voranschreiten. Jeden Tag kam Adriano auf Visite zu ihr. Je länger seine Behandlung erfolglos blieb, desto mehr zweifelte er, ob sie ihm nicht etwas vorspielte.

„Ich verstehe das wirklich nicht, Rosália, eine leichte Verrenkung legt sich normalerweise nach wenigen Tagen. Wir sollten vielleicht doch einen Spezialisten aufsuchen, meinst du nicht auch?"
„Wozu? Es wird schon werden."
Ihre ängstlichen Augen sprachen für Adrianos Vermutung, sie fürchtete offenkundig eine gründlichere Untersuchung.
„Wenn sich morgen keine Besserung abzeichnet", insistierte Adriano, „wird sich das nicht vermeiden lassen."
Er wollte gehen, doch Rosália hielt ihn zurück.
„Magst du nicht noch ein wenig bleiben, Adriano? Ich langweile mich so, den ganzen Tag im Bett, immer nur lesen."
„Was bleibt mir zu tun, meine Untersuchung ist beendet."
Sie griff nach seiner Hand und zog ihn zu sich.
„Kannst du nicht einmal für einige Minuten vergessen, daß du Arzt bist?"
Ob er wollte oder nicht, plötzlich zog er Rosália ebenfalls an sich, und sie fanden sich beide in einem brennenden Kuß. Unvermittelt riß Adriano sich los.
„Entschuldige, Rosália, ich habe die Beherrschung verloren. Ich muß jetzt gehen."
Ohne eine Erwiderung abzuwarten, lief er zur Tür hinaus.

Leonor, Carola und Luíza arbeiteten nun Tag und Nacht in dem neuen Modegeschäft. Das ‚Maison de France' nahm Gestalt an, die Eröffnung stand unmittelbar bevor. Gläserne Vitrinen schmückten die Wände des weitläufigen Verkaufsraumes, in denen elegante Hutkreationen, Handschuhe, Tücher, sowie eine große Auswahl an Dessous ausgestellt waren. An kunstvoll geschmiedeten Ständern hingen die exklusiven Modellkleider aus Carolas Werkstatt. Spiegelsäulen im hinteren Teil des Geschäftes, prächtige Lüster, und die lederne Sitzgruppe mit den aparten Holztischchen, auf denen zahlreiche Muster- und Modellbücher ausgelegt waren, verliehen dem ‚Maison de France' eine besondere Eleganz. Doch den Partnerinnen drohte Gefahr durch unerwartete Konkurrenz. Unmittelbar neben ihrem Laden stand ein weiteres Geschäft leer. Kurz darauf erschien Augusto bei seiner Frau und machte ihr eine überraschende Mitteilung.

„Wir werden bald Nachbarn sein, Leonor."
„Was meinst du, Augusto, ich verstehe nicht."
„Nun, Tuffy und ich hatten ein längeres Gespräch. Er war zunächst sehr verärgert über dich und Carola, ihr macht uns ja schließlich einige Konkurrenz. Ich habe dich verteidigt, du bist immerhin meine Frau. Dann kam ihm eine glänzende Idee. Weshalb sollen wir unsere Kleider nicht auch in der Stadt verkaufen? Tuffy ist nicht mehr der Jüngste, er wird nicht ewig reisen wollen, und die beste Abnehmerschaft findet man doch ohnehin in Rio."
„Und?"
„Kurz, wir haben gestern das anliegende Ladenlokal gemietet. In zwei oder drei Wochen werden wir eröffnen."
Leonor starrte ihn entsetzt an. Wütend sagte sie:
„Das ist eine hervorragende Idee, Don Augusto. Natürlich haben Sie nirgendwo anders einen Laden gefunden, und es ist äußerst naheliegend, daß Sie sich direkt neben uns einrichten. Wirklich, eine glänzende Idee. Ich gratuliere Ihnen."
Augusto sah, wie seiner Frau die Zornesröte ins Gesicht stieg. Nur mühsam konnte er seine wohlvorbereitete Erklärung zum Abschluß bringen.
„Bitte, Leonor, beruhige dich doch. Warum wirst du so böse? Laß mich doch erst einmal ausreden. Tuffy und ich, wir wollen euch doch nicht ruinieren. Vielmehr . . . Wir hatten eine weitere Idee. Carola hat mich vor längerer Zeit schon einmal darauf angesprochen, ob sie nicht ihre Kreationen bei uns fertigen lassen könnte. Wir haben die große Fabrik, die Maschinen . . . Kurz, weshalb sollten wir nicht kooperieren? Unsere beiden Ladenlokale liegen nebeneinander, wir könnten die Wand durchbrechen und . . ."
Er brach ab, denn Leonor war zur Tür gelaufen und rief nach Carola. Die junge Frau sah das wütende Gesicht ihrer Teilhaberin und wußte, daß es Streit gegeben hatte. Augusto hörte, den Blick schuldbewußt zum Boden gesenkt, wie Leonor Carola referierte, was er ihr eben angetragen hatte.
„Sag du ihm, Carola, was du von diesem absurden Vorschlag hältst. Und dann wirf ihn hinaus."
„Leonor, bitte . . . Carola, Sie haben doch selbst einmal Andeutungen gemacht, Sie wollten womöglich bei mir produzieren lassen."

Die Angesprochene schien verunsichert.
„Wissen Sie, Don Augusto, das Ganze macht schon den Eindruck einer Erpressung. Sie nisten sich unmittelbar neben uns ein, Sie wissen, daß Sie billiger produzieren als wir . . . Also, korrekt ist dieses Vorgehen gewiß nicht. Andererseits: Man soll bekanntlich nie ‚nie' sagen . . ."
Leonor glaubte ihren Ohren nicht zu trauen, die Freundin fiel ihr in den Rücken.
„Bist du wahnsinnig, Carola?"
„Bitte, beruhige dich, Leonor. Ich glaube, wir sollten hier zwei Dinge auseinanderhalten. Geschäftlich ist der Vorschlag Don Augustos durchaus bedenkenswert, wir könnten unsere Produktion steigern und über Tuffys Kontakte auch Kunden außerhalb Rios gewinnen. Das Vorgehen der beiden ist fragwürdig, aber ich glaube, da spielen auch Gründe mit, die zwischen euch beiden zu regeln sind. Dazu möchte ich mich wirklich nicht äußern, das mußt du verstehen."
Damit ließ sie die Eheleute wieder allein.
„Bitte, Leonor . . ." Augusto sah, daß seine Frau Anstalten machte, der Freundin zu folgen. „Sei doch nicht so unversöhnlich. Ich bin auch gekommen . . . Es fällt mir schwer, aber ich muß es dir sagen: Ich vermisse dich sehr, ich wünsche nichts mehr, als mit dir wieder zusammenzuleben."
„Was soll das, Augusto? Du kommst hierher, drohst mir und Carola mit deiner Konkurrenz, machst erpresserische Angebote, als wärest du bei Montserrat in die Schule gegangen, und zu guter Letzt kommst du mir mit solchen Bekenntnissen? Für wie naiv hältst du mich eigentlich?"
Der Zurechtgewiesene schluckte. Mit bekümmerter Miene sagte er leise:
„Aber Leonor, ich liebe dich doch . . ."
„Es reicht, Don Augusto Medeiros. Was soll ich mit deinen Beteuerungen anfangen? Kein Anzeichen, du könntest dich geändert haben. Kein Wort von Rosália, die seit Tagen verletzt im Bett liegt und vergebens auf deinen Besuch wartet. Kein Wort von der Verlobungsfeier, zu der du gewiß ebenso eingeladen bist wie ich und von der du weißt, welchen Stich sie unserer Tochter versetzt. Nein,

es gibt nicht den geringsten Anlaß, meinen Entschluß auch nur zu überdenken."

Der Abend der Feier war gekommen. Nach und nach trafen die Gäste ein. Die Barbosas kamen als erste, allerdings ohne den Sohn des Hauses, der noch immer verschollen war. Leonor und Augusto trafen verhältnismäßig spät ein, aber noch immer früher als Padre Iqnácio und seine Nichten. Marize konnte sich auf ihren Danilo freuen, der als Freund Adrianos geladen war. Rogério indes, den der Bräutigam ebenfalls gern dabei gehabt hätte, war von Montserrat wieder ausgeladen worden. Mercedes empfing die Gäste an der Haustür und reichte ihnen einen Begrüßungstrunk. Das Essen sollte noch gut eine Stunde auf sich warten lassen. Montserrat bemerkte mit Mißtrauen, wie sein Sohn mit Mercedes tuschelte.
Kaum hatte er sein geheimnisvolles Gespräch mit Mercedes beendet, redete Adriano wild gestikulierend auf seine Verlobte ein. Montserrat beobachtete auch das mit Unbehagen. Dann ging Adriano die Treppe hinauf. Wenig später folgte ihm Paula, und kurz darauf zog die Haushälterin Manél, den Brautvater, mit sich die Treppe hinauf. Paula betrat verunsichert Adrianos Zimmer und erlebte mit Staunen, wie er sie zärtlich umarmte und küßte.
„Adriano, bitte . . ."
„Aber Paula, sei doch nicht so schüchtern."
„Was ist dir denn mit einem Mal? Denk doch an die vielen Gäste unten, man wird uns vermissen."
„Ach, niemand wird uns vermissen. Sie sind alle mit sich selbst beschäftigt, jeder kennt jeden und redet mit jedem. Bis mein Vater seine Rede halten wird, wird noch eine kleine Ewigkeit vergehen. Hier sind wir ungestörter als irgendwo sonst auf der Welt."
Wieder umschlang er sie, drängender, begieriger als zuvor. Entsetzt merkte Paula, wie er hinter ihrem Rücken anfing, an den Verschlüssen ihres Kleides herumzunesteln. Sie riß sich los.
„Adriano, bist du verrückt?"
„Paula, bitte, du weißt gar nicht, wie sehr es mir nach dir verlangt. Und weshalb zierst du dich? Du hast dich mir doch ohnehin schon hingegeben, ich kann dir doch nichts mehr rauben, was ich nicht längst besessen hätte."

Die junge Frau lief schamrot an. Das begehrliche Funkeln in Adrianos Augen trieb sie in die Enge.
„Bitte, Adriano, du weißt doch ganz genau . . ."
Sie stockte. Über Adrianos Schultern hinweg blickte sie in den Spiegel seines Toilettentisches und bemerkte, wie sich die nur angelehnte Tür leicht bewegte. Mit fester Stimme nahm sie ihre Rede wieder auf:
„. . . du weißt doch, wir waren damals beide betrunken, sonst wäre das nie geschehen. Ich schäme mich heute noch, und wenn ich schon nicht mehr unschuldig in die Ehe gehe, will ich doch die Schande nicht noch vergrößern . . ."
In diesem Augenblick kam Manél, den Mercedes unter einem Vorwand nach oben gelockt hatte, wutschnaubend zur Tür herein und stellte sich wütend zwischen seine Tochter und Adriano. Paula lächelte hinter seinem Rücken selbstzufrieden, als Manél seinen künftigen Schwiegersohn anbrüllte:
„Es reicht, Dr. de Montserrat, ich habe alles gehört, und ich denke, die Sachlage ist eindeutig. Es gibt ja wohl keinen Zweifel mehr, daß die Heirat damit beschlossene Sache ist."
Adriano kam nicht mehr dazu, sich zu verteidigen. Denn in derselben Sekunde brach unten in der Halle ein fürchterlicher Tumult aus. Aus dem Stimmengewirr hörte man Mercedes Stimme:
„Was soll das? Wissen Sie nicht, wo Sie sich befinden?"
„Gewiß, ich bin im Haus von Senhor Francisco de Montserrat, und ich bin gekommen, ihm mit meinen Freunden meine Aufwartung zu machen."
Es war die Stimme der Doña Amélia Alvim, die laut durch den Raum hallte. Adriano lief zur Treppe und sah, wie die alte Frau mit einer Gruppe von Bettlern in den Saal stürmte. Rosália stand hilflos neben Montserrat, der sich überraschend gefaßt zeigte.
„Bitte, Senhora, was wünschen Sie von mir?"
Er musterte die alte Frau, die wieder ihr abgetragenes, durch Flicken mühsam zusammengehaltenes Bettlerkleid trug.
„Mein Name ist Amélia Alvim, Sie kennen mich wohl nicht mehr, Senhor de Montserrat?"
„Sie stören ein Familienfest", schrie Juca dazwischen.
Montserrat beschwichtigte seinen Angestellten.

„Schon gut, Juca, lassen Sie Doña Amélia reden. Ich bin sehr gespannt, was sie zu sagen hat."
„Sagt Ihnen mein Name nichts, Don Francisco? Überlegen Sie gut. Es ist gar nicht lange her, da war ich bei Ihnen in der Bank, zugegeben, in einem weniger schäbigen Kleid. ‚Ich bin meinen Klienten verpflichtet', sagten Sie, ‚Sie müssen verstehen, Doña Amélia, daß ich Ihre Hypothek nicht weiter stunden kann. Es steht nicht in meiner Macht.' Und dann haben Sie mir die Hypothek gekündigt, ohne Rücksicht und ohne Gnade. Sie haben mir mein Haus genommen, und das große Grundstück dazu. Das alles haben Sie dem Padre und seinem Waisenhaus gestiftet. Vor aller Welt stehen Sie nun als edler Spender dar, als mildtätiger und gläubiger Christ. Mich aber haben Sie in die Gosse getrieben. Ich frage Sie und alle Anwesenden: Ist das Barmherzigkeit?"
Die letzten Worte sagte sie mit tränenerstickter Stimme. Im Raum herrschte betretenes Schweigen, Rosália sah entsetzt zu ihrem Mann, dann zu Padre Ignácio, der den Blick zu Boden senkte, als wäre er selber der Beschuldigte.
Der Hausherr bewahrte weiterhin die Fassung. Er wandte sich an Adriano:
„Mein Sohn, ich glaube, ich habe dir zu danken. Denn du hast doch Doña Amélia zu mir gebracht und mir damit einen großen Dienst erwiesen. Meine Herrschaften, entschuldigen Sie mich für einen Augenblick, ich bin gleich zurück."
Zahlreiche Augenpaare folgten Montserrat ungläubig, als er in seinem Arbeitszimmer verschwand und kurz darauf mit einem Schriftstück zurückkehrte.
„Doña Amélia, wie ich eben schon sagte, bin ich meinem Sohn zu großem Dank verpflichtet. Seit Monaten habe ich Sie suchen lassen, doch meine Diener konnten Ihren Aufenthaltsort nicht ausfindig machen. Sehen Sie, ich hatte seit dem Tag, an dem Sie Ihre Schuldverschreibungen nicht einlösen konnten, große Sorgen um Sie, fürchtete, Sie könnten obdachlos werden. Leider sind Sie nicht mehr zu mir gekommen, sonst wäre Ihr Unglück schon früher gelindert worden. Hier, nehmen Sie diese Urkunde, es ist die Besitzüberschreibung für ein Haus, das Ihnen gehört. Es ist kleiner als Ihr alter Besitz, das gebe ich zu, aber da Sie alleinstehend und

wenig wohlhabend sind, dürfte diese Veränderung für Sie eher von Vorteil sein."
Doña Amélia starrte fassungslos auf das Dokument, das Montserrat ihr in die Hand drückte. Sie las, dann schluchzte sie abermals, diesmal vor Scham. Unter tausend Entschuldigungen und Dankesbezeugungen verließ sie schließlich mit ihren Leidensgenossen die Villa Montserrat.
Den Gästen war die Stimmung gründlich verdorben. In beklemmender Atmosphäre fand noch das geplante Essen statt, doch schon kurz darauf verabschiedeten sich die ersten Besucher. Zuletzt gingen die Barbosas. Manél bedankte sich bei Montserrat und verabschiedete sich frostig von Adriano. Der Patron blieb mit seinen engsten Angehörigen zurück. Adriano und sein Vater hatten seit dem Erscheinen der Bettler kein Wort miteinander gewechselt. Der junge Mann war sicher, daß Montserrat seinen Auftritt perfekt inszeniert hatte. Der nachdrückliche Händedruck, mit dem der Bankier Minuten zuvor Juca verabschiedet hatte, ließ ihn erahnen, von wem der Alte vorgewarnt worden war. Doch er konnte nichts beweisen, zweimal war er an diesem Abend kläglich gescheitert. Jetzt mußte er sich entschuldigen. Doch Montserrat zeigte sich unversöhnlich.
„Nein, Adriano, Entschuldigungen sind hier völlig fehl am Platze. Dein heutiges Vorgehen ist eine unglaubliche Illoyalität. Mich vor allen Gästen derartig zu düpieren, das kann ich nicht verzeihen."
„Bitte, seien Sie nicht so hart." Rosália sah ihren Mann flehend an.
„Halte du dich aus dieser Angelegenheit heraus, Rosália. Meines Erachtens gibt es aus dem heutigen Vorfall nur eine Konsequenz: Du wirst dieses Haus verlassen, Adriano."
Der Sohn nahm diese Drohung unbewegt zur Kenntnis.
„Sie haben recht, Vater, ich bin zu weit gegangen. Dennoch werde ich Ihrer Aufforderung nicht nachkommen. Wenn ich gehe, sind unsere Probleme damit nicht gelöst, und sie bedürfen dringend der Lösung. Im übrigen: Sie haben mich gebeten, hier zu leben. Und ich werde mich meiner Pflicht als Sohn nicht entziehen."
„Diese Pflicht hast du heute aufs Schändlichste verletzt. Deshalb wirst du gehen. Ich nehme deine Entschuldigung nicht an, unwiderruflich."

„Und ich werde bleiben. Ich bin Ihr Sohn, ob Sie das wollen oder nicht. Sie müssen mich nehmen wie ich bin, ich konnte mir meinen Vater schließlich auch nicht frei aussuchen."

Das Frühstück im Hause Montserrat verlief am darauffolgenden Morgen in trister Atmosphäre. Adriano wich einem Zusammentreffen mit seinem Vater aus und flüchtete sich ins Gartenhäuschen zu Berenice. Rosália warf Montserrat vor, er hätte ihr die Vorgeschichte des Waisenhauses zumindest berichten müssen. Der Bankier reagierte gekränkt. Mercedes saß schweigend dabei, ihr schwante das Unheil, das sich zusammenbraute. Montserrat bat die Haushälterin zu sich ins Arbeitszimmer.
„Du bist eine hinterlistige Verräterin, Mercedes. Du glaubst doch wohl nicht, daß ich deine Mittäterschaft ungestraft hinnehme?"
„Aber Francisco, was meinen Sie?"
„Wie ist das Bettlerpack ins Haus gekommen? Meinst du, ich hätte nicht registriert, daß sie nicht den Gartenweg entlang kamen? Irgend jemand hat ihnen die Seitenpforte geöffnet und sie zum Dienstboteneingang hereingelassen. Wenn sie auch wie Ratten aussehen, werden sie dennoch nicht unter den Türflügeln hindurchgekrochen sein."
„Francisco, ich schwöre Ihnen, ich habe nichts damit zu tun ... Fragen Sie doch Raimundo ..."
„Das werde ich gewiß tun. Doch ich bin mir sicher, daß du eingeweiht warst. Und wenn ich bedenke, wieviel Vertrauen ich dir entgegengebracht habe, welche Freiheiten du dir in diesem Hause herausnehmen konntest ... Du hintergehst mich nicht noch einmal, hörst du."
Wütend zog er die Frau zu sich und schlug ihr mit der flachen Hand mehrmals ins Gesicht. Mercedes schrie auf und bat weinend um Vergebung, doch der Bankier wurde durch ihr Jammern nur noch wütender. Plötzlich stand Adriano im Raum.
„Lassen Sie Mercedes in Ruhe, sie hat nichts mit der ganzen Sache zu tun."
„Geh mir aus dem Weg, Adriano. Wir haben nichts mehr miteinander zu besprechen. Aber ich muß wissen, was Mercedes dazu bewogen hat, deine Freunde in mein Haus zu lassen."
„Ich wiederhole, Vater: Mercedes ist unschuldig, ich habe alles

allein eingeleitet und trage die ausschließliche Verantwortung für das Geschehen des vergangenen Abends."
Montserrat glaubte ihm nicht. Dennoch ließ er von seinem Opfer ab und verließ das Zimmer. Adriano versuchte, die weinende Haushälterin zu beruhigen, doch sie sagte:
„Lassen Sie mich, Adriano. Es geht schon. Und außerdem, es war nicht recht, ihn vor allen Leuten bloßzustellen . . ."
Adriano sah in ihre verweinten Augen und stellte mit Befremden fest, daß die Frau seinen Vater noch immer liebte.

Seit der Verlobungsfeier im Hause Montserrat war inzwischen eine Woche vergangen. Rosália versuchte, Begegnungen mit Adriano zu vermeiden. Sie hatte selbstverständlich von seiner abermaligen vermeintlichen Entgleisung erfahren und konnte nicht glauben, daß Paula ihn ein zweites Mal übertölpelt hatte. Um sich Klarheit zu verschaffen, suchte sie Rat bei ihrer Mutter im ‚Maison de France'. Leonor indes schlug vor, Rosália solle Manél befragen, der immerhin Ohrenzeuge des ominösen Vorfalls gewesen sei.
Als Rosália das Geschäft ihrer Mutter verließ, stieß sie fast mit einem Kunden zusammen, der gerade eintrat.
„Dr. Ramos, Sie? Sind Sie wieder zurück?"
„Rosália, welche Überraschung. Sie hatte ich hier nicht erwartet. Wie geht es Ihnen?"
Rosália fand keine Gelegenheit, seine Frage zu beantworten, denn in diesem Augenblick trat Carola ein, hielt kurz inne und stürmte dann ihrem Freund in die Arme. Ramos war von der überschwenglichen Begrüßung sichtlich überwältigt.
„Aber Carola . . ."
Auch die junge Frau schien einzusehen, daß sie zu weit gegangen war. Sie entschuldigte sich bei Rosália, die sich ihrerseits verabschiedete. Carola führte den Arzt ins Hinterzimmer und bat Leonor, sie im Geschäft zu vertreten. Dann drängte sie ihren Gast, alles zu erzählen. Ramos berichtete ausführlich von seinem Zusammentreffen mit der vermeintlichen Nanette. Zuletzt zog er ein Geschenk aus der Tasche, das Carola ihm für ihre Mutter mitgegeben hatte.
„Nehmen Sie Ihr Geschenk zurück, Carola. Nach meinem Gespräch mit Nanette besteht für mich kein Zweifel mehr, daß diese Frau

nicht Ihre Mutter ist. Auch wenn ich Sie jetzt so vor mir sehe, finde ich nur Bestätigungen für meine Ansicht. Sie sehen Ihrer angeblichen Mutter nicht im geringsten ähnlich. Die ganze Geschichte ist und bleibt mysteriös."

„Aber Ramos, wenn Sie nichts weiter erfahren haben, wie können Sie dann nur so sicher sein? Es gibt für Ihre Vermutungen weiterhin keine Beweise. Und was wollten Sie daraus schließen, wenn Nanette nicht meine Mutter ist?"

„Nun, genau das, was wir schon mehrfach besprochen haben. Ihre Mutter ist Joana Cavalcanti und lebt im Haus des Bankiers Francisco de Montserrat."

„Wissen Sie, Ramos, die ganze Geschichte wird mir allmählich lästig. Ständig werde ich mit diesen zweifelhaften Theorien über meine Herkunft konfrontiert. Kürzlich erst war Ihr Freund Adriano bei mir und erzählte, er habe einen weiteren Beweis. Er will von seiner Amme erfahren haben, daß seine eigene Urgroßmutter, das heißt die Großmutter von Doña Joana, Carolina hieß. Ich bitte Sie, Ramos, was sind das für Beweise? Selbst wenn Doña Joanas Kind Carola hieße, wer gibt Ihnen die Gewißheit, ich sei dieses Kind?"

Carola mußte erkennen, daß ihre Beweisführung bei Ramos wenig ausrichtete. Der Freund horchte nur auf, als er das ihm neue Detail der Namensgleichheit erfuhr. Die Einwände der jungen Frau hingegen nahm er kaum mehr zur Kenntnis. Carola war enttäuscht, zumal Ramos nicht zu bemerken schien, wie glücklich sie über seine Rückkehr war, wie sehr sie ihn liebte.

Manél Barbosa freute sich, daß seine Nichte ihn nach Wochen wieder einmal aufsuchte. Die Tante dagegen reagierte äußerst reserviert, als sie Rosália sah. Als Manél sie gar in die Wohnung hinaufführte, schickte Catarina beiden böse Blicke nach.

„Onkel Manél, sagen Sie aufrichtig, halten Sie Adriano wirklich für schuldig?"

„Ach Kind, wenn es nur um Meinungen ginge . . . Er hat Paula zu verführen versucht, angeblich, weil sie sich verraten sollte. Doch was ich gehört und gesehen habe, beweist leider das Gegenteil."

Der dicke Mann atmete schwer. Rosália sah, wie sehr ihn das Reden anstrengte.

„Ich weiß ja, daß Adriano meine Paula nicht liebt. Und sie ihn auch nicht, sie will nur seinen Namen und sein Geld. Und meine eigene Frau unterstützt sie. Glaube mir, Kind, es fällt mir unendlich schwer, dir das alles zu erzählen, es ist wirklich nicht schön, wenn man so über die Menschen sprechen muß, die einem am nächsten stehen."

Der Onkel war ein gebrochener Mann. Rosália nahm Manéls Hand und streichelte sie zärtlich.

„Bitte, Onkel, sei nicht ungerecht."

„Ich spreche nur die Wahrheit, Rosália. Aber das Schlimmste ist: Wenn ich bis zuletzt auch geargwöhnt habe, Paula könnte uns alle betrogen haben, so weiß ich seit der Feier, daß sie tatsächlich entehrt wurde. Das bricht mir das Herz . . . Und dann . . . die Ehe der beiden wird eine wahre Hölle sein, viel schlimmer als meine eigene. Sie werden zusammenleben ohne Liebe, getragen von Argwohn, wenn nicht von Haß . . . Und dabei . . ."

Dem Wirt standen nun Tränen in den Augen.

„Bitte, Onkel, hör auf."

„Dabei behauptet Paula immer, ich würde sie nicht lieben. Und das stimmt nicht, ich liebe sie beide, Paula und Nelo. Die Kinder sind mein ganzer Stolz, das Beste, was ich hinterlassen werde. Nein, ich kann nicht zulassen, daß das Mädchen mit dieser Schande lebt. Unter zwei Übeln muß ich das geringere wählen, die Ehe ohne Liebe . . ."

Ihm standen Schweißperlen auf der Stirn. Rosália erhob sich und legte besorgt ihren Arm um seine Schulter.

„Onkel Manél, was hast du, geht es dir nicht gut?"

Der Wirt rang nach Luft. Ihm war, als schnürte man ihm die Kehle zu. Der Schweiß lief ihm heiß und kalt den Rücken herab, mühsam richtete er sich auf und wankte zur Tür.

„Es ist schon gut, Rosália, ich muß nur ein wenig frische Luft schöpfen. Weißt du, es ist so schlimm, aber ich mußte mich einmal mit jemandem aussprechen. Ich leide unter allem und kann doch nichts unternehmen, ohne einem anderen dadurch zu schaden. Das ist entsetzlich."

Rosália führte ihn die Treppe hinunter. Als sie wenig später das Kaffeehaus verlassen wollte, hielt Paula sie auf.

„Was wolltest du von meinem Vater? Hast du wieder gegen mich intrigiert, mich bei ihm schlecht gemacht?"
„Bitte, Paula . . ."
„Nein, nicht bitte. Finde dich endlich damit ab, daß Adriano mir gehört. Halte dich von ihm fern, störe mein Glück nicht. Und vergiß nicht, daß du allen Grund hast, dich zu schämen. Die ganze Stadt weiß, wie schamlos du bist."
Die Angegriffene errötete und wollte etwas erwidern, doch nun griff auch noch Catarina ein:
„Und eine Ehebrecherin dazu . . ."
Sie keifte noch weiter, doch Rosália hörte es nicht mehr. Weinend lief sie auf die Straße und flüchtete sich ins Modegeschäft ihrer Mutter, das nur einige Meter entfernt lag.
„Rosália, was hast du denn?"
„Ach Mama, ich halte das alles nicht mehr aus. Onkel Manél ist derart niedergeschlagen, er konnte kaum sprechen, ich habe wirklich Angst um ihn gehabt. Und dann haben mich Paula und Tante Catarina beleidigt . . ."
Leonor versuchte, ihre zitternde Tochter zu beruhigen. Doch Rosália war völlig durcheinander.
„Weißt du, die Beschimpfungen, die ertrage ich ja noch. Aber die Sorgen um den Onkel . . . Er war immer so gut zu mir, und er hat als einziger zu mir gehalten, selbst dann noch, als mein eigener Vater mich im Stich ließ. Ich kann nicht mitansehen, wie er leidet. Wie er an einem Herzanfall zugrundegeht . . . Und das wird geschehen, wenn Adriano Paula nicht heiratet."
„Ich verstehe dich ja, mir tut er ja auch leid. Aber du kannst doch nichts dafür . . ."
„Ich kann ihm zumindest helfen, indem ich unwiderruflich auf Adriano verzichte."
„Rosália, überleg, was du tust. Du darfst dich nicht länger für andere aufopfern. Kämpfe um dein Glück, kämpfe um Adriano. Sei nicht töricht."
„Nein, ich werde nicht um ihn kämpfen. Ich will nicht zur Mörderin meines Onkels werden."
Die junge Frau hatte sich wieder gefaßt. Sie sah ihrer Mutter fest in die Augen. Leonor runzelte die Stirn.

„Aber du wirst doch nicht Montserrats Frau werden . . . Ich meine, du wirst doch nicht . . ."
„Mama, du weißt, ich liebe Montserrat nicht. Aber ich muß auch gestehen, daß ich in ihm nicht mehr den Teufel sehe, für den wir ihn alle gehalten haben. Ich habe den Mann achten gelernt und auch ein wenig Zuneigung für ihn gefaßt."
„Kind, du mußt dein eigenes Leben leben. Aber denke daran, du bist nicht auf der Welt, um immer die Probleme anderer zu lösen, dich ständig aufzuopfern . . . Erst für deinen Vater, dann für die Waisenhauskinder, jetzt für Manél . . . Auch wenn er dies alles nicht verdient, darfst du dich nicht in ein grauenhaftes Schicksal ergeben."

Am Nachmittag sprach Adriano Rosália auf deren Besuch bei Manél an. Er hatte Ramos aufgesucht, um ihn über dessen Parisaufenthalt auszufragen. Als er seinen Freund wieder verließ, fing Paula ihn ab. Entrüstet berichtete sie, Rosália habe bei ihrem Vater gegen sie intrigiert. Sie forderte ihren Verlobten auf, dafür Sorge zu tragen, daß sich Rosália nicht länger ihrem Glück entgegenstellte.
Adriano schöpfte hingegen neue Hoffnung.
„Rosália, weshalb warst du bei deinem Onkel? Hast du dich endlich überzeugt, daß ich nicht gelogen habe?"
„Nein, im Gegenteil. Ich habe mich davon überzeugt, daß es meinem Onkel sehr schlecht geht. Und er darf nicht der Leidtragende der verwickelten Situation sein. Er vertraut dir, und er wird sterben, wenn du deine Verpflichtungen nicht einhältst. Also heirate Paula und vergiß mich! So, wie ich auch dich vergessen werde."
Um zu verbergen, daß sie sich kaum der Tränen erwehren konnte, lief sie zur Treppe. Adriano aber war schneller und hielt sie auf, ehe sie in ihr Zimmer verschwinden konnte.
„Halt ein, Rosália. Du weißt genau, daß ich dich liebe, dich und nur dich."
Er riß sie an sich und wollte sie küssen, doch sie stieß ihn von sich.
„Es darf nicht sein . . . Onkel Manél . . ."
Sie schluchzte auf und lief rasch in ihr Zimmer, das sie von innen verriegelte. Adriano hämmerte gegen die Tür und bat Rosália um eine Erklärung, doch er erhielt keine Antwort mehr.

Rosália wartete, bis sie Adriano das Haus verlassen hörte. Erst jetzt wagte sie sich wieder nach unten. Mercedes schien sie erwartet zu haben.
„Doña Rosália, ich habe alles mit angehört."
„Was meinen Sie, ich verstehe nicht?"
„Ihr Gespräch mit Adriano. Verzeihen Sie, ich will nicht in Ihr Privatleben eindringen, aber ich kann nicht anders."
„Worauf wollen Sie hinaus?"
„Ich spreche von Ihrem Leid, von Ihrem Leben in diesem Haus. Sie sind hier eingesperrt, leben hier ohne Liebe. Ich weiß, Ihr Herz gehört noch immer Adriano, nicht seinem Vater. Sie dürfen sich nicht in Ihr Schicksal ergeben."
„Mercedes, warum sagen Sie mir das alles?"
„Weil ich Ihren Kummer nicht mehr mit ansehen kann. Weil Sie dasselbe Schicksal erleiden werden, daß allen droht, die sich mit Montserrat einlassen. Vor allem den Frauen. Sie sind für ihn nur Porzellanpüppchen. Doña Barbara war ein Püppchen, ich war es auch, nun sind Sie an der Reihe. Das Schlimmste ist, daß er uns verstößt, wenn wir aufhören, jung zu sein. Wenn der Glanz und die Üppigkeit der Jugend von uns abfallen, wirft er uns einfach weg und kauft sich ein neues Spielzeug."
Rosália wollte sie unterbrechen, doch Mercedes fuhr unbeirrt fort.
„Nein, leugnen Sie nicht, ich weiß, daß er Sie gekauft hat, er hat es mir nicht einmal zu verhehlen versucht. Und ich habe es an mir selbst erlebt. Zwanzig Jahre habe ich mich für ihn aufgeopfert, ihm voller Liebe gedient. Alle Demütigungen habe ich widerstandslos ertragen, weil ich hoffte, er würde eines Tages meine Gefühle erwidern. Dann kamen Sie . . ."
Endlich hielt sie inne, so daß Rosália fragen konnte:
„Und was soll ich Ihrer Meinung nach tun, Mercedes?"
„Weggehen, von ihm fortgehen. Und Ihr eigenes Leben leben, glücklich werden, solange Sie jung sind. Er wird Ihre Lebensfreude nach und nach abtöten, bis Sie zuletzt eine armselige Kreatur sind, so wie ich . . ."
Rosália war ergriffen von dieser Rede.
„Sie lieben ihn noch immer, Mercedes, nicht wahr? Deshalb wollen Sie, daß ich gehe? Sie wollen ihn für sich."

„Nein, ich habe keine Hoffnung mehr. Und die Liebe ist gleichfalls erloschen. Es geht mir nur mehr um Sie . . . und um Adriano. Montserrat will Sie erobern, Rosália, und es wird ihm auch gelingen. Sobald er aber am Ziel ist, wird er Sie wegwerfen. Dann haben Sie allen Reiz für ihn verloren. Er versteht die Frauen für sich einzunehmen, und bei Ihnen ist er sehr beharrlich . . . Hüten Sie sich, fliehen Sie, ehe es zu spät ist. Ich habe alles verloren, Sie noch nicht. Vergessen Sie das nicht."

„Was soll Rosália nicht vergessen?" schallte Montserrats Stimme durch den Raum.

Entsetzt sah Mercedes zur Tür, sie wußte nicht, wie lange er bereits zuhörte. Rosália reagierte geistesgegenwärtig:

„Ach, wissen Sie, wir haben nur weibliche Belanglosigkeiten ausgetauscht. Mercedes erzählte von den Kleidern, die sie in Mamas Geschäft gesehen hat."

Montserrat lächelte freundlich, und Mercedes zog sich erleichtert zurück. Minuten später rief der Patron sie jedoch in sein Arbeitszimmer. Am ganzen Leib zitternd trat sie bei ihm ein.

„Mercedes, ich habe verschiedene deiner Äußerungen Rosália gegenüber mitgehört. Vor allem deine Klagen, ich würde dich schlecht behandeln. Ich glaube, ich habe einen Fehler begangen, ich war zu egoistisch."

Er sprach ruhig, fast geschäftsmäßig. Die Frau kannte ihn seit Jahren und wußte um seine Gefährlichkeit, gerade dann, wenn er sich derart gefaßt gab.

„Verzeihen Sie, Francisco, ich wollte mich nicht beklagen. Es war nur . . ."

„Nein, du hast ja recht. Ich habe deine Gefühle verletzt. Ich habe ignoriert, nicht gesehen oder nicht sehen wollen, daß du im Lauf der Jahre unseres vertrauten Zusammenlebens eine Zuneigung für mich gefaßt hast, die ich nicht erwidern konnte. Und dann trat Rosália in mein Leben. Ohne Rücksicht auf dich habe ich sie in mein Haus geholt. Ich sehe, das war ein Fehler. Es ist nicht richtig, wenn man alles haben will. So schwer es mir auch fällt, ich muß Verzicht üben."

Mercedes schwebte zwischen Hoffen und Bangen. Eine fürchterliche Ahnung konkurrierte mit einem Wunschtraum.

„Was meinen Sie? Worauf wollen Sie Verzicht üben?"
„Nun, so schwer es mir fällt, ich muß mich wohl mit deinem Verlust abfinden. Ich werde Raimundo beauftragen, alles für deine Abreise vorzubereiten."
„Aber wohin soll ich denn?"
„In deine Heimatstadt, dorthin, woher du auch gekommen bist. Es ist für uns alle das beste."
„Francisco, ich flehe Sie an, verstoßen Sie mich nicht, ich will hierbleiben, ich kann nirgend woanders leben . . ."
„Jeder Ort ist besser für dich als die Hölle hier. Und sei unbesorgt, die Jahre deiner aufopferungsvollen Arbeit in diesem Haus werden dir vergolten, dir wird es an nichts fehlen. Doch du solltest deine Koffer packen."
Ungerührt von dem Jammern der verzweifelten Frau setzte Montserrat seinen Hut auf, griff zu seinem Stock und verließ den Raum. Im Hinausgehen wandte er sich nochmals um:
„Wenn ich aus der Bank zurückkomme, wünsche ich dich nicht mehr anzutreffen."
Mercedes saß wie angewurzelt auf ihrem Stuhl. Die Demütigung war so groß, daß sie nicht einmal mehr weinen konnte. Die Frau hatte in dieser Minute alles verloren.
Berenice kam vom Einkaufen zurück, als ihr der Bankier mit versteinertem Gesicht im Park begegnete. Sie grüßte ihn, doch er reagierte nicht. Verwundert ging sie ins Haus. Wenig später wollte sie Joana ihr Essen bringen. Doch der Raum war leer, die Irre war nirgendwo zu sehen. Mit einem entsetzten Aufschrei lief Berenice nach unten und rief ihren Mann.
„Raimundo, schnell, Joana ist verschwunden. Hast du sie nicht gesehen? Mein Gott . . . Wenn der Patron das merkt . . . Er wird sie wieder schlagen."
„Beruhige dich doch, wir suchen sie gemeinsam."
Aufgeregt lief das Ehepaar in den Park. Wohin konnte Joana geflohen sein? Raimundo beteuerte, er habe während seiner Gartenabeit das Tor zur Straße im Blick gehabt.
„Sie muß irgendwo hier in der Nähe sein, es ist unwahrscheinlich, daß sie unbemerkt an mir vorbeigeschlichen ist. Und über den Zaun . . . Nein, das ist unmöglich."

Die beiden durchsuchten alle Winkel auf dem Grundstück, schauten hinter jeden Baum, doch Joana war nirgendwo zu finden. Zuletzt erinnerte sich Berenice an einen weit abgelegenen Platz auf dem weitläufigen Gelände, so als hätte sie eine dunkle Ahnung. Und tatsächlich, hier, in einer Nische, gesäumt von einer meterhohen Hecke, kauerte Joana vor einem Stein, vor dem stets ein frischer Blumenstrauß stand. Die Wahnsinnige starrte auf die Inschrift: „Meiner geliebten Ehefrau Barbara de Montserrat, geborene Cavalcanti. In ewiger Treue, Francisco de Montserrat." Joana betrachtete das Grabmal ihrer Schwester.
„Doña Joana, stehen Sie auf. Was machen Sie denn hier? Kommen Sie, bitte."
Die Wahnsinnige sah erschrocken zu ihrer Pflegerin auf. Doch sie kam der Aufforderung nicht nach, sondern deutete mit dem Finger auf die Inschrift, und flüsterte mit heiserer Stimme:
„Bere, sag . . . Warum hat er das getan?"

7. KAPITEL

Rogério blickte erstaunt von seinem Schreibtisch auf.
„Rosália, Sie? Wie schön, ich habe Sie noch nie hier in der Bank gesehen. Wollen Sie zum Patron?"
„Ja, Rogério, es ist dringend. Doch sag, was ist draußen los? Solch ein Gedränge auf den Straßen habe ich ja noch nie gesehen . . . höchstens im Karneval. Doch die Stimmung ist unfreundlich, fast aggressiv."
Der junge Mann reichte ihr ein Blatt Papier.
„Sehen Sie, diese Pamphlete werden überall verteilt. Wahrscheinlich wird es bald einen Streik geben. Man sieht jetzt schon viele Arbeiter mit Transparenten umherlaufen, obwohl sie eigentlich um diese Zeit in ihren Fabriken sein müßten."
Rosália warf einen flüchtigen Blick auf den Aufruf.
„Es ist wohl besser, Rogério, wenn du das hier nicht offen herumliegen läßt. Der Bankier wird für den Streik wenig übrig haben, und du könntest in falschen Verdacht kommen."
Als würde ihm diese Gefahr erst jetzt bewußt, verbarg der Angestellte den Zettel rasch in seinem Schreibtisch.
„Soll ich Sie anmelden?"
„Nein, es genügt, wenn du mir den Weg zeigst."
Rogério führte die Frau seines Arbeitgebers zu einem Gang und deutete auf die Tür zu Montserrats Zimmer. Als Rosália sich dem Büro näherte, traute sie ihren Ohren nicht: Aus dem Zimmer drang Musik, jemand spielte Flöte, dilettantisch zwar, aber nicht ohne Gefühl für die Melodie. Ohne anzuklopfen öffnete Rosália leise die Tür und erkannte Montserrat, der gedankenversunken auf der Flöte improvisierte. Als er bemerkte, daß jemand im Raum war, unterbrach er abrupt sein Spiel.
„Rosália . . . Du? Was führt dich zu mir?"
„Warum spielen Sie nicht weiter? Es war sehr schön."
Der mächtige Mann wirkte verunsichert.
„Entschuldige meine mangelnde Begabung. Deshalb spiele ich nur hier . . . wo mich niemand hört."
„Senhor de Montserrat, Sie überraschen mich stets von neuem. Wie

paßt das nur alles zusammen? Sie spielen mit solch großem Einfühlungsvermögen Flöte, und gleichzeitig sind Sie hartherzig genug, eine arme Verwandte aus dem Haus zu jagen . . ."

Montserrat seufzte.

„Ach, deshalb bist du gekommen . . . Mercedes hat dir alles erzählt, und du gibst ihr recht?"

„Ja, ich komme wegen Mercedes. Ich wollte eine Erklärung von Ihnen. Doch nun habe ich Ihre Musik gehört . . ."

„Weißt du, Rosália, du hast ein großes Geheimnis entdeckt. Ich spiele nur hier, an dem denkbar ungeeignetsten Ort, in einer Bank. Und ich spiele, wenn ich bedrückt bin. Heute habe ich wegen Mercedes gespielt, ich fühle mich von ihr verraten. Vielleicht ist das für mich so etwas wie eine Zauberflöte, die meine Probleme vertreibt . . ."

Rosália sah ihn mitfühlend an.

„Was hat Mercedes denn Schlimmes getan?"

„Ich habe mehr von dem Gespräch zwischen ihr und dir mitbekommen, als du glaubst. Ihre Anklagen, ihre ungerechten Worte haben mich tief verletzt . . . Ich habe diesen Verrat nicht verdient."

„Hat sie nicht die Wahrheit gesprochen?"

„Siehst du, du glaubst ihr auch."

„Ich frage Sie . . ."

„Rosália, ich will dir etwas erzählen, wo du mich schon einmal ertappt hast. Alle halten mich für einen harten, rücksichtslosen Mann, selbst mein Sohn. Wer mich Flöte spielen hörte, würde mir das Recht dazu absprechen. Ein Bankier darf nicht empfindsam sein. Er hat auch kein Recht auf Liebe . . ."

Das Sprechen fiel ihm schwer.

„Glaubst du, ich habe es mir ausgesucht, hier in dieser Bank eingesperrt zu sein? Mächtig, und doch eingesperrt . . . Umgeben von dienstbeflissenen Mitarbeitern, die mich im Grunde hassen. Als mein Vater mich zum ersten Mal in diese Räume führte, habe ich ihn dafür gehaßt. Ich hätte viel lieber musiziert als meine Hände mit Geld zu beschmutzen . . . Doch was blieb mir übrig? Und dann . . . Je länger ich lebte, desto mehr klammerte ich mich an diese Bank, sie allein blieb mir. Du weißt, meine erste Frau wollte mit einem anderen Mann fliehen und meinen Sohn mitnehmen . . ."

Rosália wollte etwas anmerken, doch Montserrat fuhr fort:
„Nein, Rosália, streite es nicht ab, du kennst die Geschichte . . . Barbara verunglückte, und seitdem lebe ich allein in meinem großen Haus. Alle haben sich von mir abgewandt, selbst Adriano, kaum daß er zurück war . . . Und dann kamst du in mein Leben, ich hoffte, das Schicksal bezwingen zu können. Du liebtest mich nicht, glaubtest, ich hätte dich gekauft. Nur mühsam habe ich immerhin deine Achtung gewinnen können . . . Verstehst du nicht, wie hart es mich treffen muß, wenn ich höre, wie ich vor dir angeklagt und verächtlich gemacht werde . . . Noch dazu aus dem Munde der Frau, der ich zwanzig Jahre vertraut habe, die meine Sorgen und Nöte kennt, die weiß, zumindest wissen sollte, wie ich wirklich bin. Und sie versucht, dich von mir zu entfernen . . ."
Er senkte den Blick, als schämte er sich für diese abermalige Demütigung. Rosália sagte tröstend:
„Bitte, quälen Sie sich nicht so. Versuchen Sie doch zu verstehen, daß Mercedes nicht aus Boshaftigkeit ungerecht gewesen ist, sondern aus enttäuschter Liebe. Können Sie ihr nicht verzeihen?"
„Verzeihen? Nein, das ist unmöglich. Aber wenn du mich so darum bittest, werde ich ihr gestatten, bei uns zu bleiben. Doch Rosália, eines wirst du mir doch versprechen, nicht wahr? Du erzählst Adriano nichts von dem, was ich dir eben gestanden habe. Auch nicht von der Flöte . . .?"
Rosália lächelte gerührt und versicherte ihn ihrer Verschwiegenheit.

Die Unruhe auf den Straßen nahm von Stunde zu Stunde zu. Immer häufiger standen kleine Gruppen von Männern in ihrer Arbeitskleidung zusammen und hörten den Rednern zu, die in wohlgesetzten Worten die elenden Bedingungen anklagten, unter denen das Volk Brasiliens litt. Die Sklaverei war abgeschafft, doch das Schicksal der Arbeiter hatte sich nicht im geringsten verbessert. Im Gegenteil, die Löhne reichten kaum zum Leben, in den Fabriken wurde mit Maschinen gearbeitet, die billig aus Europa eingeführt wurden, dort aber bereits ausrangiert waren. Die Arbeit mit diesen veralteten Geräten war lebensgefährlich. Ebenso beklagten die Redner den mangelnden Seuchenschutz, ganz zu schweigen davon, daß sie sich

selbst mit schwersten Erkrankungen noch in ihre Fabriken schleppen mußten, da ihre Familien sonst zu verhungern drohten. Alle Versuche, auf friedlichem Wege Besserungen durchzusetzen, waren gescheitert, es blieb nur der Streik.
Diese Anklagen hörte man nicht nur in den Reden, sondern sie waren auch auf den Pamphleten zu lesen, die in großen Mengen öffentlich verteilt wurden. Viele der Flugblätter waren mit Porträts der deutschen Kommunisten Karl Marx und Friedrich Engels versehen, manche zeigten auch Karikaturen, die die unzumutbaren Arbeitsbedingungen anprangerten.
Adriano wunderte sich über diese Aufrufe, denn die Texte waren in einer Sprache formuliert, die nicht die der Arbeiter und einfachen Leute war. Zu dieser Auffassung kamen auch die Industriellen und Politiker, die deshalb die Behauptung unters Volk streuten, die ganze Aufregung werde künstlich von anarchistischen Kreisen geschürt. Immer lauter wurde daher auch die Forderung, die Polizei gegen die Randalierer aufzubieten.
Der Arzt wunderte sich auch über die Zeichnungen auf den Flugblättern. Je länger er sie betrachtete, desto sicherer wurde er, den Künstler diese anonymen Werke zu kennen. Er suchte daraufhin den Maler Danilo in Esmeraldas Pension auf und fragte ihn beiläufig, wie er zu dem Streik der Arbeiter stehe. Danilo meinte ausweichend, er sei zwar kein Politiker, doch glaube er schon, daß die Forderungen nicht völlig unbegründet seien.
„Warum redest du drumherum, Danilo? Sag mir offen und ehrlich: Die Zeichnungen auf den Pamphleten sind von dir!?"
Der Künstler schwieg, ihm fehlte das Vertrauen zu seinem Freund aus einflußreicher Familie. Schließlich gestand er seine Urheberschaft doch ein.
„Gut, warum soll ich es leugnen, schämen muß ich mich nicht dafür. Ja, ich zeichne diese Marx-Porträts und auch die Karikaturen, und ich bin auch Mitautor der Texte, gemeinsam mit . . . Aber das ist gleichgültig. Was nun, Adriano, willst du mich anzeigen?"
Diese Äußerung traf Adriano tief.
„Bitte, Danilo, was denkst du von mir? Hast du so wenig Vertrauen? Wenn ich hinter dein Geheimnis gekommen bin, so deshalb, weil ich deinen Malstil kenne. Weshalb aber sollte ich dich verraten? Ich

gestehe, ich weiß wenig von den Zielen der Leute, mit denen du zusammenarbeitest. Doch auch ich glaube, daß die Klagen der Arbeiter nicht unberechtigt sind. Und du darfst versichert sein, daß ich euch zur Verfügung stehe, wenn ihr mich brauchen solltet. Für Mediziner habt ihr doch gewiß Verwendung. Es gibt humanitäre Gründe, die auch den zum Engagement bewegen, der weder Anarchist noch Sozialist ist."
„Verzeih mir, Adriano, ich hätte es besser wissen müssen. Ich hatte eigentlich auch nichts anderes von dir erwartet."

Die Flugblätter machten die Runde, und zahlreiche Fabrikanten gerieten in Furcht. Tuffy reichte seinem Geschäftspartner einen Aufruf. Augusto las:
„An alle Arbeiter von Rio de Janeiro! Die Zeit ist reif für den Generalstreik. Die Zeit ist reif, die unwürdigen Arbeits- und Lebensbedingungen der breiten Massen zu beenden. Wir haben genug davon, daß in unserem Land Reichtum und Wohlstand nur für wenige herrscht, während das Volk dahinsiecht in Armut und Verelendung. Wir haben genug davon, daß unsere Kinder und Frauen ausgebeutet werden! Wir dulden nicht mehr, daß Seuchen und Krankheiten uns, unsere Familien und unsere Freunde dahinraffen. Laßt uns dafür kämpfen, daß unsere Arbeit respektiert und gerecht entlohnt wird. Laßt uns dafür kämpfen, daß man unsere Arbeitsbedingungen menschenwürdig gestaltet! Arbeiter, Männer, Frauen und Kinder: Legt die Arbeit nieder! Kommt mit uns auf die Straßen! Alle in den Streik! Proletarier aller Länder, vereinigt euch!"
Augusto schüttelte besorgt den Kopf.
„Das wird auch uns treffen, zweifellos. Dabei haben Sie ja nicht einmal unrecht!"
Tuffy entrüstete sich:
„Bist du verrückt, Augusto? Unsere Maschinen sind neu, unsere Löhne sind höher als anderswo . . . Willst du etwa widerstandslos zusehen, wie man uns ruiniert? Wie man bei uns eindringt und unseren Besitz zerstört?"
„Bitte, Tuffy, übertreibe nicht so maßlos. Bei uns herrscht doch Ruhe."

„Ja, aber wie lange noch?"
„Wer weiß das? Ich sage ja nur, daß wir nicht so tun können, als ginge uns der Streik nichts an. Wir sind mitbetroffen und müssen überlegen, wie wir uns schützen können. Die Stimmung auf den Straßen ist bedrohlich, wenn das so weitergeht, gibt es einen Aufruhr."
Der türkische Händler ärgerte sich über die Verzagtheit seines Kompagnons, wußte aber selber nicht, welche Maßnahmen er ergreifen sollte.
„Vielleicht wird man die Polizei aufbieten . . .?"
„Ja", seufzte Augusto, „das befürchte ich auch! Und dann geht es erst richtig los. Davor habe ich die größte Angst."

Erstmals seit der gescheiterten Verlobungsfeier saßen die Montserrats wieder gemeinsam am Frühstückstisch. Rosália hatte nach ihrem Erlebnis in der Bank Adriano in seiner Praxis aufgesucht und ihn unter großem Widerstreben seinerseits endlich überredet, sich nochmals bei seinem Vater zu entschuldigen. Der Bankier zürnte Adriano weiterhin, gab aber Rosália zuliebe nach. Kurz nach dem Frühstück erhielt Montserrat Besuch von seinem Angestellten Juca. Der ehrgeizige junge Mann legte seinem Chef das Flugblatt vor, das auch Tuffy seinem Kompagnon gezeigt hatte.
„Senhor de Montserrat, die Lage wird bedrohlich! Für heute ist eine Großdemonstration angekündigt, die Arbeiter sind nicht in die Fabrik gegangen. Ich weiß nicht, was heute geschehen wird, aber es sieht nicht gut aus."
Der Bankier trat entschlossen zu seinem Aktenschrank und entnahm ihm seine Pistole. Mit der Waffe in der Hand ging er zur Tür und rief Juca zu:
„Kommen Sie, wir haben keine Zeit zu verlieren."
Rosália sah, wie Montserrat mit der Pistole aus seinem Arbeitszimmer eilte. Adriano kam gerade die Treppe herab.
„Vater, was haben Sie vor? Wozu die Waffe?"
„Komm mit, Adriano. Wir müssen unser Eigentum verteidigen. Der Pöbel droht, in die Fabrik einzudringen."
„Was soll das? Wer will in Ihre Fabrik eindringen? Sie können doch nicht einfach Selbstjustiz üben."

„Ich weiß genau, was ich tue, und auch, was ich kann und darf. Wenn man mich berauben will, werde ich mich dagegen wehren. Doch wenn du zu feige bist, dann bleib hier. Kommen Sie, Juca, die Zeit drängt."
Mit zornigem Blick auf seinen Sohn wollte er zur Tür hinaus, doch Adriano rief ihm nach:
„Machen Sie sich doch nicht lächerlich, Vater! Sie können doch nicht mit der Pistole in der Hand einer Menschenmenge entgegentreten. Und außerdem will Ihnen niemand etwas nehmen, die Arbeiter stellen nur berechtigte Forderungen."
Nun mischte sich Juca in den Streit ein.
„Aber Adriano, wie können Sie Aufruhr und Terror für berechtigt erklären?"
„Lassen Sie, Juca, Sie reden gegen eine Wand. Sie müssen wissen, wir haben hier einen Schüler der Anarchie vor uns."
Der Bankier betrachtete seinen Sohn mit einer Verachtung, die Rosália erschaudern ließ. Adriano wehrte sich:
„Ich bin kein Anarchist, das wissen Sie genau, Vater! Aber ich bin in der Tat gegen jedweden Autoritarismus, sei er staatlicher oder väterlicher Art. Sie können doch nur befehlen und fordern, in Ihrer Bank, in Ihrer Familie . . ."
„Doch, natürlich bist du Anarchist. Ich höre aus deinen Worten die Schule Ramos'. Dieser gescheiterte Politiker hat es geschafft, dir seine verrückten Ideen einzutrichtern."
„Ramos ein gescheiterter Politiker? Was hat er denn mit Politik zu tun? Wer hat mich damals ins Ministerium geschickt? Das waren Sie, niemand anders. Lassen Sie Ramos aus dem Spiel, sonst kommen wir nie zu einem Einverständnis."
„Wir können zu keinem Einverständnis kommen, weil wir auf verschiedenen Seiten stehen. Zwischen uns wird es keine Versöhnung geben. Verzeih, Rosália, ich habe alles versucht."
Mit einem bedauernden Seitenblick auf seine Frau verließ der Bankier das Haus. Juca folgte ihm auf dem Fuß.

Der Demonstrationszug schwoll unaufhaltsam an. Tausende von Arbeitern schlossen sich der marschierenden Menge an, doch der Protest war bislang friedlich geblieben. Dennoch sah man an den großen Boulevards aufgeregte Geschäftsleute ihre Läden verbarrikadieren. Sie fürchteten Auseinandersetzungen zwischen Demonstrierenden sowie Polizei und Militär, die in großer Zahl aufgeboten waren. In der Rua da Ouvidor blieben die Etablissements, in denen aus Europa importierte Ware verkauft wurde, geschlossen. Weder vor dem ‚Palais Royal' noch vor der ‚Perfumaria Bazin' sah man heute die vornehmen Damen, die sonst das Straßenbild beherrschten. Besitzer wie Angestellte hatten sich ängstlich in die Hinterzimmer ihrer Läden zurückgezogen, die Auslagen der Schaufenster waren in Sicherheit gebracht worden, und selbst aus dem Inneren der Geschäfte hatten die Mitarbeiter die kostbarsten Waren in die Kellerräume verfrachtet. Auch das ‚Maison de France' blieb geschlossen.

Die Polizei hatte bereits mehrere Boulevards gesperrt und war bemüht, den Zug umzuleiten. Die besseren Wohnviertel wie Botafogo oder Laranjeiras, sollten abgeschirmt werden; man versuchte, den Protestzug ins Hafengelände zu lenken.

Mehr oder minder unfreiwillig bewegte sich der Protestzug nun auf den Platz des 15. November zu. Unter Sprechchören marschierten inzwischen mehrere tausend Menschen in Richtung Hafen. Aus den Fenstern der Häuser beobachteten die Menschen den Aufmarsch der Arbeiter. Viele Anwohner gaben durch Transparente, die sie von ihren Fenstern herabließen, ihrer Solidarität mit den Streikenden Ausdruck. Zahlreiche Kinder liefen am Straßenrand auf und ab, für sie hatte die Demonstration den Charakter eines Schauspiels; es schien ihnen, als wäre heute schon Karneval. Die Kleinen skandierten ausgelassen die Sprechchöre mit, ohne zu verstehen, was sie da riefen. In der Rua da Alfândega standen zahlreiche Straßenhuren und forderten die Demonstrierenden auf, ihre Zeit doch besser zu nutzen.

Plötzlich entstand ein Tumult. Die Spitze des Zuges näherte sich bereits dem großen Platz am Hafen, als an einer Straßenecke eine Schlägerei zwischen Demonstranten und Polizisten ausbrach. Was genau geschehen war, wußte im nachhinein niemand mehr zu sagen, doch der bislang so friedliche Protest mündete nun in eine blutige Straßenschlacht. Einige Augenzeugen des unerwarteten Gewaltausbruchs schworen später, daß sich Polizisten in Zivil unter

die Arbeiter gemischt hatten und aus völlig unerfindlichen Gründen auf die Ordnungskräfte losgegangen waren, die sich am Straßenrand postiert hatten, um ein Abschwenken des Zuges zu verhindern. Die eben noch geordneten Reihen der Demonstranten lösten sich auf, überall bildeten sich unüberschaubare Menschenknäuel, und schon bald schlugen Menschen wild aufeinander ein.
Auch Adriano, der mehr zufällig in den Zug hineingeraten war, verlor sich in dem Gewirr. Er hatte Danilo unter den Demonstrierenden erkannt und vergebens versucht, ihn wiederzufinden. Jetzt befand er sich inmitten des allgemeinen Chaos, unfähig, noch selbst seine Richtung zu bestimmen. Etliche Demonstranten versuchten, zurück in die Innenstadt zu fliehen, andere drängten mit aller Macht zum Hafen. Aus allen Seitenstraßen tauchten Polizisten auf und versuchten, die Menge auf dem Boulevard in Schach zu halten. Dann fielen die ersten Schüsse, niemand konnte sagen, wo und warum. Vielleicht hatte ein Polizist in dem unkontrollierten Treiben nur die Nerven verloren, möglicherweise war die Eskalation aber auch von behördlicher Seite aus gezielt provoziert worden. Jedenfalls löste dieser Schuß eine gewaltige Explosion aus. Aus der zusammengetriebenen Menge heraus wurden Steine geworfen, Fensterscheiben gingen klirrend zu Bruch, die Polizisten schossen immer rücksichtsloser in die Menge. Viele Arbeiter flohen in Richtung Rua da Ouvidor, und wo immer eine Seitenstraße nicht von Uniformierten besetzt war, nutzten die verängstigten Menschen die Gelegenheit, sich in Sicherheit zu bringen. Auch Adriano wurde wehrlos weitergetrieben. Endlich gelang es ihm, sich aus dem Pulk der Fliehenden an den Straßenrand zu retten. Er sah, daß er sich nahe der Praxis seines Freundes Ramos befand und versuchte, sich zu diesem Haus zu flüchten. Kurz vor seinem Ziel brach er plötzlich auf offener Straße zusammen. Eine Kugel hatte ihn im Bereich des Rückens getroffen und niedergestreckt.
Der Verletzte lag blutend auf dem Gehsteig, und unzählige Menschen rannten in beide Richtungen an ihm vorbei. Die Schüsse hatten die Stimmung maßlos aufgepeitscht, immer neue Demonstranten strömten aus allen Richtungen herbei und boten dem Militär die Stirn. Mit Stöcken und Steinen bewaffnet, schlugen die erzürnten Arbeiter auf die Polizisten ein, die bis an die Zähne

bewaffnet waren. Der ungleiche Kampf geriet dennoch zur Schlacht, da die Demonstranten den Uniformierten an Zahl überlegen waren. Vereinzelt gelang es ihnen, die Polizisten zurückzudrängen, die nach wie vor wild um sich schossen.
Endlich wurde Adriano entdeckt. Esmeralda, die unvermittelt in den Sog der Massen geraten war, hatte sich mühsam in die Rua da Ouvidor zurückbewegen können und sah den verletzten Arzt wenige Meter vor Ramos' Haus liegen. Sie versuchte ihm aufzuhelfen, doch Adriano war ohne Bewußtsein. So lief sie aufgeregt zu ihrer Pension, in der Hoffnung, einen ihrer Gäste dort zu treffen. Tatsächlich war Danilo daheim, er hatte sich vor der Polizei auf sein Zimmer geflüchtet. Gemeinsam mit Esmeralda eilte der Maler in die Rua da Ouvidor. Unter großen Mühen gelang es ihm, den leblosen Körper des jungen Mannes aufzurichten. Danilo legte Adrianos Arm über seine Schulter und schleppte den Freund in Richtung Pension. Esmeralda sah ihn verständnislos an.
„Warum bringen Sie ihn nicht zu Dr. Ramos, Danilo? Die Praxis liegt doch viel näher als meine Pension."
„Bitte, Esmeralda, fragen Sie nicht. Es ist besser so. Gehen Sie und suchen Sie Dr. Ramos, bringen Sie ihn zur Pension."
Die Pensionswirtin zögerte, sie schwankte zwischen Furcht und Unverständnis. Dann folgte sie Danilos Aufforderung und lief zur Praxis. Bereits im Treppenhaus traf sie auf den Arzt, der ihr aufgebracht entgegenrief:
„Esmeralda, lassen Sie mich rasch durch, ich muß dringend jemanden suchen. Was wollen Sie denn?"
„Bitte, Dr. Ramos, Sie müssen mit mir kommen . . ."
„Nein, es ist unmöglich. Eine Katastrophe . . ."
„Ja, ein Unglück", bestätigte Esmeralda, „Ihr Freund, der Dr. de Montserrat ist angeschossen worden . . ."
Ramos war schon fast zur Tür hinaus.
„Was sagen Sie da?"
Esmeralda erzählte ihm kurz, was geschehen war, dann hasteten beide gemeinsam hinaus zur Pension. In der Eingangshalle sahen sie den Maler und den immer noch bewußtlosen Adriano. Ramos wandte sich an Esmeralda:
„Bitte, laufen Sie zum ‚Maison de France' und rufen Senhorina

Carola zu mir. Es ist dringend. Bitte, fragen Sie nicht, wozu . . . Ich werde mich gemeinsam mit Danilo um den Verletzten kümmern."
Kaum war Esmeralda fort, trugen Danilo und Ramos den Angeschossenen auf das Zimmer des Malers. Ramos untersuchte seinen Freund. Adriano war an der Schulter getroffen. Mit zitternden Händen begann Ramos den jungen Mann zu behandeln. Danilo assistierte ihm, so gut er konnte.
Minuten später, Ramos hatte gerade die Kugel entfernt, stand Esmeralda mit Carola im Zimmer.
„Mein Gott, Ramos, was ist geschehen?" Die junge Frau war zwar von Esmeralda informiert worden, aber die Szenerie hier überstieg ihre Vorstellungskraft bei weitem. Mit kalkweißem Gesicht erwiderte Ramos:
„Ich kann es Ihnen jetzt nicht erklären. Joana war in meiner Praxis, fragen Sie jetzt nicht, aus welchen Gründen. Raimundo hatte sie auf meine Bitte hin zu mir gebracht. Als ich vorhin zurückkam, war sie verschwunden. Ich muß mich jetzt um Adriano kümmern. Bitte, Carola, suchen Sie Joana, ich weiß nicht, was mit ihr geschehen ist. Und Sie, Esmeralda, gehen bitte in meine Praxis und holen Verbandszeug. Adriano muß hierbleiben, es ist zu gefährlich, ihn zu mir zu bringen."
Carola erschrak bei Ramos' letzten Worten. Doch der Arzt flehte sie an:
„Bitte, ich werde Ihnen alles erklären. Aber nicht jetzt . . . Später . . . Sehen Sie doch."
Er zeigte auf den verletzten Adriano, und Carola verließ besorgt den Raum.

Ramos hatte Raimundo gebeten, Joana zu ihm zu bringen, weil er sie mit Carola konfrontieren wollte. Durch die unerwartete Eskalation der Gewalt war der Arzt dann aber nicht rechtzeitig zurückgekommen. Während die Irre nun auf Ramos wartete, beobachtete Raimundo vom Fenster aus den Demonstrationszug. Plötzlich schrie Joana jäh auf, in eben der Sekunde, als der junge Arzt wenige Meter entfernt von einer Kugel getroffen wurde. Ehe der fassungslose Gärtner reagieren konnte, war die Frau zur Tür hinausgelaufen. Raimundo hastete ihr hinterher, doch wurde er draußen von der

bewegten Menschenmenge ebenso mitgerissen wie Joana. So sehr er sich mühte, er konnte sie nicht entdecken. Verzweifelt wollte er sich aus dem Menschenknäuel lösen, doch es gelang ihm nicht.
Joana wurde in dem allgemeinen Chaos wie eine Feder hin und her getrieben, bald vorwärts zum Hafen, bald zurück in die Richtung, aus der sie gekommen war.
Am Straßenrand stand ein kleiner weißhaariger Mann mit gebeugtem Rücken, in eine schwarze Soutane gekleidet. Mit seinem Spazierstock wild umherfuchtelnd redete Padre Ignácio auf die Menschenmenge ein. Er forderte die Leute im Namen Gottes auf, Ruhe zu bewahren und heimzugehen, doch niemand hörte auf ihn. Endlich schien sich das Chaos zu legen. Die Polizei zog sich zurück, weil es selbst unter Einsatz von Waffengewalt nicht gelang, die Demonstration aufzulösen. Die Arbeiter begannen, sich um die zahlreichen Verletzten aus ihren Reihen zu kümmern. Ihr Rückzug erfolgte in größeren Gruppen, da jeder einzelne fürchten mußte, an der nächsten Straßenecke verhaftet zu werden. Tatsächlich jagten die Polizisten den vermeintlichen Rädelsführern hinterher und hatten einige von ihnen bereits abgeführt.
Der Priester wollte sich gerade ins Pfarrhaus zurückbegeben, da erblickte er die Irre inmitten einer kleinen Gruppe von Arbeitern. Er ergriff sie am Arm.
„Sind Sie nicht Doña Joana? Joana Cavalcanti?"
Die Frau sah ihn verständnislos an. Padre Ignácio sah, daß er keine Antwort erwarten konnte, doch es gelang ihm, Joana mit sich zu nehmen. So befand sich die Wahnsinnige wenig später in der Obhut der Pfarrersnichten. Die Mädchen erschraken zunächst, als sie hörten, sie hätten es mit einer Verrückten zu tun. Doch der Onkel konnte sie beruhigen und erklärte ihnen, der wirre Gesichtsausdruck der Frau sei allein auf ihre Furcht vor dem Menschenauflauf zurückzuführen.
„Müssen wir nicht Senhor de Montserrat informieren?" fragte Mariana beunruhigt.
Als Joana den Namen ihres Peinigers hörte, schrie sie heulend auf und ergriff einen Teller, der neben ihr auf dem Tisch stand. Mit unbändiger Wut schleuderte sie das Geschirr zu Boden und griff bereits zum nächsten Gegenstand, doch Padre Ignácio legte ihr

beschwichtigend den Arm um die Schulter. Aber der Tobsuchtsanfall dauerte an. Joana riß sich los und warf sich verzweifelt auf den Fußboden. Mit ihren kleinen Fäusten schlug sie schluchzend auf die Holzplanken ein. Padre Ignácio schickte seine verängstigten Nichten hinaus und redete dann besänftigend auf Joana ein. Endlich wurde sie ruhiger.

Ramos saß am Bett des verwundeten Adriano, der noch immer ohne Bewußtsein war. Sein Gesicht war schweißüberströmt. Ramos trocknete ihn immer wieder mit einem Leinentuch ab. Der Angeschossene hatte hohes Fieber, und zu der Sorge um die Verletzung kam noch die Angst, er könnte Wundstarrkrampf erleiden.
Stunden mochten vergangen sein, ohne daß Adriano die Augen geöffnet hatte, doch die Schweißausbrüche ließen nach. Der Arzt hörte, wie sich die Unruhe draußen allmählich legte. Immer seltener drangen Sprechchöre zu ihm herein, und als er Pferdegetrappel vernahm, war er sicher, daß die Demonstration sich aufgelöst hatte. Die Straßen wurden jetzt von berittenen Polizisten kontrolliert.
Carola kam atemlos herein. Mit hochrotem Gesicht zog sie die Kapuze ihres Mantels vom Kopf.
„Geht es ihm besser?"
„Ja, aber er ist noch nicht außer Gefahr. Doch sagen Sie, Carola, haben Sie Doña Joana gefunden?"
„Nein, es war unmöglich. Auf den Straßen herrscht ein solches Durcheinander . . . Und dann . . . Die Polizei verhaftet jeden, der sich irgendwie verdächtig macht. Sie fragen überhaupt nicht, wen sie da abführen. Jeder, der allein aufgegriffen wird, landet in einer der Polizeikutschen. Mich hätten sie beinahe auch mitgenommen. Hoffentlich haben sie die arme Joana nicht ebenfalls eingesperrt."

Bei Anbruch der Dämmerung brachte Padre Ignácio die Irre zu Montserrat. Er hatte lange gewartet, denn auf den Straßen herrschte weiterhin große Unruhe. Die Polizei jagte noch immer vermeintlichen Aufrührern hinterher, und die Arbeiterführer wollten den Protest nicht widerstandslos verpuffen lassen. Die Situation hatte sich zugespitzt: Die Regierung zog weitere Militäreinheiten zusammen, um die Polizei zu unterstützen. Einflußreiche Indu-

strielle wie der Bankier de Montserrat ließen nichts unversucht, die verantwortlichen Politiker zu einer gnadenlosen Niederschlagung des Aufstandes zu drängen. Die Atmosphäre blieb gefährlich aufgeladen, jederzeit stand ein neuerliches Aufleben der Ausschreitungen zu befürchten.
Montserrat empfing seine Schwägerin mit düsteren Blicken. Die abermalige Flucht der Irren war ihm nicht entgangen, und im Gartenhäuschen saß ein verängstigter Raimundo, der selbst seiner Frau verschwiegen hatte, daß er für Joanas Verschwinden mitverantwortlich war. Der Bankier hörte ungehalten die Erläuterungen des Priesters an und konnte sich nicht einmal ein Wort des Dankes für dessen Bemühungen abringen. Er verabschiedete den Padre frostig und brachte die Irre auf ihr Zimmer. Da jederzeit Adrianos Rückkehr zu befürchten war, ging er erst hier auf die gequälte Frau los.
„Du bist also abermals geflohen. Mir scheint, es geht dir besser, du scheinst immerhin klar genug, um bei jeder Gelegenheit zu entwischen. Glaubst du, das freut mich? Meinst du wirklich, ich lasse mir deine Eigenmächtigkeiten gefallen? Willst du morgen vielleicht abermals fliehen?"
Er packte die Frau bei der Schulter und schüttelte sie wütend.
„Dein Beschützer ist jetzt weit genug fort . . . Nein, Padre Ignácio wird dich nicht mehr hören, wenn du schreist."
Joana versuchte sich zu befreien, sie lief in Richtung Tür. Montserrat riß sie brutal an ihren Haaren zurück.
„Du willst schon wieder fort? Wohin denn? Zu deinem Ramos? Nein, meine Liebe, du wirst hier bleiben. Du gehörst hierher, zu mir."
Wütend warf er sie auf ihr Bett. Joana starrte ihn mit weit aufgerissenen Augen an und stieß schrill hervor:
„Verdammter Teufel! Verdammter . . . Ich hasse dich!"
Montserrat lachte schallend auf. Plötzlich jedoch wurde ihm bewußt, daß Joana erstmals seit Ewigkeiten mit ihm gesprochen hatte. Er riß sie wieder hoch und ohrfeigte sie.
„Jetzt redest du also auch wieder. Auch das habe ich dir doch verboten. Glaubst du, ich lasse mir das bieten? Was kommt als nächstes?"

Immer wilder schlug er auf die Wehrlose ein, die nun laut weinte und schrie. Da stand Berenice in der Tür. Noch ehe sie etwas sagen konnte, ließ der Patron von seinem Opfer ab und wandte sich an seine Bedienstete.
„Ach, da bist du ja, Berenice. Wenn dein Schützling schreit, dann bist du zur Stelle. Ansonsten aber scheinst du wenig acht auf Joana zu haben. Oder wie erklärst du es dir, daß Padre Ignácio sie auf der Straße aufgreifen mußte?"
Berenice trat zu der Weinenden und versuchte, sie zu trösten.
„Ich weiß nicht, wie sie unter die Streikenden geraten ist. Aber ich warne Sie zum letzten Mal, Senhor de Montserrat: Ich dulde nicht, daß Sie Joana schlagen. Nie wieder werden Sie das tun!"
Der Bankier warf ihr nur einen verächtlichen Blick zu und ging hinaus.

Ramos erwachte aus einem Erschöpfungsschlummer. Draußen war es stockdunkel, und die Ruhe auf den Straßen wirkte in Anbetracht der Ereignisse dieses Tages geradezu beängstigend. Der Verwundete schien wieder Fieber zu haben, er war in Schweiß gebadet und sein Körper zitterte unaufhörlich. Ramos hatte ihm verschiedene Medikamente verabreicht, doch nichts wollte helfen. Das Fieber stieg ständig. Der erfahrene Arzt wußte sich keinen Rat mehr. Verzweifelt flehte er den schwerverletzten jungen Mann an:
„Bitte, stirb nicht! Du darfst nicht sterben, Adriano. Ich verbiete es dir! Hörst du? Ich will lieber selber sterben, als dich hier zugrunde gehen zu sehen."
Esmeralda kam leise zur Tür herein und sah, wie Ramos weinend seinen Freund umarmte und beschwörende Worte sprach, die sie nicht verstand.
„Dr. Ramos, bitte, wollen Sie nicht doch mich versuchen lassen, ihm zu helfen?"
Hilflos sah Ramos zu ihr auf. Esmeralda drängte:
„Glauben Sie mir, meine Mutter hat mir als kleines Kind mit diesem Mittel das Leben gerettet. Ich hatte Scharlach und wäre gewiß gestorben. Kein Arzt konnte mir helfen. Bitte, ich habe alles hier, wir müssen nur das Bad bereiten und den armen Doktor in das Wasser setzen . . ."

Vor Stunden bereits hatten sie über dasselbe Angebot noch heftig gestritten. Der Arzt wollte nicht zulassen, daß Esmeralda seinen Freund mit ihren Quacksalbereien, wie er es nannte, zu kurieren versuchte. Jetzt aber, spät in der Nacht, war seine Verzweiflung so groß, daß er seinen Widerstand aufgab. Unbeteiligt sah er zu, wie Esmeralda eine kleine Blechwanne in das Zimmer trug und sie nach und nach mit mehreren Kannen kalten Wassers füllte. Dann goß sie aus einem Fläschchen eine harzige Flüssigkeit in die Wanne. Dem Arzt stiegen scharfe Kräutergerüche in die Nase, und er schüttelte zweifelnd den Kopf, als Esmeralda ihn aufforderte, Adriano auszukleiden. Gemeinsam legten sie den Todkranken in die Wanne, und Esmeralda goß ihm mit einer kleinen Schöpfkelle das kalte Wasser über Rücken und Brust. Nach einigen Minuten hoben sie ihn wieder heraus. Esmeralda rieb den Patienten ab, während der Arzt ihn mühsam auf den Beinen hielt. Sie legten Adriano ins Bett zurück, und tatsächlich ließen die Schweißausbrüche allmählich nach. Es war kaum eine Viertelstunde vergangen, da wurde das Atmen des Kranken bereits ruhiger und regelmäßiger. Triumphierend fragte Esmeralda den Arzt:
„Nun, hat er noch Fieber?"
Ramos konnte nur fassungslos staunen.
„Es ist unglaublich. Du bist eine Hexenmeisterin, Esmeralda, das Fieber hat wirklich nachgelassen."
Mit einem zufriedenen Lächeln ging Esmeralda zur Tür.
„Wenn Sie meine Hilfe benötigen, Dr. Ramos, müssen Sie nur den Namen der Hexe rufen. Sie wird dann sofort auf ihrem Besen herbeigeritten kommen."
Der Arzt blickte sie dankbar an. Dann wandte er sich wieder seinem Freund zu. Erleichtert sah Ramos, wie Adriano jetzt langsam die Augen öffnete und unmerklich die Lippen bewegte.
„Was ist . . . Was . . . Wo bin ich?"
Er kam zu sich, schien aber noch immer nicht zu registrieren, wo er sich befand und wer bei ihm saß.
„Adriano, hörst du mich? Erkennst du mich wieder?"
Er ergriff behutsam die Hand des Erwachenden und beugte sich über sein Gesicht. Ein Leuchten in Adrianos eben noch stumpfen Augen versicherte ihm, daß der Freund zu Bewußtsein kam.

„Ramos, Sie . . .?
„Ja, ich bin es." Der Arzt seufzte erleichtert auf. Adriano versuchte sich bereits aufzurichten. „Nein, Adriano, bleib liegen, du mußt schlafen und dich erholen. Das Fieber läßt nach, schlaf jetzt!"
Mit einem matten Lächeln fiel Adriano in sein Kissen zurück und schlief sofort ein. Sein gleichmäßiger Atem verriet dem Freund, daß sein Patient jetzt in einen erholsamen Genesungsschlaf gefallen war. Ramos begann, still zu beten und dankte Gott für die Rettung seines Schützlings.

Spät nach Mitternacht kehrte Danilo auf sein Zimmer zurück. Er sah, wie Ramos neben dem Bett des Verletzten auf einem Stuhl saß und eingeschlummert war. Leise schlich sich der Maler zu seinem Koffer, der unter dem Fenster stand, und begann, einige seiner Kleider einzupacken. Noch immer atmeten die beiden Männer fast synchron. Danilos Versuch, seinen Koffer geräuschlos zu schließen, schlug jedoch fehl. Ramos erwachte.
„Wer ist da?" Mühsam gelang es ihm, sich im Halbdunkel zurechtzufinden. „Ach, du Danilo."
„Ja, ich bin es. Schön, daß Sie hiergeblieben sind, Ramos, Sie glauben gar nicht, wie ich mich um Sie gesorgt habe. Wie geht es Adriano?"
„Besser. Das Fieber ist merklich gesunken. Doch sag, haben Sie viele unserer Genossen erwischt?"
„Zu viele. Fragen Sie nicht nach Zahlen, jeder einzelne Tote ist schon einer zu viel. Verletzte gibt es noch mehr. Aber was noch schlimmer ist . . ."
„So rede doch weiter. Was ist noch schlimmer?"
„Können Sie es sich nicht vorstellen? Nicht jeder hat es geschafft, sich zu verbergen, und sei es auch nur durch Zufall, so wie Sie . . . Ich weiß nicht, wie viele man festgenommen hat, aber es sind genug, um mich zur Flucht zu zwingen. Tote und eingesperrte Helden gibt es genug, ich sehe keinen Sinn im Martyrium. Ich will frei sein, um weiterkämpfen zu können. Es wäre besser, Sie kämen mit mir."
„Du weißt, es geht nicht. Solange Adriano nicht über den Berg ist, kann ich nicht fort. Doch du hast recht, Danilo, wir brauchen dich

als freien Mann. Ich wünsche dir viel Glück und hoffe, daß wir uns bald wiedersehen."
Danilo ergriff die Hand des Arztes.
„Ich wünsche mir selber Glück. Aber mehr noch als ich haben Sie das Glück nötig, Ramos! Seien Sie bitte nicht töricht, gehen Sie weder in Ihre Praxis noch in die Klinik. Man hat unsere Druckerei entdeckt, jeder weiß, daß sie die Texte zu den Flugblättern verfaßt haben. Die halbe Stadt ist auf der Suche nach Ihnen, nach dem anarchistischen Arzt . . . Passen Sie gut auf sich auf."
Danilo umarmte seinen Mitstreiter. Ramos sagte leise:
„Viel Glück, Danilo. Wir werden uns wiedersehen, bald!"
Der Arzt schaute seinem Genossen vom Fenster aus lange nach. Bald sah er nur mehr den Schatten Danilos, dann war auch der im Dunkel der Nacht verschwunden. Aus dem Hintergrund ertönte leise eine schwache Stimme.
„So ist das also. Sie, Ramos, sind der anarchistische Doktor, von dem jeder munkelt, von dem jeder schwärmt und den doch niemand kennt . . ."
Ramos wandte sich seinem Freund zu, der sich im Bett halb aufgerichtet hatte. Adriano war noch zu entkräftet, um sich länger in dieser Stellung halten zu können. Er sank wieder zurück, und Ramos setzte sich zu ihm.
„Du mußt schlafen, Adriano. Morgen, wenn du wieder auf den Beinen bist, werde ich dir alles erzählen."

Ein neuer Tag brach an. Die Straßen waren menschenleer, in der Stadt, die gestern den größten Tumult seit den Tagen der Sklavenbefreiung erlebt hatte, herrschte eine beängstigende Stille. Die Arbeiter, die in den frühen Morgenstunden die Straßen bevölkerten, um zu ihren Arbeitsplätzen zu gelangen, waren heute aus Furcht vor der Polizei zu Hause geblieben. Die Pensionswirtin Esmeralda durchwanderte so die entvölkerten Gassen und Boulevards auf ihrem Weg zum Bankier de Montserrat. Auch auf dessen Grundstück herrschte Friedhofsstille. Esmeralda wehte ein kühler Winterwind ums Gesicht, als sie die Pforte zum Park öffnete und sich vorsichtig dem Gartenhäuschen näherte. Ihre Blicke schweiften immer wieder in Richtung des Wohnhauses. Und tatsächlich sah von der Villa aus niemand, wie sie schließlich an die Tür des Gartenhäuschens klopfte. Von der Straße vor dem Anwesen aus jedoch beobachteten gleich mehrere Augenpaare diesen heimlichen Besuch: Polizisten, die von Montserrat beauftragt worden waren, weitere Fluchtversuche der irren Joana zu unterbinden, sahen, wie die stadtbekannte Pensionswirtin von einem schlaftrunkenen Rogério eingelassen wurde.

„Ruf deine Mutter, Rogério, schnell."

„Senhorina Esmeralda, bitte . . . Wissen Sie, wie spät es ist? Mutter schläft noch."

„Ich um diese Zeit normalerweise auch", knurrte Esmeralda. „Also rede nicht lange . . . Wecke sie!"

Kurz darauf kam Berenice aus ihrer Kammer. Sie rieb sich die Augen und sah Esmeralda verständnislos an. In knappen Sätzen trug die Pensionswirtin ihr Anliegen vor.

„Der junge Dr. de Montserrat liegt schwer verletzt in meiner Pension. Er hat mich gebeten, Rosália zu holen. Sie können sich vorstellen, daß ich drüben im Haus mit diesem Wunsch schwerlich auftreten kann. Den Bankier wird es kaum erfreuen zu hören, daß sein Sohn auf seiten der Aufständischen angeschossen worden ist. Bitte sorgen Sie dafür, daß Doña Rosália heute zu uns kommt."

Berenice erschrak, als sie die Nachricht vernahm, doch Esmeralda beruhigte sie.

„Es ist schon gut, Berenice, ihr Pflegling wird überleben. Doch bringen Sie Rosália zu ihm. Versprechen Sie es mir?"

Die Gärtnersfrau nickte. Schnell, wie sie gekommen war, verließ Esmeralda das Grundstück des Bankiers. Die verdächtige Eile, mit der sie in Richtung Innenstadt davoneilte, veranlaßte jedoch einen der Polizisten, ihr in unauffälligem Abstand zu folgen.

Am zweiten Tag nach dem großen Demonstrationszug saßen der Bankier, seine Ehefrau und die Haushälterin Mercedes beim Frühstück. Der Sohn des Hauses war noch immer nicht heimgekehrt. Obwohl sich Montserrat vor zwei Tagen im Streit von Adriano getrennt hatte, zeigte er sich nun besorgt.

„Du hast ihn seit vorgestern früh auch nicht mehr gesehen, Rosália?"

„Warum wiederholen Sie diese Frage ständig, glauben Sie mir etwa nicht?"
„Verzeih, Rosália, ich wollte dich nicht kränken. Ich mache mir nur Sorgen um Adriano. Du hast selbst miterlebt, wie wir vorgestern auseinandergegangen sind. Du weißt, was für ein unseliger Tag das war. Ich frage mich, ob er wegbleibt, weil er noch wütend auf mich ist, oder ob ihm vielleicht ein Unglück widerfahren ist. In dem allgemeinen Durcheinander kann alles mögliche geschehen sein. Ist es so unverständlich, wenn ich mich um meinen Sohn sorge, was auch immer geschehen sein mag?"
„Nein, gewiß nicht. Aber ich weiß auch nicht mehr als Sie. Ich sorge mich ja ebenfalls."
„Gehst du später ins Waisenhaus? Wenn ich in der Bank fertig bin, kann ich dich ja abholen."
„Ich weiß noch nicht, es ist ja noch ziemlich unruhig auf den Straßen . . . Vielleicht bleibe ich auch hier."
Rosália spürte das Mißtrauen in den Blicken ihres Mannes, doch sie konnte sich die Ursache nicht erklären. Sie wartete, bis Montserrat endlich zu seinem täglichen Gang in die Bank aufbrach, dann hastete sie in ihr Zimmer, kleidete sich um, und nur wenige Minuten später war sie bereits auf dem Weg in die Innenstadt. Mercedes sah ihr kopfschüttelnd nach, wagte jedoch nicht, Fragen zu stellen.

Wie am Tag zuvor, wartete Esmeralda ungeduldig auf die Ankunft ihres ehemaligen Dienstmädchens. Auf den Straßen herrschte trügerische Ruhe. Die Stadt war zwar an der Oberfläche in ihren üblichen Trott zurückgefallen, im Untergrund gärte es indes weiter. Polizisten kontrollierten in großer Zahl die Stadt, auf der Suche nach vermeintlichen Sozialisten und Anarchisten. Ramos hatte die Pension noch immer nicht verlassen.
Esmeralda führte Rosália zu Adriano. Ramos kam ihr übernächtigt entgegen.
„Und, Dr. Ramos. . .? Geht es ihm besser? Hat er noch immer Fieber? So sprechen Sie doch."
Eine schwache Stimme aus dem Hintergrund kam dem übermüdeten Arzt zuvor.
„Rosália, bist du es? Wirklich . . .?"

Ramos trat beiseite, und Rosália lief zu Adrianos Bett.
„Endlich! Endlich erkennst du mich. Gestern hast du nur stundenlang im Fieberwahn wirre Geschichten gestammelt. Hast du mich denn überhaupt nicht wahrgenommen . . . Oh, ich habe solche Angst um dich gehabt."
Der junge Mann lächelte. „Wie schön. . ."
„Was ist daran schön, daß ich für dich bange?"
„Schön ist, daß du dich um mich sorgst . . . Es zeigt mir, daß du mich noch liebst."
In ihrer Freude über Adrianos Genesung vergaß die junge Frau völlig, daß sie ihm eigentlich hätte widersprechen müssen. Denn obwohl sie ihn immer noch liebte, sprachen doch alle Umstände dagegen, ihm dies einzugestehen.
„Weißt du, wie lange ich gestern hier gesessen habe, ohne daß du mich erkannt hättest? Ich habe dir eine Suppe eingeflößt, doch du hast überhaupt nicht bemerkt, wer bei dir war."
Rosália hielt inne. Sie erinnerte sich, was Adriano in seinem Fieberwahn erzählt hatte.
„Du hast ständig von einem anarchistischen Arzt erzählt, Adriano. Ich habe auch davon gehört . . . Die Polizei sucht diesen Mann. Sag, das bist doch nicht du?"
Adriano richtet sich auf und sah die Geliebte mit großen Augen an.
„Nein, Rosália, ich bin es nicht. Doch ich kenne den Mann. Dreh dich einmal um, er steht hinter dir . . . Dr. Jorge Ramos, der anarchistische Doktor . . . Ein großer, ein bewundernswerter Mann. Nur eines kann ich ihm nicht verzeihen: Er hat nicht einmal mir gestanden, daß er es war, der die Massen aufgerufen hat. Ich wußte bis vor zwei Tagen nicht einmal, daß er sich überhaupt für Politik interessiert. Ich mußte erst angeschossen werden, um zu erfahren, was für einen großartigen Freund ich habe."
Völlig erschöpft sank Adriano wieder auf das Kopfkissen zurück. Rosália streichelte ihm liebevoll mit der Hand über die Wange und sah, daß er wieder eingeschlafen war. Sie wandte sich Ramos zu.
„Sie sind wirklich ein Anarchist, Dr. Ramos?"
Der Arzt lächelte und sagte:
„Wissen Sie, Rosália, das sind doch alles nur Etiketten. Ich habe mich nie in meinem Leben als Anarchist verstanden, doch mögli-

cherweise paßt diese Bezeichnung sogar für mich, wer weiß . . . Doch was besagen Etiketten? Wichtiger scheint mir, was jemand über das Leben denkt, über die Welt und die Menschen. Und ich denke nun einmal, daß die Welt, in die ich hineingeboren wurde, nicht in Ordnung ist. Ich kann mich nicht abfinden mit jenen Leuten, die andere ausbeuten, mißhandeln, töten . . . und sich dabei noch auf Recht und Gesetz berufen können. Da ist irgendetwas faul, und wenn diese Überzeugung anarchistisch sein sollte, dann bin ich wohl ein Anarchist. Doch wen interessiert das? Wer fragt, was oder wer ich bin? Sie haben selbst die Arbeiter gesehen, die vorgestern auf der Straße waren. Haben Sie einmal in die Augen dieser Menschen gesehen, in ihre ausgemergelten Gesichter? Wissen Sie, oder können Sie sich vorstellen, was diese armen Leute täglich leisten müssen, wie sie schuften müssen für einen Hungerlohn? Oder besser: wie sie schuften müssen für den Reichtum einiger weniger . . . Die dann noch brutal auf sie schießen lassen, sie niedermetzeln wie räudige Hunde? Wissen Sie . . .

Ramos konnte die Tränen der Empörung und Wut nur mühsam zurückhalten. Rosália hörte ihm zu, unfähig, irgendein Wort des Zuspruchs oder der Erwiderung über die Lippen zu bringen.

„Verzeihen Sie, Rosália, ich habe vergessen, daß ich nicht auf einer Versammlung bin . . . habe auch vergessen, daß Sie vieles von dem, was mich bewegt, gar nicht nachvollziehen können. Sehen Sie, ich bin seit mehr als dreißig Jahren Arzt. Seit ich so alt war, wie Sie heute, habe ich nur dieses unendliche Elend gesehen, Tag für Tag, Jahr für Jahr. Zu mir kommen Menschen, die leiden, und ihre Krankheiten sind nicht heilbar, jedenfalls nicht für einen Arzt. Ich kann sie wiederherstellen, gewiß, für ein paar Wochen, vielleicht für einige Monate, doch dann kommen sie wieder zu mir. Alles, was ich tue, ist letztlich doch vergebens und wird auf Jahre und Jahrzehnte hin vergebens bleiben, wenn wir nicht grundsätzlich etwas ändern. Und das war die Lehre, die ich durchmachen mußte, nachdem ich meine Ausbildung beendet hatte. Ob ich Anarchist bin . . .? Ich weiß es nicht, aber ich weiß, daß wir alles tun müssen, um eine bessere, eine menschenwürdigere Welt herzustellen. Und dafür werde ich kämpfen, was auch immer geschehen mag."

Rosália fühlte, daß der Arzt soeben eine Beichte abgelegt hatte, ein aufrichtiges Bekenntnis all dessen, woran er glaubte. Verzweifelt suchte sie nach Worten, ihm ihr Verständnis und Mitgefühl zu bekunden, aber sie blieb sprachlos. Ihre Blicke schweiften von Adriano, der schlafend auf seinem Bett lag, zu Ramos, der noch immer am Fenster stand, ihr den Rücken zukehrte und schwieg.

In Manél Barbosas Kaffeehaus kehrte an diesem Tag ebenfalls das Leben zurück. Während der Demonstration war das Lokal geschlossen worden, und am Tag darauf waren die Gäste ausgeblieben. Viele von ihnen glaubten nicht an eine schnelle Wiederherstellung von Ruhe und Ordnung und blieben lieber in ihren Häusern. Doch der gewaltsame Polizeieinsatz und die Massenverhaftungen hatten die Streikenden zermürbt. Sie gingen wieder an die Arbeit, hoffnungsloser als zuvor. Die Vertreter der Staatsmacht jedoch waren durch die scheinbare Ruhe noch nicht besänftigt. Die Verhaftungswelle dauerte an, und auf den Straßen sah man bisweilen mehr berittene Ordnungshüter als Passanten.

Am Vormittag war Nelo zurückgekehrt, übermüdet und enttäuscht. Er hatte Alice in São Mateus nicht angetroffen, die junge Frau war bereits abgereist, bevor er dort eintraf. Zu alledem war der Sohn der Wirtsleute auf der Rückreise auch noch von Straßenräubern überfallen worden. Jetzt saß er niedergeschlagen mit Rogério im Kaffeehaus, und der Freund berichtete von den Ereignissen, die sich während Nelos Abwesenheit zugetragen hatten. Von Juca hatte der Bankangestellte auch von Danilos Verschwinden erfahren. Die dunklen Andeutungen über merkwürdige Vorgänge in Esmeraldas Pension hatte Juca trotz Rogérios Drängen nicht aufgehellt.

Nachdem Rogério zur Bank aufgebrochen war, ging Nelo zu seiner Freundin Carola. Die Frau begrüßte ihn freudig.

„Nelo, endlich! Wir haben Sie alle so vermißt. Doch erzählen Sie, haben Sie Alice zurückgebracht?"

„Nein, ich habe sie gar nicht gefunden. Ich dachte, sie sei wieder in Rio, doch wenn auch Sie nichts von ihr wissen. . ."

Carola versuchte ihn aufzumuntern, doch ihre Bemühungen blieben vergebens. Nur mühsam konnte sie ihm einen Bericht über seine unerfreuliche Reise entlocken. Zuletzt versprach sie ihm, so bald als möglich für ihn zum Pfarrhaus zu gehen.

Dieser Gang wurde der jungen Frau jedoch abgenommen. Nelo hatte das ‚Maison de France' gerade verlassen, da stand Alice in der Tür.
„Heute ist wohl die große Heimkehr der Verschollenen. Wo warst du nur so lange?"
„Was heißt der Verschollenen, Carola? Von wem sprichst du? Du weißt doch, wo ich war."
„Ich spreche von deinem Verehrer, Alice. Nelo ist dir nachgereist, doch er hat dich nicht gefunden, dafür aber die Bekanntschaft einiger Straßenräuber gemacht."
Carola berichtete kurz, was Nelo ihr erzählt hatte. Sie sah, wie die Freundin mit den Tränen kämpfte.
„Warum weinst du denn? Sei doch nicht töricht. Er hat deinen Brief gelesen und ist dir trotzdem gefolgt. Er will dich heiraten . . . Was willst du mehr?"
Die Pfarrersnichte konnte sich nun nicht mehr länger beherrschen.
„Wenn Nelo erfährt, daß ich keine Jungfrau mehr bin, wird er mich verstoßen . . . Alles ist aus, alles ist so schrecklich hoffnungslos. Ich weiß nicht mehr ein noch aus."
„Bitte, Alice, gib doch nicht vorschnell auf. Du mußt Nelo zumindest eine Chance geben. Wer sagt dir, daß er dir nicht verzeihen wird? Beruhige dich doch bitte."
Langsam faßte sich Alice wieder. Carola bot ihr an, sie ins Pfarrhaus zu begleiten, doch die junge Frau versicherte, sie wäre jetzt ruhig genug, um allein zu gehen. Als die junge Frau das ‚Maison de France' verließ, traf sie im Eingang auf Rosália. Der verstörte Gesichtsausdruck der neuen Besucherin verriet Carola, daß etwas Schreckliches geschehen sein mußte.

Rosália hatte über das lange Gespräch mit Ramos die Zeit versäumt. Als sie außer Atem heimkehrte, empfing der Bankier seine Frau mit neugierigen Fragen. Rosália sagte ihm, sie sei bei ihrer Mutter im Modegeschäft gewesen, doch Montserrat glaubte ihr nicht. Entgegen seinen Gewohnheiten verließ er nochmals das Haus, ohne Rosália zu sagen, wohin er wollte. Sofort kam Berenice in die Villa.
„Wie geht es Adriano, Doña Rosália? Ich mach mir solche Sorgen. Wenn Sie wüßten . . ."

„Bitte, Bere, er erholt sich, es wird nicht mehr lange dauern, dann ist er wieder hier. Doch warum weinen Sie denn, es ist doch alles weniger schlimm als befürchtet."

„Schlimmer, viel schlimmer . . . Jedenfalls wenn meine Beobachtungen heute zutreffen sollten."

„Bere, was ist denn? So sprechen Sie doch endlich . . ."

„Heute früh, als Sie in die Pension gingen, ist Ihnen jemand gefolgt, ich bin mir ganz sicher. Seit gestern schon streichen fremde Leute um das Grundstück, und ich bin mir sicher, daß es Polizisten sind. Und eben ist der Patron mit einem dieser Männer in Richtung Innenstadt gegangen . . ."

Rosália erschrak.

„Sie meinen, sie könnten zur Pension unterwegs sein?"

Berenice nickte. Rosália sprang auf und lief zur Tür.

„Ich werde gleich zu Adriano gehen, vielleicht ist es noch nicht zu spät."

Ungeachtet ihrer Erregung entging es Rosália nicht, daß sie abermals beobachtet und verfolgt wurde. Die Gestalt, die ihr in einiger Entfernung nachkam, trug einen weiten Umhang und hatte eine Kapuze über den Kopf gezogen. Größe und Statur ließen Rosália in dem Verfolger eine Frau vermuten. Sie glaubte, daß Paula sich unter dem grauen Winterumhang verbarg. Kurzentschlossen schlug Rosália in der Rua da Ouvidor eine andere Richtung ein und ging direkt zum ‚Maison de France'. Sie berichtete Carola, in welcher Gefahr sich Adriano und Ramos befanden. Carola erklärte ohne Zögern ihre Bereitschaft, an Rosálias Statt in die Pension zu gehen. Rosália wartete unterdessen im Geschäft auf ihre Mutter.

Doch Carola kam zu spät. Mit Entsetzen stellte sie fest, daß die Pension bereits von Polizisten umstellt worden war. Offensichtlich warteten die Uniformierten jedoch auf einen Einsatzbefehl, denn sie machten keinerlei Anstalten, in das Haus einzudringen.

Entschlossen ging Carola nach kurzem Zögern an den Polizisten vorbei ins Haus. Gerade hastete Esmeralda die Treppe hinunter. Sie hatte die Belagerung ihres Hauses ebenfalls bemerkt und gemeinsam mit Ramos den verwundeten Adriano auf die Dachkammer des Hauses gebracht. Anschließend hatte sie Danilos Zimmer in aller Eile aufgeräumt und verdächtige Spuren beseitigt.

„Carola, sind Sie verrückt? Warum kommen Sie hierher, Sie bringen sich in Gefahr. Schnell, gehen Sie!"
„Sind Ramos und Adriano noch hier?"
Esmeralda nickte.
„Kann ich Ihnen helfen?"
„Wie denn? Wir können nur auf das Wunder hoffen, daß die Polizei den Dachboden nicht durchsucht. Gehen Sie doch."
Carola wandte sich resigniert zur Tür.
„Halt, einen Moment, Carola. Vielleicht gibt es doch noch eine Rettung. Gehen Sie zu Padre Ignácio, und sagen Sie ihm, ich wollte meine Sünden beichten. Er soll kommen. Fragen Sie nicht, gehen Sie, rasch. Ich flehe Sie an!"
Im Pfarrhaus traf Carola ebenfalls auf eine äußerst angespannte Atmosphäre. Alice war seit ihrer Rückkehr schweigsam wie nie zuvor, und Marize saß mit verweintem Gesicht auf ihrer Kammer. Sie hatte einen Brief von Danilo erhalten, der ihr mitteilte, er müsse wegen seiner Beteiligung an dem Streik die Stadt unbedingt verlassen. Wann er zurückkehren könne, wisse er selber noch nicht.
Padre Ignácio vernahm besorgt Carolas Bericht. Als sie ihn aufforderte, Esmeralda die Beichte abzunehmen, wunderte sich der Geistliche, denn die Pensionswirtin hatte, soweit er sich erinnern konnte, seit Jahren nicht mehr gebeichtet. Dennoch machte sich der weißhaarige Greis auf den Weg zur Pension. Ein Polizist wollte ihn am Betreten des Hauses hindern, doch als Padre Ignácio den Grund seines Besuches nannte, konnte man ihm den Einlaß unmöglich verweigern.
Esmeralda führte den kleinen Priester die Treppen zum Dachboden hinauf. Von einer Beichte fiel jedoch kein Wort. Schon im Treppenhaus redete sie eindringlich auf Padre Ignácio ein, und der Plan, den sie ihm unterbreitete, erfüllte den Gottesdiener mit Entsetzen. Mit gemischten Gefühlen trat er in die Kammer ein, wo Ramos und Adriano ihn bereits erwarteten. Der junge Arzt lag geschwächt auf einem Bett, war aber bei klarem Bewußtsein.
Eine halbe Stunde später sahen die noch immer wartenden Polizisten, wie Esmeralda den Priester zur Tür hinausführte. Er hatte den Hut tief ins Gesicht gezogen und schien schwach auf den Beinen.
„Dem Padre ist unwohl, ich bringe ihn zurück ins Pfarrhaus",

beschied Esmeralda einen Polizisten, der ihnen mißtrauisch nachsah. Einer plötzlichen Eingebung folgend, setzte der Uniformierte dem ungleichen Paar nach, ergriff den Arm des Padres und bemerkte mit höhnischem Grinsen:
„Mit Ihnen scheint eine wundersame Verjüngung vonstatten gegangen zu sein, Padre!"
Esmeralda erbleichte. Ihr klug ausgetüftelter Rettungsversuch war mißlungen, verzweifelt mußte sie mit ansehen, wie zwei weitere Polizisten hinzutraten und Adriano Handfesseln anlegten. Bevor sie ihren Gefangenen abführten, ließen sie den jungen Mann immerhin Soutane und Hut ablegen, die er der Wirtin stumm in die Hand drückte. Esmeralda sah den Männern lange nach, dann ging sie langsam in ihr Haus zurück. Kurz darauf trat Ramos auf die Straße und ging auf den wachhabenden Polizisten zu: „Sie haben Ihr Ziel erreicht: Derjenige, den Sie suchen, steht vor Ihnen."

Rosália hatte in der Nacht kaum geschlafen. Durch Carola war sie über den Ausgang der polizeilichen Aktion unterrichtet. Die Frau hatte bei Alice auf die Rückkehr des Padre gewartet und wußte so als eine der ersten, daß sowohl Adriano als auch Ramos verhaftet worden waren.
Montserrat verlor über den gesamten Vorfall kein Wort, und Rosália wagte nicht, ihn darauf anzusprechen. So verlief das Frühstück nicht anders als an jedem Morgen. Mit einem Mal trat Adriano zur Tür herein. Noch immer geschwächt, trug er in der rechten Hand seine blutbefleckten Kleider vom Tag der Demonstration und ging grußlos zur Treppe.
„Dr. Adriano, was ist denn mit Ihnen los?" rief Mercedes ihm erschrocken hinterher.
„Fragen Sie Ihren Patron, Mercedes."
Montserrat grinste höhnisch.
„Willst du mich vielleicht dafür verantwortlich machen, wenn man dich auf offener Straße niederschießt? Oder habe ich etwa deinen Freund Ramos verhaftet, diesen gemeingefährlichen Aufwiegler? Ich denke, du solltest für deine Taten einstehen statt Unbeteiligte mit Vorwürfen zu überhäufen."
„Sie wollen mir doch nicht erzählen, daß Sie mit der Verhaftung

nichts zu tun haben, Vater? Auch wenn Sie nicht unmittelbar in Erscheinung getreten sind, zweifle ich doch nicht, daß Sie und Ihre korrupten Freunde das Geschehen aus dem Hintergrund gelenkt haben. Die Demonstration verlief friedlich, bis Ihre Spitzel Prügeleien mit der Polizei provoziert haben."
„Ich dulde deine Unverschämtheiten nicht länger. Du lebst hier unter meinem Dach, und ich lasse mich nicht von dir beleidigen. Nie wieder!"
„Schreien Sie ruhig, das können Sie ohnehin am besten. Doch Ihr Gebrüll verhallt im leeren Raum. Ich höre Ihnen nicht mehr zu. Seit dem Tag, an dem ich von Ihren Schergen angeschossen wurde, weiß ich endgültig, wo mein Platz ist. Sehen Sie die blutverschmierten Kleider hier. Das sind nicht die Kleider eines Montserrat. Ich will mit Ihnen und Ihren Machenschaften nichts mehr zu tun haben. Sie sind nicht länger mein Vater."
Mit diesen Worten warf Adriano den Schlüssel zu seiner Praxis auf den Tisch und sagte:
„Das ist das letzte, was ich Ihnen noch schulde. Ja, lächeln Sie ruhig, aber Sie sollen wissen, daß nicht alles käuflich ist. Nehmen Sie Ihre Praxis. Alles, was ich mitnehme, sind diese Kleider hier. Doch die wollen Sie gewiß nicht zurückhaben. Sie riechen nach Blut und Schmutz, nach dem einfachen Volk, das von Leuten wie Ihnen brutal niedergeknüppelt worden ist."
„Du willst also wieder einmal gehen."
„Diesmal gehe ich für immer. Ich habe meine Lektion gelernt, habe eingesehen, daß man sich mit Verrätern und korrupten Gaunern nicht arrangieren kann, ohne sich selbst mitschuldig zu machen. Wissen Sie, es ist ein großes Unglück, daß ich nicht als Sohn des Mannes geboren wurde, den Sie vernichten wollen. Dann nämlich dürfte ich auf meine Herkunft stolz sein, statt mich ihrer schämen zu müssen."
Rosália, die der Auseinandersetzung schweigend zuhörte, beobachtete, wie Montserrats überlegenes Lächeln bei Adrianos letzten Worten erstarb. Sein Gesicht wurde kalkweiß, er rang nach Luft, doch er brachte kein Wort mehr über die Lippen. Die junge Frau wäre Adriano am liebsten nachgelaufen, denn sie sah, welch große Mühen es ihm bereitete, die Treppe hinaufzusteigen. Nach wenigen

Minuten kam er mit seiner Instrumententasche wieder herunter und verließ wortlos den Raum.
Schließlich machte sich Montserrat auf den Weg in die Bank. Rosália lief aufgeregt zum Gartenhäuschen, und wie sie richtig vermutet hatte, war Adriano noch hier. Er konnte nicht gehen, ohne sich von der Tante und seiner Amme zu verabschieden. Berenice hatte ihn soeben davon überzeugt, die Kranke nicht einfach mit sich zu nehmen, denn noch immer wurde das Haus bewacht.
Rosália ging bewegt auf den Geliebten zu und umarmte ihn.
„Adriano, warte noch. Ich packe nur meine Sachen und komme mit dir. Wir fliehen gemeinsam. Ich möchte für immer an deiner Seite sein."
„Nein, Rosália, noch nicht. Wir dürfen Tante Joana nicht ohne Schutz zurücklassen, und außerdem würde deine Flucht meinen Vater nur noch wütender machen. Wenn er seine Beziehungen spielen läßt, sehen wir Ramos nie wieder."
Dann erzählte er, was nach seiner Verhaftung geschehen war. Im Polizeipräsidium war er gemeinsam mit seinem Freund bis tief in die Nacht verhört worden. Niemand hatte Rücksicht auf seine Verwundung genommen. Dennoch war er seines Namens wegen vergleichsweise zuvorkommend behandelt worden. Ramos hingegen mußte mit dem Schlimmsten rechnen. Wahrscheinlich befand er sich längst in einem Gefängnis außerhalb der Stadt. Was Adriano seiner Geliebten verschwieg: Er hatte versucht, Ramos zu entlasten, indem er sich selbst für den gesuchten Anarchistenarzt auszugeben versucht hatte. Ramos war darüber in Wut geraten; doch die Polizisten hatten dem jungen Mann ohnehin kein Wort geglaubt.
„Ich ziehe erst einmal zu Esmeralda, in dieselbe Kammer, in der du lebtest, ehe dir das bessere Zimmer zugewiesen wurde. Es gibt viel zu tun in den kommenden Tagen und Wochen. Ich bin es Ramos schuldig, auf der Seite seiner Freunde und Genossen mitzukämpfen. Ich bin es auch meiner Selbstachtung schuldig. Zu viel Zeit habe ich schon verloren, weil ich den Verlockungen, mit denen mein Vater mich köderte, nicht widerstehen konnte. Fast hätte ich gar noch auf der Seite seiner Freunde im Ministerium Karriere gemacht. Doch jetzt sehe ich endlich klarer."

Mit einem brennenden Kuß verabschiedete er sich von Rosália und umarmte Berenice.
„Kümmert euch bitte um Tante Joana. Sie braucht euch."

8. KAPITEL

Die Zeitungsverkäufer riefen die Titelschlagzeilen der heutigen Ausgabe aus: Der Streik war offiziell beendet. Selbst die Anführer gaben ihren Widerstand auf. Seit dem Beginn der Ausschreitungen waren zwei Wochen vergangen. Zahlreiche Opfer der Verhaftungswelle blieben bis auf den heutigen Tag verschollen, niemand wußte, wie viele der Vermißten tot oder in Polizeigewahrsam waren. Die Besorgnis der Freunde und Verwandten wuchs von Tag zu Tag. Viele von ihnen wurden jedoch mit der grauenvollen Tatsache konfrontiert, daß der Mann, Vater oder Bruder nie nach Hause zurückkehren würde. Überdies waren Gerüchte im Umlauf, daß die Polizei gnadenlos folterte. Einige der angeblich während der Kämpfe Gefallenen waren, wie Freunde glaubhaft versicherten, noch am Tag nach der Demonstration lebend gesehen worden. Es gab Gründe genug, um Gesundheit und Leben der Verschwundenen besorgt zu sein.
Von Ramos wußte man, daß er sich in Haft befand. Andere, wie Danilo, hatten sich absetzen wollen. Ob der Maler tatsächlich in die unbewohnte Bergwelt des Nordostens oder gar in die Siedlungsgebiete der Indianer entkommen war, wußte niemand. Im Pfarrhaus allerdings fürchtete Marize um das Leben ihres Geliebten. Er hatte ihr in seinem Abschiedsbrief versichert, ihr von unterwegs eine Nachricht zukommen zu lassen. Er wollte in die Gegend des Río Negro, der sich in einem noch unerschlossenen Urwaldgebiet befand. Hätte er ihr jedoch von der letzten bewohnten Siedlung aus geschrieben, dann mußte sie sich seit Tagen im Besitz einer Nachricht befinden.

Am Abend dieses Tages, der für Rio die endgültige Rückkehr zur Normalität versprach, erhielt Padre Ignácio überraschenden Besuch von Manél Barbosa und seinem Sohn Nelo. Die feierliche Miene, die der dicke Wirt aufsetzte, ließ den kleinen Priester schnell den Grund des Besuches erahnen.
„Padre Ignácio, Sie werden sich kaum wundern, wenn ich Ihnen heute eine, wie ich hoffe, auch für Sie freudige Mitteilung mache. Sie wissen, ich bin kein geübter Redner. Deshalb will ich ohne

Umschweife zur Sache kommen: Ich bitte Sie im Namen meines Sohnes um die Hand Ihrer Nichte Alice."
Padre Ignácio wirkte unschlüssig. Gegen den Sohn der Wirtsleute war nichts einzuwenden, doch das seltsame Verhalten, das Alice seit ihrer Rückkehr aus São Mateus an den Tag legte, trieb den Priester zu berechtigten Zweifeln.
„Haben Sie schon mit Alice gesprochen, Nelo?"
„Nein." Der großgewachsene junge Mann lächelte unsicher. „Sie hat mir in den letzten Tagen keine Gelegenheit gegeben, ihr meine Absichten offen zu gestehen. Aber ich weiß, daß sie mich ebenso liebt wie ich sie."
„Verzeihen Sie, Manél, verzeih auch du mir, Nelo, doch ich denke, wir sollten nichts überstürzen. Ich kann und darf meine Zustimmung nicht geben, ohne daß Nelo zuvor mit Alice gesprochen hat."
„Dann warten wir auf sie, sie muß jeden Augenblick aus der Fabrik zurückkommen."
Nelo blieb entschlossen, und so warteten die beiden Barbosas gemeinsam mit Padre Ignácio auf die Rückkehr der Mädchen. Alice erschrak, als sie ihren Verehrer erblickte. Die Anwesenheit Manéls war für sie Indiz genug, mit welchen Absichten Nelo bei dem Onkel erschienen war. Der Priester versuchte ihr den Anlaß des Besuches zu erklären, doch die junge Frau hörte kaum zu. Weinend lief sie auf ihr Zimmer und ließ sich auch durch die Bitten des Padre nicht umstimmen. Resigniert wandte sich der gütige Seelsorger schließlich wieder an seine Gäste. Nelo war kreidebleich. Entrüstet forderte er den Vater zum Gehen auf.

Seit Adrianos Auszug aus der Villa Montserrat nutzte Rosália jede Abwesenheit des Bankiers, um die Wahnsinnige im Gartenhäuschen zu besuchen. Und Joana wurde von Tag zu Tag zugänglicher. Berenice stellte ein wenig neidisch fest, daß Rosália sie im Herzen der Kranken verdrängte. Dennoch freute sie sich über die Fortschritte des Genesungsprozesses.
Die Gelegenheiten zu heimlichen Treffen mit Adriano hingegen waren selten. Montserrat zeigte sich argwöhnischer denn je, und Rosália gelangte mehr und mehr zu der Überzeugung, daß die drei Polizisten, die noch immer das Anwesen des Bankiers bewachten,

keinesfalls nur Joanas wegen engagiert worden waren. So wurde gelegentlich die befreundete Flora aus dem Waisenhaus eingeschaltet, wenn die Liebenden einander Nachricht geben wollten. Und wenn gar keine andere Möglichkeit mehr blieb, übernahm Berenice die Aufgabe, Adriano über die Tante zu unterrichten.
Die Gärtnersfrau hatte den Bankier erneut dabei überrascht, wie er Joana schlug. Montserrat hatte ihr daraufhin gedroht, sie solle es ja nicht wagen, Rosália absurde Geschichten zu erzählen. Doch Berenice hatte nur gelassen erwidert, daß auch andere der jungen Senhora de Montserrat unglaubliche Geschichten erzählen könnten. Auch von diesem Vorfall erzählte Berenice ihrem ehemaligen Pflegekind kein Wort. Sie teilte ein dunkles Geheimnis mit ihrem Herren, das ihr Macht über ihn verlieh, eine Macht, die sie immer häufiger einsetzte, um ihrem Sohn dessen Posten in der Bank zu erhalten. Seitdem Rogério sich um Mariana bemühte, sorgte sich Berenice mehr denn je um seine Zukunft.

Adriano war wieder bei vollen Kräften. Er ließ nichts unversucht, um Hinweise über den Verbleib seines Freundes Ramos zu bekommen. Sogar seinen zukünftigen Schwiegervater Manél Barbosa bat er um Hilfe. Der dicke Wirt hatte gute Kontakte zu den unterschiedlichsten Leuten und versprach, alles zu tun, was in seiner Macht stünde. Große Hoffnungen hegte er jedoch nicht.
„Ein Wirt ist schließlich kein Bankier, Adriano. Ich kenne eigentlich nur einen, der Ramos helfen könnte. Der aber wird sich eher die Zunge abschneiden, als . . ."
„Ja", bestätigte Adriano, „ich befürchte sogar, daß mein Vater nichts unversucht lassen wird, um Ramos' Schicksal negativ zu beeinflussen."
Diese Einschätzung traf zu. Montserrat zog im Hintergrund die Fäden und bewirkte so, daß der anarchistische Arzt in ein berüchtigtes Zuchthaus außerhalb der Stadtmauern verlegt wurde. Als Adriano endlich die Genehmigung in Händen hielt, den Freund im Gefängnis zu besuchen, teilte man ihm an der Pforte nur lakonisch mit, der Häftling sei an diesem Nachmittag in eine andere Anstalt überführt worden.
Resigniert ging Adriano in Ramos' Praxis, die er übernommen

hatte, seitdem sein Gesundheitszustand ihn wieder arbeiten ließ. Wie an jedem Tag, erschien gegen Mittag Carola bei ihm. Auch die Modehausbesitzerin sorgte sich um den Inhaftierten, und sie machte Adriano gegenüber nicht mehr den geringsten Hehl daraus, daß sie Ramos liebte. Doch der junge Arzt konnte sie nur selten aufmuntern, meist war er selbst zu verzweifelt angesichts der Aussichtslosigkeit, dem Gefangenen helfen zu können. Carola waren Gerüchte über Einzelhaft, Folterungen und andere Greueltaten der Polizei zu Ohren gekommen, und Adriano konnte sie in diesem Punkt nicht anlügen: Von Freigelassenen, die als Patienten zu ihm kamen, erfuhr er, daß alle Befürchtungen berechtigt waren.

Carola faßte einen Entschluß. Sie schlich sich eines Morgens unbemerkt von den Wächtern der Villa Montserrat zu Berenice ins Gartenhäuschen. Dort wartete sie, bis der Patron zur Bank aufbrach, dann begab sie sich zu Rosália. Die junge Frau zeigte sich erfreut über den unerwarteten Besuch, sah aber keine Möglichkeit, dem Wunsch der Freundin zu entsprechen: Wie sollte sie ausgerechnet ihren Mann dazu bewegen, sich für den verhaßten Ramos einzusetzen. Doch um die verängstigte Carola zu beruhigen, versprach sie zuletzt, mit Montserrat zu sprechen. Große Hoffnungen konnte sie jedoch weder der Freundin noch sich selber machen.

Am Nachmittag verstrickte sie ihren Ehemann in ein zunächst scheinbar belangloses Gespräch. Auf Umwegen kam sie zu dem Thema des großen Streikes, und als sie sich besorgt über das Schicksal der Inhaftierten äußerte, hatte Montserrat längst erahnt, worauf die ganze Angelegenheit hinauslief.

„Sprichst du als meine Ehefrau, die sich um den Besitz ihres Mannes sorgt? Oder sprichst du als Abgesandte Adrianos und seines Freundes . . . als Komplizin des Anarchisten Ramos? Ich hatte bislang nicht den Eindruck, daß du bei diesen Konflikten auf meiner Seite stehst, auf der Seite von Recht und Gesetz."

„Ich spreche als Ihre Ehefrau, Senhor de Montserrat. Doch da Sie den Namen schon einmal ausgesprochen haben: Meinen Sie nicht selber, daß es eine Forderung der Barmherzigkeit ist, selbst seinen Feinden zu helfen, wenn Sie der Hilfe bedürfen. Und was auch immer zwischen Adriano und Ihnen vorgefallen ist, bleibt er doch Ihr Sohn. Und Ramos ist sein Freund."

„Bitte, Rosália, ich möchte über Ramos kein Wort verlieren. Ich habe dir selber erzählt, was er mir angetan hat, du weißt, es gibt da keine Versöhnung."
Rosália sah ihn bittend an.
„Sie erinnern sich, in welcher Verfassung Sie mir all das erzählt haben? Sie spielten Flöte. Ich kann nicht glauben, daß ein Mann, der das Gefühl für Musik in sich trägt, so hartherzig sein kann. Und außerdem . . . ich bin es, die Sie bittet. Ich, Ihre Ehefrau."
Montserrat schwieg einige Sekunden. Dann sagte er:
„Ehefrau . . . Bist du wirklich meine Ehefrau, Rosália? Bislang hatte ich noch nicht den Eindruck, daß wir hier wie Mann und Frau zusammenleben. Nein, schau mich jetzt nicht so vorwurfsvoll an. Versuche auch einmal mich zu verstehen. Ich bin ein verheirateter Mann, der auf seine Rechte verzichtet. Freiwillig! Aber auch ich werde einmal müde vom Warten, das doch zu keinem Ergebnis führt. Du haßt mich nicht mehr, das weiß ich, du achtest mich sogar ein wenig. Doch wieviel habe ich dafür schon einsetzen müssen? Wieviel habe ich gegeben, ohne je etwas zurückzubekommen?"
Sein Gesicht drückte die Resignation des zurückgewiesenen Liebhabers aus. Rosália erahnte seine Absichten.
„Sie wollen mich dafür bezahlen lassen, daß Sie Ramos helfen? Habe ich das richtig verstanden?"
„Siehst du, wieder beleidigst du mich! Womit habe ich das verdient? Du bittest mich um etwas, dessen Erfüllung mich große Überwindung kostet. Die größte überhaupt. Und ich habe nur darauf hingewiesen, daß du mir seit Monaten vorenthältst, was mir zusteht. Doch lassen wir das, verzeih, daß ich wiederum so schwach war, dir mein Leid zu klagen."
Rosália blieben die Worte im Halse stecken. Sie sah sich aussichtslos in die Enge getrieben, vor Furcht und Ekel wurde ihr übel. Dennoch bezwang sie ihren Abscheu.
„Nein, wir können nicht vergessen, was hier auf dem Spiel steht. Es geht um das Leben des Freundes Ihres Sohnes. Ramos wird die Mißhandlungen im Gefängnis nicht überleben." Sie sah ihren Ehemann entschlossen an, ehe sie fortfuhr: „Also gut! Holen Sie Ramos aus dem Gefängnis, und ich werde meine Pflichten als Ehefrau erfüllen."

Ihr Kopf drohte vor Gluthitze zu zerbersten, als sie das lüsterne Funkeln in Montserrats Augen sah. Es schien, als wollte er keine Sekunde Zeit mehr verlieren, als er kurzentschlossen aufstand, zu Stock und Hut griff und sein Arbeitszimmer verließ. Rosália flüchtete auf ihr Zimmer. Erst dort, unbeobachtet von Mercedes, warf sie sich schluchzend auf ihr Bett. Unzählige Prüfungen des Schicksals hatte sie bis zu diesem Tag mutig bestanden; jetzt aber schwebte ein Verhängnis über ihr, das sie endgültig niederzuwerfen drohte.

Für Leonor Medeiros verliefen die Tage ausgefüllt, die Arbeit mit Carola lenkte sie von allen Sorgen ab. Das Geschäft lief ausgesprochen gut, die ersten Schuldverschreibungen waren schon jetzt, wenige Wochen nach der Eröffnung, getilgt. Seit der Verhaftung des geliebten Arztes zeigte sich Carola freilich wie verwandelt. Die einst so selbstbewußte, durch nichts zu erschütternde Frau lief ziellos durch die Räume, bediente ihre Kundinnen unkonzentriert und bedurfte ständig des Zuspruchs. Für ihre Partnerin war dies eine zusätzliche Herausforderung: Leonor übernahm mehr und mehr die Führung und entwickelte sich zur eigentlichen Chefin des ‚Maison de France'. Die unangenehmen Kleinigkeiten des Alltags konnten sie nicht mehr aus der Bahn werfen. Selbst daß ihre Schwester Catarina sie neuerdings mit einer krankhaften Eifersucht verfolgte, brachte sie nur zum Lächeln. Natürlich war es der attraktiven Frau nicht entgangen, daß ihr Schwager Manél eine schüchterne Leidenschaft für sie gefaßt hatte. Doch abgesehen davon, daß sie ihre Schwester nie hintergangen hätte, wußte sie auch, daß Manéls Gefühle undurchsichtig waren. Seine Frau hatte ihn jahrelang tyrannisiert, womit der dicke Wirt dennoch hatte leben können. Doch die Ereignisse, an denen nicht nur seine geliebte Nichte Rosália, sondern auch Catarina und seine Tochter beteiligt waren, und zwar mit wenig rühmlichen Rollen, hatten Manél die Trostlosigkeit und geistige Leere seiner Ehe erkennen lassen. Die Zuneigung für die schöne Schwägerin erwuchs so zu einem nicht unwesentlichen Teil aus der Enttäuschung über deren Schwester, deren hemmungslose Geldgier immer offener zutage trat. Andererseits ließ Manéls Verliebtheit allmählich wieder nach, nicht zuletzt deshalb, weil Leonor ihm nicht die geringste Ermutigung gab.

Auch andere Probleme bestärkten Leonor in ihrem Kampf um Selbständigkeit: So hatte der Partner ihres Ehemannes sie aufgesucht und das Angebot, das ihr schon Augusto unterbreitet hatte, erneuert. Leonor hatte in den Monaten der Zusammenarbeit mit Carola rasch Einblick in die Notwendigkeiten des Geschäftslebens gewonnen, und so verhielt sie sich Tuffy gegenüber nun weniger ablehnend. Leider war Carola derzeit in einer Verfassung, die ernsthafte Erörterungen dieses Angebotes verhinderten.
Wie gesagt, steigerten all diese Herausforderungen nur Leonors Selbstbewußtsein. Je erfolgreicher sie wurde, desto unbedeutender wurde ihre Verärgerung über Augusto, und ihre Gefühle für ihn wurden allmählich wieder versöhnlicher. An den langen einsamen Abenden aber saß sie stundenlang mit ihrem Dienstmädchen zusammen. Meist legten sie sich Patiencen, und immer häufiger machte Tunica verhaltene Andeutungen, daß sich in ihrem Leben bald wichtige Veränderungen einstellen könnten. Das Verhältnis mit Bodoque hatte sich gefestigt, und Leonor zweifelte nicht, daß Tunica sie in nicht allzuferner Zukunft verlassen würde. Sie freute sich für ihr Dienstmädchen, das schon so lange in ihrem Haus lebte und mit Rosália fast wie eine Schwester aufgewachsen war. Dennoch fürchtete sich Leonor vor dem Tag, an dem sie die Abende völlig allein in ihrem großen Haus verbringen mußte. Wäre Augusto jetzt zu ihr zurückgekehrt, hätte er gewiß größere Milde und Nachsicht erwarten dürfen. Doch er kam nicht.

Auch am folgenden Tag nutzte Carola die erste Gelegenheit, sich zu Adriano zu flüchten. Bei ihm traf sie einen jungen Mann, der aus dem Gefängnis in Niterói entlassen worden war und angeblich Nachrichten von Ramos hatte. Doch der junge Mann wußte nichts. Er erzählte von einem grauhaarigen Arzt, der tags zuvor in ein anderes Gefängnis gebracht worden sei, doch er kannte nicht einmal den Namen dieses Mannes.
Carola weinte hemmungslos, nachdem der Besucher gegangen war. Adriano versuchte sie zu beruhigen.
„Glauben Sie mir, Carola, das alles ist Taktik. Es hat überhaupt nichts zu bedeuten. Ich bin mir sicher, daß sie nicht nur die Inhaftierten quälen, sondern auch deren Freunde und Verwandten.

Wer weiß, von wem dieser arme Teufel geschickt wurde. Er ist sicher irgendein kleiner Arbeiter, der zufällig bei der Demonstration aufgegriffen wurde. Sie haben ihn womöglich zu uns geschickt, um uns mit dunklen Andeutungen über Ramos' Schicksal zu zermürben."

Die Freundin war jedoch nicht zu beruhigen. Und auch Adrianos Verunsicherung wuchs.

„Wissen Sie, Carola, sie machen uns Hoffnung, versprechen uns die baldige Rückkehr unserer Freunde. Sie haben gewiß von den Gerüchten über eine Amnestie gehört. Doch nichts von alledem geschieht. Wie wir warten Tausende in dieser Stadt bangend auf die Heimkehr ihrer Angehörigen. Die aber bleiben aus. Wir aber, die wir eben noch gehofft haben, sind nun um so verzweifelter. Unsere Trauer bringt den Verantwortlichen nicht nur Befriedigung, sondern vergewissert sie überdies, daß wir uns nicht wehren. Sie wissen, daß das ständige Hoffen und Bangen unsere Kräfte zum Widerstand lähmt. Und nichts anderes bezwecken sie."

Plötzlich vernahm Adriano hinter seinem Rücken die vertraute Stimme des Freundes.

„Du hast recht, Adriano, völlig recht. Du lernst schnell, viel schneller als ich, der ich Jahre gebraucht habe."

Carola lief auf Ramos zu und fiel ihm erleichtert um den Hals. Gerührt ließ der Arzt zu, daß sie sein Gesicht mit unzähligen Küssen bedeckte. Endlich ließ sie von ihm ab und betrachtete erschüttert den Heimkehrer. Der Mann wirkte ausgemergelt. Seine Augen zeigten nicht mehr den milden Glanz, der jeden sofort für ihn einnahm. Sein linker Arm hing seltsam kraftlos herab. Wie Adriano später feststellte, hatte man ihm brutal das Schlüsselbein ausgerenkt. Trotzdem wirkte Ramos beherrscht, ja fast zuversichtlich. Bereitwillig beantwortete er die Fragen seiner Freunde, wobei er einiges von dem, was ihm widerfahren war, abwiegelte.

Irgendwann kam Rosália hinzu. Sie hatte wieder einmal ihre Verfolger abschütteln können. Adriano bemerkte die dankbaren Blicke, die Carola ihr zuwarf, doch er konnte sich deren Bedeutung genausowenig erklären wie die offenkundige Melancholie, die sich in Rosálias Freude über die Heimkehr des Arztes mischte. Da er die Verletzung des Freundes sofort behandeln wollte, forderte er die beiden Frauen auf, zu gehen. Zudem ahnte er, daß Ramos ihm einige Details erzählen würde, die er in Gegenwart Rosálias und Carolas nicht auszusprechen wagte.

Das Abendessen in der Villa Montserrat hatte für Rosália den Charakter einer Henkersmahlzeit, denn Montserrat hatte ihr triumphierend bedeutet, daß Ramos' Rückkehr einzig seiner Intervention zu verdanken sei.
„Sie haben Ihren Teil unserer Abmachung geleistet, ich werde Ihnen den meinen nicht länger verweigern."
Montserrat lächelte siegesgewiß und öffnete eine Flasche französischen Rotwein. Die beiden saßen lange zusammen, doch ein Gespräch wollte nicht zustande kommen. Rosália hatte sich in ihr Geschick ergeben. Mit großer Selbstbeherrschung erklärte sie:
„Trinken Sie noch ein Gläschen, ich werde schon hinaufgehen und mich für Ihren Besuch zurechtmachen."
Im Treppenhaus traf sie auf Mercedes, die heimlich an der Tür gelauscht hatte. Die Haushälterin wollte auf Rosália einreden, doch die junge Frau ging geistesabwesend an ihr vorüber.
In ihrem Kopf herrschte große Leere, sie fühlte sich wie in Trance, und es war, als stünde jemand neben ihr und verrichtete an ihrer Statt Bewegungen, die sie wie in einem Spiegel beobachtete. Jetzt sah sie eine junge Frau mit kalkweißem Gesicht, gekleidet in ein dünnes, blütenreines Nachthemd aus feinster Seide. Doch sie konnte den Luftzug nicht spüren, der zum Fenster hereinwehte und den kühlen Stoff sanft an den Körper preßte. Aus der Ferne vernahm sie zwei Stimmen. Eine Frau flehte mit verzweifelter Stimme und ein Mann entgegnete ihr wütend. Dann gab es einen dumpfen Knall: Montserrat hatte seine Haushälterin brutal zu Boden gestoßen. Rosália legte sich langsam auf ihr Bett und starrte zum Fenster hinaus. Im Park herrschte Totenstille, die kühle und doch milde Winterluft dieser Julitage verbreitete eine fast heimelige Atmosphäre in dem Schlafgemach. Jetzt öffnete sich die Tür, Montserrat trat ein. Rosália erhob sich und ging ihm mit gesenktem Haupt entgegen. Er trat auf sie zu und versuchte sie zu umarmen. Er berührte sie, als habe er eine Puppe aus Porzellan in Händen. Jetzt versuchte er sie zu küssen. Rosália spürte seinen heißen Atem

auf ihrem Gesicht und schloß verzweifelt die Augen. Plötzlich riß sie sich los, denn durch das geöffnete Fenster drangen jäh die schrillen Schreie der tobenden Joana herein. Die Kranke erlitt ihren fürchterlichsten Anfall seit Wochen.

„Nein", rief Rosália tonlos aus. „Das ist ja fürchterlich. So lange ich hier in diesem Hause lebe, habe ich noch nie solch furchtbare Schreie gehört."

Montserrats Gesicht verzog sich in einer Mischung aus Enttäuschung und Wut.

„Sie hört sicher gleich auf, ich kenne das. Es gab Zeiten, da hat sie jeden Abend so getobt. Laß uns warten, Berenice wird sie beruhigen."

Doch die Schreie wurden immer schriller. Über den Gang vor Rosálias Schlafzimmer verschwand unterdessen Mercedes im Schlafgemach ihres Patrons. Hastig durchsuchte sie seine Jackentasche, lief dann zu der Kommode mit dem Spiegelaufbau und öffnete die obere Schublade. Verzweifelt suchte sie nach dem Griff, der ihr die Tür zu dem Geheimgang öffnete. Endlich hatte sie Erfolg: Das Möbelstück bewegte sich, und Mercedes verschwand in dem unterirdischen Gang. Als sie endlich am Ende des geheimnisvollen Korridors zwischen Villa und Gartenhäuschen anlangte, war es bereits wieder ruhig, und Mercedes hörte, wie jemand die Treppe herablief. Leise öffnete sie die Geheimtür und vernahm leise Stimmen aus dem Erdgeschoß. Berenice sprach zu ihrem Mann.

„Es ist schon gut, Raimundo. Doch sag, so schlimm war es seit Ewigkeiten nicht mehr. Seit Adriano sie behandelt, habe ich solch einen Anfall nicht mehr erlebt."

Für Mercedes verliefen die folgenden Minuten wie kleine Ewigkeiten. Endlich erlosch das Licht. Die Haushälterin des Bankiers kam aus ihrem Versteck hervor und öffnete vorsichtig die Tür zum Zimmer der wahnsinnigen Joana.

In der Villa wurde das Ende von Joanas Anfall mit gemischten Gefühlen zur Kenntnis genommen. Rosália war hin und her gerissen zwischen Mitleid mit der Kranken und der Hoffnung, daß allein diese Schreie sie noch vor dem Unausweichlichen retten konnten. Montserrat war bereits entschlossen gewesen, zu der Verrückten hinüberzugehen, als die Schreie wieder leiser wurden. Mit größtmöglicher Nachsicht versuchte er, die Stimmung wiederherzustellen, die ihn kurz zuvor dem Ziel seiner Wünsche nahegebracht hatte. Rosália zitterte, doch ihr Widerstand gegen seine Zärtlichkeiten ließ nach. Wieder versuchte er sie zu küssen, doch sie entzog sich ihm und ging zu Bett. Zögernd folgte er ihr, seine Augen glänzten wie im Fieberwahn und sein Körper brannte heiß vor Verlangen. Er legte sich neben sie und streichelte ihr zart über das Gesicht. Langsam tastete sich seine Hand zum Nachthemd vor. Behutsam versuchte er, einige Knöpfe zu öffnen. Rosália lag unbeweglich und teilnahmslos, sie hatte die Augen geschlossen und ihr Gesicht wirkte maskenhaft versteinert. Doch Montserrat nahm dies alles nicht mehr wahr. Er war kurz davor, alles zu erreichen, worauf er so lange vergebens gewartet hatte.

Plötzlich wurde die Tür aufgerissen, und Montserrat spürte, wie ihn eine schwache Hand von Rosália fortzureißen versuchte. Eine schrille Stimme rief:

„Verrat! Verrat!"

Rosália glaubte zu träumen. Doch was soeben in ihrem Zimmer vorging, war zu real, als daß sie zweifeln konnte. Sie sah, wie der stattliche Bankier mit einer Frau rang, die versuchte, ihn von ihrem Bett wegzuzerren.

„Doña Joana?" rief Rosália ungläubig. Dann sprang sie auf und stürzte zur Tür hinaus. Mit wehendem Nachthemd rannte sie an Mercedes vorüber die Treppe herab und lief durch die kalte Winternacht zum Gartenhaus. Doch Berenice kam ihr schon im Park entgegen, und gemeinsam liefen beide zur Villa zurück. Rosália verharrte in der Halle, bis Berenice kurz darauf mit Joana nach unten kam. Mercedes beobachtete die Szene vom Treppengeländer aus. Sie wartete, bis Berenice mit der Verrückten verschwunden war, dann warf sie vorsichtig einen Blick in Rosálias Schlafzimmer. Dort saß Montserrat auf dem Bett und liebkoste den Nachtmantel seiner Frau.

Rosália verbrachte diese Nacht im Gartenhäuschen bei Berenice. Sie schlief nicht, und als der Morgen graute, zog sie sich die Kleider über, die die Gärtnersfrau noch in der Nacht aus der Villa geholt hatte, und eilte zu Ramos' Praxis. Diesmal folgte ihr niemand, die

Wachen waren kurz zuvor auf Montserrats Befehl hin abgezogen worden.
Bei einer Tasse Kaffee erzählte sie Ramos und Adriano von dem neuerlichen Anfall der Irren. Adriano war ratlos.
„Ist denn etwas Besonderes vorgefallen? Völlig grundlos kann eine Krise, wie du sie beschrieben hast, nicht ausgelöst werden."
Rosália schwieg betroffen. Wie sollte sie ihrem Geliebten die mögliche Ursache des furchtbaren Anfalls der Tante erklären? Schließlich sagte sie leise:
„Nein, nichts, von dem ich wüßte."
Adriano verfiel in nachdenkliches Schweigen. Ramos jedoch registrierte das angespannte Bemühen der jungen Frau, schnellstmöglich das Thema zu wechseln.
„Vielleicht ist es besser, wenn ich euch allein lasse. Es ist schon hell, ich glaube, ein Spaziergang wird mir guttun."
Rosália sah ihn dankbar an. Sie ahnte, daß sein plötzlicher Aufbruch nicht nur dazu diente, die beiden Liebenden ungestört zu lassen. Was er jedoch wirklich vorhatte, erriet auch sie nicht.
Der Arzt schlug die Richtung zur Villa Montserrat ein. Er sorgte sich um Joana und zerbrach sich den Kopf über Rosálias seltsames Verhalten. Sie hatte gelogen. Doch was war wirklich vorgefallen?
Mercedes wollte den ungebetenen Gast nicht einlassen, doch Ramos schob sie rüde beiseite. Montserrat trat aus seinem Arbeitszimmer und wollte sich gerade ereifern, doch Ramos kam ihm zuvor:
„Nein, Sie halten jetzt den Mund, Montserrat. Ich weiß nicht, was geschehen ist, aber die Zeit ist reif: Ich werde Joana aus ihrem Gefängnis befreien."
Montserrat lachte höhnisch auf und sagte:
„Ach, Sie wollen Joana befreien. Sehr interessant! Was bilden Sie sich eigentlich ein? Sie sind unfähig, sich aus Ihrem eigenen Verlies zu befreien und maßen sich an, eine Verwandte aus meinem Haus entführen zu wollen. Haben Sie eigentlich eine Ahnung, weshalb Sie überhaupt hier vor mir stehen können . . . ohne Handfesseln? Wissen Sie, wer Sie befreit hat? Ich, und niemand sonst."
Ramos zuckte zusammen.
„Was für eine absurde Lügengeschichte haben Sie sich ausgedacht? Sie wollen mich befreit haben? Ausgerechnet Sie, der mich haßt?"

„Ja, ich hasse Sie. Und ginge es nach mir, würden Sie noch immer in einem dreckigen Loch dahinvegetieren. Niemand würde Sie vermissen. Und doch habe ich Sie gerettet. Meine Frau hat mich darum gebeten, und für meine Familie tue ich alles."
„Ich glaube Ihnen kein Wort."
„Das ist mir egal. Doch wenn Sie Ihr Gedächtnis anstrengen, werden Sie sich erinnern, daß auch Barbara von mir alles bekam, was sie wollte, solange sie mir treu blieb. Und auch Rosália werde ich nie eine Bitte abschlagen, selbst diese nicht. Und jetzt verschwinden Sie endlich . . ."
„Wenn das wirklich stimmt, wäre ich lieber im Gefängnis verreckt. Aber Sie lügen, nie in Ihrem dreckigen Leben haben Sie die Wahrheit gesprochen."
Er spuckte angewidert aus und ließ Montserrat stehen, der ihn jedoch nur überheblich angrinste. Diese Häme ging Ramos nicht aus dem Sinn. Als er vor dem Haus ankam, in dem sich seine Praxis befand, zögerte er hinaufzugehen. So wartete er, bis Rosália das Haus verließ. Die junge Frau war verwundert:
„Wir haben Ewigkeiten auf Sie gewartet, Dr. Ramos. Ihre Diskretion ist ja sehr freundlich, doch Sie dürfen nicht derart übertreiben, daß wir uns zuletzt um Sie sorgen. Gehen Sie hinauf, Adriano ist schon völlig durcheinander."
„Nein, Rosália, ich muß mit Ihnen sprechen, allein. Kommen Sie, wir gehen ins Kaffeehaus."
Das Lokal der Barbosas war zu dieser frühen Stunde noch menschenleer. Lediglich Bodoque stand hinter der Theke, und von Rosálias Verwandten war glücklicherweise niemand zu sehen.
„Rosália, Sie müssen mir jetzt erzählen, was heute nacht geschehen ist. Lügen Sie nicht, ich habe eine fürchterliche Ahnung. Ich war eben bei Montserrat, und er behauptet, er hätte sich Ihretwegen für meine Freilassung eingesetzt."
Rosália wollte sich herausreden, doch Ramos sagte:
„Nein, Lügen helfen uns nicht weiter. Ich kenne Montserrat seit meiner Jugend, und irgend etwas sagt mir, daß er vorhin nicht gelogen hat. Doch er hat nie etwas für andere getan, ohne eine Gegenleistung zu verlangen. Ich habe eine schreckliche Befürchtung, aber ich muß es aus Ihrem Munde hören. Bitte . . ."

Schließlich sah Rosália ein, daß Ausreden ihr nichts nutzten. Stokkend berichtete sie Ramos alles, was seit Carolas Besuch in der Villa Montserrat vorgefallen war. Ramos war erschüttert.
„Mein Gott, was wäre ohne die arme Joana geschehen? Wie konnten Sie nur so etwas tun? Ich weiß nicht, wie ich Ihnen das je danken kann . . . Sie haben mich gerettet. Und doch . . . Der Preis ist zu hoch. Sie hätten sich nicht für mich opfern dürfen, kein Preis der Welt rechtfertigt es, daß Sie sich diesem Hund ausliefern."
„Ihr Leben ist wertvoller, Dr. Ramos. Außerdem ist ja noch einmal alles abgewendet worden."
„Ja, doch wenn Joana nicht gewesen wäre? Was wäre aus Adriano geworden? Was aus eurem Glück?"
„Es war ein Handel. Er hat seinen Teil erfüllt, ich mußte den meinen erfüllen. Ich konnte Sie nicht Ihrem Schicksal überlassen . . ."
„Für ihn war es ein Kinderspiel, mich aus dem Gefängnis zu holen. Sie aber, Sie hätten Ihr Leben ein für allemal zerstört. Und alles nur für mich . . . Nein, das durfte nicht sein und es darf nicht sein."
Rosália schluchzte leise.
„Wenn Adriano das nicht verstehen würde, könnte ich ihn ohnehin nicht mehr lieben."
„Die Gefahr ist nicht abgewendet, Rosália. Sie dürfen um keinen Preis zu Montserrat zurück. Sie sind ihm schutzlos ausgeliefert. Jetzt, wo Sie einmal Ihre Zustimmung gegeben haben, wird er seine Rechte unverzüglich einfordern."
„Nein, Dr. Ramos, ich muß zurück. Wir dürfen nicht so rücksichtslos sein, Doña Joana ohne Beistand zu lassen. Das grausige Geschehen der letzten Nacht hat noch eine andere Seite. Es gibt Geheimnisse in der Villa Montserrat, die uns alle betreffen, auch mich. Die Kranke hat, wie Sie selber sagen, seit Wochen nicht mehr so getobt wie gestern nacht. Sie wissen dafür genausowenig eine Erklärung wie ich . . . Jedenfalls behaupten Sie das. Also muß ich versuchen, dem Geheimnis auf die Spur zu kommen. Ich habe ein Recht zu erfahren, weshalb Joana mich zu schützen versucht hat. Und ich werde eine Erklärung dafür finden."
Der Arzt wollte widersprechen, doch Rosálias Gesicht drückte eine Entschlossenheit aus, die ihn verstummen ließ. Sie bemerkte sein

Zögern, sah, daß er etwas sagen wollte, das er doch nicht über die Lippen brachte. Jetzt kam Paula zur Hintertür herein. Um einer Auseinandersetzung aus dem Weg zu gehen, erhob sich Rosália. Ramos ergriff ihre Hand. „Sie versprechen mir doch . . ."
„Ja, Ramos, ich verspreche Ihnen, daß ich mich wehren werde. Sie sollten aber einmal darüber nachdenken, ob es nicht sinnvoll ist, endlich alles zu erzählen, was Sie wissen . . ."

9. KAPITEL

Marize sorgte sich noch immer um ihren geliebten Danilo. Für sie stand außer Frage, daß sein Fluchtversuch gescheitert war. Padre Ignácio zog Erkundigungen in allen Gefängnissen des Bezirkes ein, doch von dem Zeichner der Flugblätter wußte niemand. Ein inneres Gefühl ließ das Mädchen ahnen, daß Danilo schwere Leiden ertragen mußte.

Kurz nach der unerwarteten Heimkehr Ramos' wurde der kleine Priester mitten in der Nacht aus dem Bett geholt. Ein Mann lag im Sterben, der Priester mußte ihm die Absolution erteilen. Völlig übernächtigt kam der kleine Mann bei Tagesanbruch schließlich heim. In der Rua da Ouvidor beobachtete er einen Mann, der den Bürgersteig entlangtorkelte. Padre Ignácio vermutete einen betrunkenen Nachtschwärmer, doch erschienen ihm die Bewegungen des Mannes unbeholfener als die eines Angetrunkenen. Jetzt klammerte sich der Schwankende mühsam an einen der Laternenpfähle. Das Licht war bereits erloschen, und Padre Ignácio rieb sich ungläubig die Augen. Er glaubte den Mann zu kennen. Vorsichtig trat er auf die Gestalt zu und erkannte Danilo. Die Kleidung des Malers war verschmutzt, sein Gesicht ausgemergelt und unrasiert. Danilos Augen wirkten seltsam matt, und es hatte nicht den Anschein, daß er den Priester erkannte.

„Danilo, mein Gott, da sind Sie ja endlich. Wo waren Sie nur? Wir haben uns große Sorgen um Sie gemacht."

Der Maler lächelte, er hatte die Stimme erkannt.

„Padre Ignácio?"

Er tat einige Schritte in Richtung der Stimme und hätte fast den kleinen Alten umgerannt. Doch Padre Ignácio wich aus und konnte den Stolpernden gerade noch auffangen. Des Priesters fürchterliche Vermutung bestätigte sich: Der Maler war erblindet, er lebte in völliger Dunkelheit. Der Geistliche zweifelte nicht, daß dies eine Folge der Folter war.

„Mein Gott, was haben sie nur mit Ihnen gemacht? Kommen Sie mit, Danilo, Sie müssen erst einmal essen."

Padre Ignácio führte den jungen Mann, der sich immer noch

bemühte, seine Hilflosigkeit zu verbergen, ins Pfarrhaus. Alice war bereits aufgestanden und bereitete dem Onkel das Frühstück. Sie erschrak zutiefst, als sie den ausgezehrten Mann erkannte.
„Jesus, was ist denn mit Ihnen, Danilo?"
Der Maler bemühte sich, die Fröhlichkeit an den Tag zu legen, die früher ein Teil seiner Persönlichkeit gewesen war, doch es blieb nur bei einem traurigen Versuch. Nervös bereitete Alice auch ihm ein Frühstück. Sie wußte, jeden Augenblick würden die Schwestern aufstehen, und sie fürchtete um Marize.
Danilo aß mit großem Appetit, man sah, daß er seit Wochen nicht mehr richtig satt geworden war. Jedoch hatte er sich auf seine Blindheit noch nicht einstellen können, und so bereitete ihm das Essen große Probleme. Padre Ignácio saß betroffen neben ihm und versuchte, ein möglichst unverfängliches Gespräch anzuknüpfen.
„Es ist schon gut, Padre, Sie haben längst bemerkt, daß ich nichts mehr sehe. Sie müssen keine übertriebene Rücksicht mehr nehmen. Doch ich bin Ihnen dankbar, daß Sie mich nicht nach dem Gefängnis fragen."
Dann wandte er sich lächelnd in die Richtung, in der er Alice vermutete.
„Verzeihen Sie meine Tolpatschigkeit, Alice, ich benehme mich ärger als Rogério. Treffen wir eine Abmachung: Sie tun, als bemerkten Sie meine Ungeschicktheit nicht, und ich überhöre dafür, daß Sie meinetwegen weinen."
Alice wollte gerade etwas erwidern, als plötzlich Marinez in die Küche trat. Sie erkannte den Maler und rief laut nach ihrer Schwester, worauf Marize sogleich aus der Kammer gelaufen kam. Das Mädchen rief Danilos Namen aus und wollte ihm um den Hals fallen. Der Maler erhob sich, verlor jedoch das Gleichgewicht und wäre um ein Haar gestürzt. Auch Marize erkannte sein Unglück sofort.
„Danilo, haben sie dich so mißhandelt. Oh Gott, siehst du mich gar nicht mehr?"
Nun war sie bei ihm, und hilflos tastend legte er seinen Arm um das jetzt bitterlich weinende Mädchen.
„Ich sehe dich nicht, doch ich höre und fühle dich. Du weißt gar nicht, wie sehr ich mich nach dir gesehnt habe."

Marize wollte ihn ausfragen, doch er wehrte ab.
„Ich will jetzt nicht darüber sprechen. Noch nicht."
Alice forderte unterdessen Mariana und Marinez auf, sich zu beeilen.
„Los, los! Marize bleibt hier, wir aber müssen jetzt in die Fabrik."
Danilo protestierte.
„Nein, Alice, nehmen Sie auch Marize mit. Ich will erst einmal in die Pension gehen."
Marize bot sich an, ihn zu begleiten, doch Danilo lehnte ab.
„Bitte laßt mich allein gehen, ich muß mich an die Finsternis gewöhnen. Ich weiß, wo ich bin, und die Erinnerung wird mir helfen, mich zurechtzufinden."
Immerhin gestand er den Mädchen zu, daß sie ihn noch auf die Straße führten. Auf dem Weg zur Fabrik drehte Marize sich immer wieder um, bis sie den Maler zuletzt aus den Augen verlor. Danilo tastete sich unterdessen an den Hauswänden entlang zur Rua da Ouvidor.
Esmeralda sah ihren Mieter schon von weitem kommen. Seine unbeholfenen Bewegungen ließen die Wirtin zunächst glauben, er sei betrunken. Sie ging ihm entgegen, doch als sie seinen ins Leere starrenden Blick sah, erkannte auch sie das Unheil. Die Pensionswirtin rief Adriano zu Hilfe. Der junge Arzt begrüßte seinen Freund und registrierte mit Entsetzen dessen Erblindung.
„Wir werden dich nachher gemeinsam untersuchen, Ramos und ich. Vielleicht ist ja noch nicht alles verloren. Doch du mußt dich erst einmal schlafen legen, du bist ja noch ganz entkräftet. Weißt du, das beste ist, ich bringe dich erst einmal auf meine Dachkammer. Dann sehen wir weiter."
Als Adriano kurz darauf wieder allein in der Eingangshalle erschien, sah Esmeralda ihn betrübt an.
„Was soll nur werden?"
„Ich weiß es nicht", erwiderte Adriano seufzend. „Er verfügt über eine große Willenskraft, das läßt uns hoffen. Doch wenn sein Augenlicht nicht mehr zu retten sein sollte, wird es ihn härter treffen als jeden anderen. Ein blinder Maler . . . Mein Gott, diese Schweine."
Nachmittags führten Ramos und Adriano die Untersuchung durch.

Das Resultat war niederschmetternd, keiner der beiden Ärzte sah auch nur die geringste Chance, den jungen Mann zu heilen. Danilo nahm diese schreckliche Nachricht überraschend gefaßt hin. Er war wieder zu Kräften gekommen und erzählte jetzt auch von den Foltern im Gefängnis. Ramos bemerkte, wie Danilo bei diesen Erzählungen einige Male die Fäuste ballte; der junge Mann hatte sich kerzengerade aufgerichtet und sprach mit einer Schärfe, die man früher nie an ihm erlebt hatte. ‚Er wird sich nicht damit abfinden', dachte Ramos, ‚er wird kämpfen. Sie haben einen Romantiker verstümmelt, und doch ist ihnen damit ein nur noch stärkerer Gegner erwachsen, ein wirklicher Revolutionär.'

Montserrat versuchte seit Tagen vergeblich, sein Recht bei Rosália einzuklagen. Die junge Frau täuschte bald Unpäßlichkeit vor, bald wies sie auf Doña Joana hin. Der Bankier wurde ungeduldig, sah aber auch, daß er mit Gewalt nichts erreichen würde. So ersann er eine List. Das Wetter war für die Jahreszeit ausgesprochen mild, und so schlug er seiner Frau vor, für einige Tage in sein Landhaus vor den Toren der Stadt zu ziehen.

Rosália sah keine Möglichkeit, dieses Angebot abzuschlagen. Sie fühlte sich einerseits an ihr Wort gebunden, andererseits wollte sie trotzdem nichts unversucht lassen, ihrem Schicksal zu entgehen. Der Hinweis auf Joana setzte zudem noch einen anderen Gedanken frei: Während Montserrats Abwesenheit konnten Adriano und Ramos die Kranke gefahrlos besuchen. Außerdem hatte sie in gewisser Hinsicht in Mercedes eine Verbündete gefunden. Die Haushälterin hoffte weiterhin auf das Wunder, ihren Francisco eines Tages doch für sich zu gewinnen; daher griff Rosália einen Plan der Frau freudig auf.

Kurz nachdem Rosália und Montserrat abgereist waren, lief Mercedes zu Padre Ignácio und berichtete ihm, der Patron habe alle Waisenhauskinder zu einem Landaufenthalt eingeladen. Der Priester wunderte sich längst nicht mehr über die merkwürdige Verwandlung des Bankiers und eilte sogleich zum Waisenhaus. Und so erhielten Montserrat und seine Ehefrau, kaum daß sie sich in dem kleinen Landhäuschen eingerichtet hatten, Besuch von Flora und einer Horde ausgelassen herumtobender Kinder.

Ramos und Adriano indes nutzten Montserrats Abwesenheit tatsächlich, um mit ihren Nachforschungen voranzukommen. Der Plan jedoch, den Ramos ausgeheckt hatte, führte zunächst zu einem heftigen Streit zwischen den Freunden. Ramos hatte beim Schachspiel versucht, Padre Ignácio über den Tod der Mutter Adrianos auszuhorchen. Der Priester mußte seinem Freund eingestehen, daß er selber nicht mehr wußte als das, was Montserrat ihm seinerzeit mitgeteilt hatte. Angeblich sei Barbara an den Folgen eines Schädelbruches gestorben. Der Arzt, der die Diagnose gestellt hatte, war bereits seit Jahren tot. Die genauen Begleitumstände des Todes waren demnach nicht mehr zu ermitteln.
Ramos unterbreitete nun dem Freund den abenteuerlichen Vorschlag, noch während Montserrats Abwesenheit das Grab Barbaras zu öffnen und die Überreste der Leiche zu untersuchen. Ein Schädelbruch müßte sich auch heute noch feststellen lassen.
„Ramos, sind Sie wahnsinnig geworden? Weshalb wollen Sie die letzte Ruhe meiner Mutter stören?"
„Adriano, bitte beruhige dich. Ich weiß selber nicht genau, was uns erwartet, aber ich habe den fürchterlichen Verdacht, daß Barbara auf andere Weise ums Leben gekommen ist. Und dann . . ."
Er stockte, es bereitete ihm Mühe, seinen Verdacht zu präzisieren. Adriano durfte nichts von Rosálias Aufopferung für Ramos wissen. Der Bericht der jungen Frau über die nächtlichen Vorfälle, die Tatsache, daß Joana den Bankier daran gehindert hatte, die Ehe mit Rosália zu vollziehen, ließ für Ramos nur eine Schlußfolgerung zu: Die Irre kämpfte um die Rechte ihrer Schwester Barbara.
„Weißt du, deine Mutter und Joana hatten ein sehr enges Verhältnis. Bevor ich Barbara kennenlernte, waren die beiden unzertrennlich. Wie so oft bei Zwillingen, herrschte zwischen den beiden eine seltsame Übereinstimmung in ihrem Denken und Handeln . . ."
Adriano horchte auf.
„Sie haben mir nie erzählt, daß Joana und Barbara Zwillingsschwestern waren."
„Ich dachte, das wüßtest du. Wie dem auch sei, meine Überlegung . . . Es fällt mir schwer, es dir zu erklären. Rosália hat mir einige Dinge von jenem fürchterlichen Abend des letzten Anfalls erzählt, die wir dir eigentlich verschweigen wollten. Montserrat

hat . . . ja, er hat an jenem Abend gewaltsam versucht, seine Rechte als Ehemann einzufordern. Nein, bleib ruhig . . ."
Adriano wollte wütend aufspringen, doch Ramos fuhr fort.
„Es ist nichts geschehen . . . Joanas wegen. Sie hat eingegriffen und Rosália vor Montserrats Zudringlichkeiten in Schutz genommen. Und das gibt mir zu denken. Was, wenn sie infolge einer uns auch nur schwer nachvollziehbaren Ahnung nicht nur Rosália, sondern zudem die Rechte ihrer Schwester schützen wollte."
Adriano war viel zu entrüstet über Montserrats versuchten Angriff auf Rosálias Unschuld, um die Abenteuerlichkeit dieser Ideen und Vermutungen recht fassen zu können. Ramos sah selber ein, wie abwegig seine Überlegungen im Grunde waren, insbesondere aus medizinischer Sicht. Ihn trieb jedoch die vage Hoffnung, seinem Feind den Mord an seiner ersten Ehefrau nachweisen zu können.
Der Hinweis auf die Ereignisse im Schlafzimmer seiner Geliebten ließ Adrianos Haß auf seinen Vater übermächtig werden. Ungeachtet der Tatsache, daß er die Ideen des Freundes für aberwitzig hielt, stimmte er nun der Graböffnung zu und überredete zudem Raimundo zur Mittäterschaft. Der Gärtner reagierte entsetzt, doch Adriano gab nicht auf, bis Raimundo nicht nur seine Hilfe zusagte, sondern zudem versprach, seiner Frau kein Sterbenswörtchen von der nächtlichen Aktion zu erzählen.

Die Natur kam den drei Männern zu Hilfe. Es war Vollmond, als sie nach Mitternacht begannen, das Grab Doña Barbaras auszuheben. Raimundo kam trotz der Kälte arg ins Schwitzen, und Ramos löste ihn zwischenzeitlich beim Schaufeln ab. Adriano stand mit klopfendem Herzen da und tat nichts. In seinem Kopf wirbelte es, er konnte keinen klaren Gedanken fassen. Zuweilen ertappte er sich selber bei dem Wunsch, daß der Nachweis für ein Verbrechen erbracht werden möge. Der letzte Funken Gefühl für seinen Vater war erloschen. Dennoch dachte er, daß es unrecht war, seine Mutter zu exhumieren. Der Gedanke an das, was er gleich zu sehen bekommen sollte, bereitete ihm Grauen. Als Ramos ihm zurief, er solle mit anfassen, da der Sarg jetzt freigelegt sei, überlief den jungen Mann ein eisiger Schauer. Ramos stemmte die eine Seite des Sarges hoch, damit Adriano zugreifen konnte. Schließlich stand der arg verwitterte

Sarg neben der Graböffnung. Adriano wandte sich rasch zur Seite, als die beiden Männer gewaltsam den Deckel aufbrachen. Der Verschluß war sehr verrostet, es bedurfte großer Anstrengungen, bis sich das Oberteil unter lautem Knarren endlich hob. Fast gleichzeitig schrien Raimundo wie Ramos entsetzt auf. Adriano wandte sich um und sah, wie die beiden Männer fassungslos in den Sarg starrten. Zögernd trat er näher und blickte ins Innere: Nichts war da zu sehen, der Sarg seiner Mutter war leer.

Nach kurzen Beratungen beschlossen die Männer, alles Weitere im Gartenhäuschen zu besprechen. Daß Berenice auf diese Weise alles erfahren würde, war ihnen gleich. Diese Entdeckung war zu unglaublich, als daß sie zu bedachtem Handeln fähig gewesen wären. So beförderten sie zwar den leeren Sarg in das Loch zurück; vergaßen aber das Grab zu schließen.
Berenice hörte ungläubig mit an, was geschehen war. Sie drängte Raimundo, das Grab wieder zuzuschütten, doch der Gärtner wollte der Besprechung zwischen Ramos und Adriano beiwohnen. Als er jedoch später daran ging, die Spuren der Grabschändung zu beseitigen, war es schon zu spät: Mercedes war wie immer bei Tagesanbruch aufgestanden, und da ihr Fenster zum hinteren Teil des Parks führte, hatte sie schon beim morgendlichen Lüften ihrer Kammer entdeckt, was draußen vorgefallen war. Rasch hatte sie sich aus dem Haus gestohlen und in der Stadt eine Kutsche genommen, die sie zum Landsitz des Patrons brachte.
Ramos überraschte Adriano unterdessen mit immer abenteuerlicheren Theorien. Der leere Sarg war für ihn Beweis für eine unglaubliche Geschichte: Die Frau, die er einst so sehr geliebt hatte, lebte noch. Doch Adriano schüttelte erschrocken den Kopf.
„Sie verrennen sich, Ramos. Meine Mutter ist tot, so lange ich mich zurückerinnern kann, ist sie tot . . . Lassen Sie ihr die letzte Ruhe."
„Und das leere Grab? Nein, Adriano, das ist der sicherste Beweis dafür, daß Barbara lebt. Deswegen haben wir ihre sterblichen Überreste nicht gefunden. Was meinst du, Bere, sag doch auch einmal deine Meinung."
Die Gärtnersfrau saß kreidebleich neben ihrem Mann, der ihr tröstend über den Handrücken streichelte. Sie schluckte, als wollte

sie reden, doch sie brachte kein Wort über die Lippen. Es dämmerte bereits, als Ramos und Adriano sich verabschiedeten.
Die beiden Ärzte gingen durch die noch menschenleeren Straßen. Ramos insistierte von Minute zu Minute entschiedener auf seine Theorie. Plötzlich kam Adriano ein Gedanke.
„Wenn Ihre Theorie wirklich stimmt, wissen Sie, was das bedeutet? Denken Sie nach . . . Dann können wir meinen Vater der Bigamie anklagen, die Ehe mit Rosália wäre dann null und nichtig. Verstehen Sie?"

Ramos legte sich für eine Stunde nieder, doch Adriano war viel zu aufgeregt, um jetzt schlafen zu können. Ohne Rücksicht auf die frühe Stunde suchte er Padre Ignácio auf. Der Priester war bereits wach, seine Nichten schickten sich gerade an, zur Arbeit aufzubrechen.
„Was führt dich zu mir, jetzt, noch halb in der Nacht? Willst du beichten?"
„Nein, Padre, ich muß mit Ihnen über den Tod meiner Mutter sprechen. Sie waren doch damals schon der Seelsorger unserer Familie, Sie haben doch gewiß an ihrem Sarg für ihr Seelenheil gebetet."
„Ja, doch weshalb rührst du diese Geschichten jetzt wieder auf, nach bald dreißig Jahren? Es waren traurige Zeiten, deine Mutter war noch so jung . . . Und so schön, so lebensfroh. Dann dieses schreckliche Unglück. Und dein Vater . . ."
„Was war mit ihm?" Adriano bedrängte den Priester stürmisch. Seine Augen flackerten wild. „Sprechen Sie, erzählen Sie alles, was Sie wissen."
„Er war so verzweifelt. Stundenlang schloß er sich mit seiner toten Ehefrau in seinem Zimmer ein, niemanden wollte er zu sich lassen. Er wurde fast wahnsinnig vor Schmerz und Trauer. Zwei Tage dauerte es, bis er mich endlich hereinließ. Zwei ganze Tage mußte ich warten, bis ich für sie beten konnte. Ich fürchtete, er könnte sich etwas antun."
Adriano stutzte.
„Zwei Tage? Zwei Tage ohne Beerdigung sind eine lange Zeit. Das ist äußerst ungewöhnlich."

„Mein Sohn, was ist bei solch einem frühen Tod schon normal? Allein Gott weiß, weshalb das alles geschehen mußte. Doch was hast du nur? Du bist ja völlig außer dir."
„Haben Sie sie gesehen? Wurde sie aufgebahrt? Ich meine, danach? Wie sah die Leiche meiner Mutter aus?"
„Ich verstehe diese Aufregung nicht, Adriano. Weshalb sollte ich sie gesehen haben? Nein, der Sarg war längst versiegelt. Du als Arzt wirst am besten wissen, warum."
„Sie haben also an einem verschlossenen Sarg gebetet?"
Padre Ignácio nickte. Mit besorgter Miene sah er abermals dieses wilde Funkeln in Adrianos Augen. Der ganze Auftritt machte ihm angst, er verstand nicht, was der junge Mann von ihm wollte. Doch ehe er nachfragen konnte, war Adriano bereits aufgestanden und verabschiedete sich.
„Danke, Padre, Sie haben mir ungemein geholfen. Alles, was ich wissen mußte, weiß ich nun. Nochmals vielen Dank."

Carola und Leonor saßen in Manéls Kaffeehaus, vertieft in ein schwieriges Gespräch. Seit einigen Tagen herrschte zwischen den beiden Partnerinnen eine gespannte Atmosphäre, ohne daß Carola recht verstand, weshalb sich Leonor ihr gegenüber so reserviert verhielt. Ein Gespräch mit Rosália, kurz vor deren Aufbruch in den Wochenendaufenthalt auf dem Land, hatte ihr Aufschluß gegeben: Leonor war eifersüchtig, sie verdächtigte Carola, ihren Mann zu becircen. Tatsächlich war es in den zurückliegenden Tagen zu mehreren Zusammentreffen zwischen Augusto und Carola gekommen. Unter dem Vorwand, über die Zusammenlegung der beiden Geschäfte sprechen zu wollen, hatte Augusto die junge Frau mehrmals ins Kaffeehaus eingeladen. Carola hatte bemerkt, daß der Fabrikant ihr auf geckenhafte Weise den Hof machte. Sie ahnte aber auch, daß hinter seinen Avancen im Grunde nur die Absicht steckte, Leonor eifersüchtig zu machen. Ohne zu bedenken, wie leicht sie die Zusammenarbeit mit Leonor dadurch gefährden konnte, hatte sich Carola auf das Spiel eingelassen.
Augustos Rechnung ging auf. Bodoque hatte die vertraulichen Gespräche der beiden beobachtet, und wen wunderte es, daß wenig später Tunica und damit auch Leonor von dem vermeintlichen

Betrug Carolas erfuhren. Tunica hatte auch mit Rosália darüber gesprochen, die jedoch nicht an diese Geschichte glaubte.
Durch Tunicas Verdächtigungen alarmiert, hatte Leonor heimlich eines der Treffen zwischen Carola und ihrem Mann beobachtet. Sie hatte nicht hören können, was die beiden miteinander verhandelten, aber die Art und Weise, wie Augusto die junge Frau ansah, sein charmantes Lächeln und seine übertrieben höflichen Gesten ließen Leonor das Schlimmste befürchten.
Am Tag darauf hatte Leonor ihre Partnerin dann zur Rede gestellt. Carola lachte sie aus.
„Jetzt weiß ich endlich, weshalb du seit Tagen diese grimmige Miene aufsetzt, wenn du mich siehst."
„Ich sehe keinen Grund für deine Heiterkeit, Carola. Du scheinst wirklich zu vergessen, daß Augusto noch immer mein Mann ist, auch wenn wir nicht zusammenleben."
„Aber Leonor, du glaubst doch nicht . . ."
„Was ich glaube, ist gleichgültig, mir genügt, was ich gesehen habe. Ihr habt herumgeturtelt wie ein frisch verliebtes Pärchen."
Carola fuhr betroffen zusammen.
„Du bist eifersüchtig, Leonor? Auf mich? Wie dumm! Glaub mir, ich habe schon bemerkt, daß dein Mann mit mir zu flirten versucht. Aber ich kenne die Männer. Er will dich eifersüchtig machen, und außerdem . . . Was meinst du, weshalb er sich ständig im Kaffeehaus mit mir verabredet? Wenn es wirklich etwas zu verbergen gäbe, wüßte ich kaum einen ungeeigneteren Ort als das Lokal deiner geschwätzigen Schwester. Nein, dein Argwohn ist völlig unbegründet."
Diese Argumente wirkten. Doch Carola war mit ihren Erläuterungen noch nicht am Ende.
„Auch glaube ich, daß Augusto deinen Schwager reizen will. Du hast mir selbst erzählt, daß er den armen Manél verdächtigt, ein Verhältnis mit dir zu haben. Und im übrigen . . ." Sie lächelte verschmitzt. „Im übrigen ist es auch mir nicht unlieb, wenn meine Treffen mit deinem Mann sich herumsprechen . . . zu gewissen Leuten jedenfalls."
Leonor lächelte. Die unglückliche Leidenschaft, die Carola für Dr. Ramos gefaßt hatte, war ihr nicht verborgen geblieben. Die Beweis-

führung der Freundin war überzeugend. Carola unterbreitete ihrer Partnerin noch einen Vorschlag, und dieser Plan war der Anlaß, daß sie an diesem Nachmittag im Lokal der Barbosas saßen.
Als Augusto, der mit Carola verabredet war, seine Frau am Tisch der Bekannten erblickte, wäre er am liebsten gleich in der Tür umgekehrt. Doch die beiden Frauen hatten ihn bereits bemerkt. Die Art der Begrüßung verriet ihm, daß Leonor von seinem baldigen Eintreffen wußte. Irritiert nahm er am Tisch Platz. Carola sagte:
„Ich dachte schon, Sie würden mich versetzen, Don Augusto. Sie sind ein wenig spät."
„Verzeihen Sie, Carola, auch du, Leonor."
Leonor lächelte ihn milde an.
„Bei mir mußt du dich nicht entschuldigen. Ich habe Carola nur noch ein wenig Gesellschaft geleistet. Jetzt kann ich euch ja allein lassen."
Sie griff zu ihrem Hut und betrachtete sich in dem kleinen Handspiegel, den sie aus ihrer Tasche zog.
„Du bist schön genug", meinte Carola. Und herausfordernd wandte sie sich an Augusto: „Meinen Sie nicht auch, daß Ihre Frau entzükkend aussieht?"
„Aber ja . . .", sagte Augusto lahm und schaute ungläubig auf seine Frau. „Doch warum gehst du schon?"
„Termine, Augusto, wichtige Termine!"
Damit ließ sie Carola mit dem verwirrten Augusto zurück.
„Was ist mit Ihnen, Don Augusto? Sie sind ja ganz weiß im Gesicht. Ist Ihnen nicht gut?"
„Nein . . . Äh, doch natürlich. Ich verstehe das nur nicht. Wohin geht sie denn?"
„Sie hat eine Verabredung, doch ich weiß nicht, mit wem. Ist das denn so wichtig? Alles erzählt sie mir schließlich auch nicht. Jede Frau hat halt ihre Geheimnisse."
Der Fabrikant gab sich nicht einmal mehr Mühe, seine Eifersucht zu verbergen. Er lief rot an und verabschiedete sich überhastet von Carola, die ihm belustigt nachschaute: Das Spielchen war noch besser gelaufen, als die beiden Frauen es sich ausgemalt hatten.

Montserrat brach den ohnehin verdorbenen Landaufenthalt sofort ab, als Mercedes erschien und berichtete, was in der Nacht vorgefallen war. Er erzählte Rosália von einem geschäftlichen Problem und forderte sie auf, mit den Kindern im Landhäuschen zu bleiben. Auf der Fahrt nach Rio warf er Mercedes vor, nicht ihrer Pflicht gemäß aufgepaßt zu haben. Die Haushälterin verteidigte sich kaum, denn dieses unerhörte Ereignis verdrängte bei Montserrat offensichtlich die Überlegung, sie der Mittäterschaft am Auftauchen der Kinder im Landhaus zu beschuldigen. Das furchtbare Donnerwetter, mit dem sie gerechnet hatte, drohte andere zu treffen. Der Bankier zweifelte keine Sekunde, wer hinter der ganzen Angelegenheit steckte: Ramos und Adriano. Und Raimundo war zweifelsfrei ein Mitverschworener, denn nie hätten die beiden anderen ohne seine Mithilfe das Grab öffnen können.

Raimundo hatte jedoch ganze Arbeit geleistet. Montserrat kehrte zurück, lief sofort zu der Grabstätte und mußte erkennen, daß ihm jeder Beweis für den Frevel fehlte. Alles sah aus wie immer, und da um diese Jahreszeit kaum Blumen blühten, sondern das Grab mit Hecken und Sträuchern gegen die häufigen Regenfälle im Spätwinter geschützt war, war es sinnlos, Raimundo auch nur zur Rede zu stellen. Aussage stand gegen Aussage. Dennoch glaubte der Bankier seiner Haushälterin. Sie intrigierte, wo sie nur konnte, doch das Ziel ihrer Listen bestand einzig darin, den Ehevollzug zu verhindern. Das hatte sie durch die Waisenhauskinder bereits erreicht, weshalb sollte sie also diese abenteuerliche Geschichte erfinden?

Am nächsten Tag kam auch Rosália zurück. Montserrat verlor kein Wort mehr über seine fluchtartige Abreise, und auch Mercedes wollte nicht verraten, weshalb sie Montserrat in die Stadt zurückgeholt hatte.

Unter dem Vorwand, ihre Mutter besuchen zu wollen, versuchte sich Rosália davonzustehlen. Montserrat schöpfte jedoch Verdacht und bot ihr an, sie in seiner Kalesche zum Haus Leonors zu bringen. Rosália blieb nichts übrig, als das großzügige Angebot anzunehmen. Immerhin konnte sie ihren Ehemann davon abbringen, seiner Schwiegermutter die Aufwartung zu machen.

So saß Rosália statt Adriano ihrer Mutter gegenüber. Leonor hatte immerhin amüsante Geschichten von ihrem eifersüchtigen Gatten zu erzählen, der ihr am Tag zuvor heimlich gefolgt war und ein vermeintlich ehebrecherisches Treffen mit einem Geschäftspartner Leonors beobachtet hatte. Sein Wutausbruch, nachdem er Leonor nach Stunden nervösen Wartens aufgelauert hatte, war ihr der untrüglichste Beweis dafür, daß er sie noch immer liebte. Doch es gab auch weniger lustige Neuigkeiten.

„Paula ist seit zwei Tagen verschwunden, Manél hat es mir heute morgen erst erzählt. Catarina verfolgt ihn wie eine Furie, er mußte sich heimlich in unser Geschäft schleichen."

Rosália war besorgt. Das Verschwinden der tückischen Cousine hatte mit Gewißheit nichts Gutes zu bedeuten. Doch Leonor wußte nicht mehr, als Manél ihr berichtet hatte.

„Sie wollte zu Verwandten nach Petropolis. Manél bestand darauf, daß Bodoque sie begleitet, doch sie ist ihm unterwegs entwischt. Der arme Kerl kam schließlich allein zurück und fürchtete um seine Stellung. Was mich nur wundert: Catarina hat angeblich nicht einmal seine Entlassung gefordert!"

„Das ist wirklich ungewöhnlich. Ich fürchte, Paula führt irgendeine Teufelei im Schilde, und Tante Catarina ist ihr Mephisto."

Bei Anbruch der Dämmerung verabschiedete sich Rosália von ihrer Mutter. Auf der Straße überlegte sie kurz, ob sie bei Ramos' hereinschauen sollte, doch eine innere Stimme sagte ihr, daß Montserrat sie beobachtete oder beobachten ließ. Sie achtete auf jedes verdächtige Geräusch, und schon nach wenigen Metern zweifelte sie nicht mehr, daß ihr jemand folgte. Plötzlich lief sie los, bog in eine Seitenstraße ab und kauerte sich rasch in eine Hausecke. Sekunden später stürmte ihr Verfolger an ihr vorbei. Rosália rief ihn zurück:

„Laufen Sie doch nicht so schnell, Juca. Ich bin hier. Es ist wirklich sehr aufmerksam, daß mein Mann Sie geschickt hat, um mich nach Hause zu begleiten."

Erst am dritten Tag nach ihrer Rückkehr vom Landaufenthalt gelang es Rosália, unbemerkt zur Praxis zu gelangen. Adriano war nicht da. Doch Ramos hatte eine Neuigkeit: Es gab sichere Indizien dafür, daß Montserrats Eingreifen nicht zu seiner Freilassung geführt hatte. Genossen hatten sich bei ihm gemeldet, die allesamt am selben Tag wie er entlassen worden waren. Und auch die Zeitungen bestätigten die Gerüchte von einer allgemeinen Amnestie.

„Es gibt also keinen Grund mehr, daß Sie sich Ihrem Mann gegenüber verpflichtet fühlen, Rosália", schloß der Arzt seinen Bericht. Rosália seufzte erleichtert auf. Dann berichtete sie Ramos von ihren letzten Besuchen bei Joana.

„Ich habe manchmal das Gefühl, daß sie völlig bei Sinnen ist, zumindest vorübergehend. Sie spricht noch immer nicht mit mir, antwortet auf keine Frage. Doch ihre Augen verraten, daß sie alles versteht. Wir müssen Geduld haben, es kann nicht mehr lange dauern, bis sie uns vielleicht freiwillig Auskunft über ihr Schicksal gibt. Möglicherweise schweigt sie nur noch aus Furcht vor Montserrat. Wenn es uns doch gelänge, sie dort wegzuholen."

Ramos schüttelte den Kopf.

„Es sieht nicht gut aus. Carola war mit dem Advokaten da Silva bei Richter Nelson, dem verantwortlichen Justitiar für Vormundschaftsfragen. Solange kein sicherer Beweis vorliegt, daß Carola Joanas Tochter ist, hat eine Klage nicht die geringste Aussicht auf Erfolg. Wir drehen uns im Kreis: Ohne Joana können wir die Verwandtschaftsbeziehung zwischen Carola und ihr nicht beweisen. Und ohne sie aus ihrem Verlies zu befreien, können wir sie nicht zum Sprechen bringen. Doch vielleicht haben Sie größeren Erfolg bei ihr. Adriano und ich sind letztlich doch gescheitert, aus welchen Gründen auch immer. Sie dürfen jetzt nicht aufgeben."

Rosália wollte sich verabschieden, doch Ramos rief sie noch einmal zurück.

„Nehmen Sie diese Grammophonplatte mit, es ist eine Arie aus Richard Wagners ‚Tristan und Isolde'. Barbara liebte diese Musik über alles, und es könnte durchaus sein, daß ihre Schwester diese Vorliebe teilt. Wenn Sie Ihr Fenster öffnen und dafür sorgen, daß auch das Fenster der Kranken geöffnet ist, müßte Joana die Musik eigentlich hören. Vielleicht setzt dies Erinnerungen frei."

Ramos verschwieg seiner jungen Freundin allerdings ein kleines Detail: Er und Barbara hatten diese Musik vor Jahren oft gemeinsam gehört, es war ihr Lied.

Abends überreichte Rosália ihrem Mann die Platte als Geschenk. Der Bankier schöpfte keinen Verdacht, sondern schien über das angesichts seiner Absichten äußerst verfängliche Präsent ehrlich erfreut. Er öffnete abermals eine Flasche seines besten Weins und lauschte mit Rosália der Musik des deutschen Komponisten. Durch das offene Fenster strömte milde Luft zum Fenster herein, in diesem Jahr kündigte sich der Frühling früher als üblich an. Als Rosália die Platte ein zweites Mal abspielen wollte, stimmte Montserrat noch erfreut zu. Beim dritten Mal allerdings reagierte er schon gereizt, und als Rosália eine weitere Wiederholung wünschte, sprang er wütend auf und riß die Grammophongabel zurück.

„Es reicht, Rosália, du mußt mich nicht für dumm verkaufen. Deine Ausreden sind unerträglich, heute schützt du Müdigkeit, morgen Unpäßlichkeit vor. Und nun versuchst du gar, mich mit ständiger Wiederholung dieser Musik hinzuhalten, mich betrunken zu machen mit dem schweren Wein . . . Und alles nur, damit du meinen Wünschen, ja meinen berechtigten Forderungen nicht nachgeben mußt. Einmal ganz zu schweigen von dem Überfall der Waisenhauskinder, den du gemeinsam mit Mercedes inszeniert hast. Was mich jedoch am meisten bei alledem stört, ist deine mangelnde Aufrichtigkeit. Daß du mich immer wieder zurückweist, verletzt mich tief, aber daß du mich wie einen Schwachsinnigen glaubst übertölpeln zu können, setzt deinem Verhalten die Krone auf. Wann wirst du endlich deine Schulden bei mir abtragen, wann?"

Die letzten Worte sprach er mit unbändiger Wut aus, er schien nicht länger gewillt, Rücksicht zu nehmen. Rosália erwiderte:

„Ich bin Ihnen nichts schuldig, fast hätte ich sogar für etwas bezahlt, ohne eine Gegenleistung dafür zu bekommen. Ja, schauen Sie ruhig verwundert, ich habe Ihre Sprache gelernt. Ich lasse mich auf Ihre Denkweise ein. Kurz, Sie haben Ramos nicht aus dem Gefängnis befreit, sondern er ist wie alle übrigen Inhaftierten am Tag der allgemeinen Amnestie freigelassen worden."

„So, meinst du das wirklich? Ich könnte dir leicht das Gegenteil beweisen. Nie und nimmer hätte man Ramos freigelassen, er war einer der schlimmsten Aufrührer. Man hätte ihn unweigerlich vor Gericht gestellt."

Er ging auf die Tür seines Arbeitszimmers zu, hielt jedoch auf halbem Wege inne.

„Nein, wozu soll ich dir schriftlich belegen, daß ich Ramos aus dem

Gefängnis geholfen habe? Ich bin es leid, daß du mir nicht glaubst, daß du eher Anarchisten und Verbrechern als deinem eigenen Ehemann vertraust. Im übrigen ist das nicht das erste Mal, daß ich diese Erfahrung mache. Was immer ich auch tue, ich bin der Bösewicht. Mein Sohn verläßt mich und zieht zu meinem größten Feind, als Lohn dafür, daß ich ihm die bestmögliche Ausbildung bezahlt und ihm eine neue Praxis eingerichtet habe. Du verschmähst mich, zum Dank dafür, daß ich dich hier aufnahm, als alle Welt mit Steinen nach dir warf. Und doch bin ich der kleinliche, nachtragende Übeltäter, der immer nur verlangt, ohne je etwas dafür zu geben. Nein, Rosália, irgendwann breche auch ich einmal unter der Last dieser Ungerechtigkeiten zusammen."

Ohne ihr ein Wort der Erwiderung zu ermöglichen, ging er mit schweren Schritten zur Tür hinaus und zog sich auf sein Schlafzimmer zurück. Rosália blieb nachdenklich zurück. Sie konnte den Grund seiner Verbitterung verstehen, und in gewisser Hinsicht fühlte sie sich mitschuldig an seinem Unglück. Doch wie sollte sie sich aus diesem Dilemma befreien? Montserrat, den sie immer wieder vor den Kopf stieß und der allen Grund hatte, sie zu hassen, behandelte sie trotzdem mit Achtung und Zärtlichkeit. Er erfüllte jeden ihrer Wünsche, er verwöhnte sie. In gewisser Hinsicht war dieses Verhalten für sie schwerer zu ertragen, als wenn er Gewalt angewendet hätte.

Im Kaffeehaus bereitete man einen Ausflug an den Strand von Copacabana vor. Die letzten Wintertage waren außergewöhnlich milde, die Sonne brannte mittags heiß vom Himmel, und die Vegetation wucherte bereits üppig. Der Vorschlag zu dem Ausflug stammte von den Pfarrersnichten, insbesondere Marize ließ nichts unversucht, ihren Danilo aufzuheitern. Nelo sah dem Zusammentreffen skeptisch entgegen, denn seit seinem gescheiterten Heiratsantrag hatte er vergeblich versucht, Alice zu einem klärenden Gespräch zu überreden. Auch die junge Frau fürchtete sich vor dem doch unausweichlichen Gespräch, das eines Tages geführt werden mußte. Sie ahnte, daß ihr Geliebter sie verlassen würde, sobald er alles von ihrer Vergangenheit wüßte. Doch er würde gewiß auch irgendwann aufhören, sie zu lieben, wenn sie sich ihm nicht erklärte

und sich weiterhin in ihr Schneckenhaus zurückzog. Was immer sie auch unternehmen würde, ihre Lage war aussichtslos.
Danilo ließ sich von Esmeralda zum Strand bringen. Das Kaffeehaus mied er noch immer. Er konnte nicht ertragen, die Stimmen seiner Freunde und die Musik Bodoques zu hören, ohne sie zu sehen. Sein Lebenswille war ungebrochen, doch die Erinnerungen an die glücklichen Zeiten quälten ihn.
Marize bangte, ob Danilo überhaupt erscheinen würde. Endlich sah sie ihn langsam den Strand herunterkommen. Barfuß stürmte sie durch den von der Sonne erhitzten Sand auf ihren Freund zu. Sie spürte nicht, wie ihr die Füße brannten, sie hatte nur den einen Wunsch, endlich einmal ungestört mit dem Maler zu sprechen. Doch Danilo wehrte ihre Zärtlichkeiten ab.
„Bitte, Marize, ich bin nicht mehr der, den du kennen und lieben gelernt hast. Schau mich doch an, ich kann meine Kunst nicht mehr ausüben, ich bin ein Krüppel."
Marize ergriff seine Hände und sagte:
„Du kannst nicht mehr malen, doch du bleibst dennoch ein Künstler. Und was wichtiger ist: Du lebst. Wenn du wüßtest, wie sehr ich mich gesorgt habe, als du Woche für Woche nichts von dir hast hören lassen. Keine Nacht konnte ich schlafen, ich dachte, ich würde dich nie mehr sehen."
Abermals fiel sie ihm um den Hals und küßte ihn zärtlich. Seine Abwehr ließ nach, und auf seinen Lippen zeichnete sich ein zaghaftes Lächeln ab. Nur das Leuchten seiner Augen sollte Marize nie wieder erblicken.
„Ich liebe dich, Danilo. Von jetzt an werde ich für dich sehen, dir dein Augenlicht ersetzen. Du brauchst nur etwas Zeit. Hab Vertrauen zu mir, ich werde dir helfen."
Jetzt führte sie ihn zu den anderen. Seine Freunde waren ein wenig verunsichert und wußten nicht, wie sie sich verhalten sollten. Der Maler nahm ihnen die Befangenheit, indem er mit ihnen scherzte, so als hätten sie sich gestern erst im Lokal der Barbosas gesehen und als sei nichts Außergewöhnliches mit ihm geschehen. Er neckte den unbeholfenen Rogério, dem, wie das allgemeine Gelächter verriet, wieder ein Mißgeschick unterlaufen war. Und wollte von Bodoque wissen, ob er seine kleine Truhe ebenfalls mit an den Strand

gebracht hätte. Allmählich wurde die Stimmung ausgelassener, und hätte man die Gruppe der jungen Leute gesehen, wäre niemand auf den Gedanken verfallen, daß einem von ihnen ein grauenvolles Schicksal widerfahren war.
Nelo versuchte immer wieder, Alice beiseite zu locken, doch die junge Frau fand stets neue Vorwände, seinem Wunsch, mit ihr allein zu sein, nicht nachzugeben. Als sich die Freunde am späten Nachmittag zur Heimkehr rüsteten, war Nelo um keinen Deut schlauer als zuvor.

Rosália ging an diesem Nachmittag vom Waisenhaus direkt zu Ramos. Sie traf Adriano mit dem Freund in einem ernsten Gespräch an. Die beiden Männer berieten die nächsten Schritte, um Montserrat wegen des leeren Sarges vor Gericht zu bringen. Sie hatten beantragt, das Grab offiziell öffnen zu lassen, doch wie lange es dauern würde, bis eine Entscheidung fiele, war ungewiß. Rosália hörte erst jetzt von dem Verdacht, die erste Senhora de Montserrat könne noch leben. Entsetzt vernahm sie den Bericht von der versuchten heimlichen Exhumierung. Ramos bemerkte, daß Adrianos Hinweis auf die daraus folgende Nichtigkeit der zweiten Ehe des Bankiers auf Rosália eher bedrückend wirkte. Unter einem Vorwand ließ er die beiden Liebenden allein. Endlich fand Rosália Gelegenheit, Adriano ihre Schuldgefühle seinem Vater gegenüber einzugestehen. Der junge Mann reagierte unwirsch.
„Hat er es wieder einmal geschafft? Rosália, sei nicht töricht. Unzählige Male hat er mich auf ähnliche Weise geködert. Er flößt anderen Menschen Schuldgefühle ein oder er besticht sie mit Geschenken. Nichts von alledem geschieht ohne Hintergedanken. Er ist kalt und berechnend, glaube mir!"
„Sei nicht ungerecht, Adriano. Ich verstehe dich nicht, du bist schrecklich verbittert . . . So habe ich dich selten gesehen."
„Was wundert es dich? Wenn unsere Vermutungen zutreffen, dann hat mir dein Ehemann über zwanzig und mehr Jahre hin die Mutter vorenthalten. Sie lebt irgendwo, eingesperrt, versteckt . . . Wer weiß? Soll ich da noch Mitleid haben mit diesem Teufel?"
„Das sind doch alles nur Vermutungen."
„Und der leere Sarg? Weißt du dafür eine Erklärung? Nein, Rosália,

es gibt wahrlich keinen Grund, auf Montserrat auch nur die geringste Rücksicht zu nehmen. Wir werden ihn für seine Verbrechen vor Gericht bringen."
Rosália erschrak, aus Adrianos Worten sprach unerbittlicher Haß. Aber sie mußte ihm zugestehen, daß die Geschichte in der Tat mysteriös war.

Montserrat kehrte zur üblichen Stunde aus seiner Bank zurück. Er ging sofort auf Rosálias Zimmer, doch seine Frau war nicht da. Verärgert kleidete er sich um und legte sich für einige Minuten nieder.
Mehr als eine halbe Stunde verging, doch Rosália kam noch immer nicht. Auch von Mercedes war nichts zu erfahren, die Haushälterin schlief. Montserrat erhob sich nachdenklich und ging die Treppe hinunter. Plötzlich fuhr er zusammen: Sein Blick fiel auf die Wand zwischen Eßsalon und Arbeitszimmer. Er wollte seinen Augen nicht trauen. An der Wand hing ein großes Ölgemälde, das seine erste Ehefrau darstellte: eine schwarzhaarige Schönheit in der Blüte ihrer Jugend, in einem weißen Kleid und mit dem kostbaren Perlencollier geschmückt, das er ihr zur Verlobung geschenkt hatte. Das Bild hatte früher an eben dieser Stelle seinen festen Platz gehabt, doch nach dem Tod der Senhora de Montserrat war es auf eine Dachkammer verbannt worden. Seit Jahren hatte Montserrat es nicht mehr gesehen. Wie kam es jetzt hierher? Minuten verstrichen, ehe er sich von seinem Schreck erholte. Dann schritt er entschlossen zur Tür hinaus, lief hastig durch den Park und rannte im Gartenhäuschen die Treppe zur Mansarde Joanas hinauf. Als er die Tür öffnete, blieb er wie angewurzelt im Rahmen stehen. Vor ihm saß Joana, gekleidet wie Doña Barbara auf dem Gemälde, selbst das Collier fehlte nicht. Es gab nur einen Unterschied: Die Züge dieser Frau waren verhärmt und das Haar fiel ihr zerzaust ins Gesicht.
Der Bankier starrte wie gebannt auf die Erscheinung vor ihm. Es war ihm unmöglich, zu reagieren oder gar zu sprechen. Jetzt fiel im Erdgeschoß die Tür ins Schloß. Nach kurzem Zögern drehte er dem Schreckgespenst aus der Vergangenheit den Rücken und ging hinunter zu Berenice. Seine Stimme bebte, als er sagte:
„Bere, hast du das Bild drüben aufgehängt?"

„Bild? . . . Wovon sprechen Sie? Ich verstehe nicht, was Sie meinen."
„Schon gut, vergiß, was ich gesagt habe."
Damit war er bereits wieder in den Park entschwunden. Berenice ging zu der Kranken, die noch immer wie Doña Barbara gekleidet war. Sie stand jetzt vor dem Spiegel und betrachtete ihr eigenes Erscheinungsbild. Lächelnd wandte sie sich an ihre Pflegerin:
„Nun, wie hat er auf das Bild reagiert? Ist alles gut gegangen? Oder hat er etwas gemerkt?"
„Ich habe das Bild gerade wieder abgehangen, Doña Joana. Doch erklären Sie mir endlich, was das soll."
„Wie hat Francisco reagiert, Bere?"
„Ich habe ihn nicht dabei beobachten können. Doch er wird genauso entsetzt gewesen sein wie eben bei Ihrem Anblick. Aber sagen Sie mir endlich, was Sie damit bezwecken. Haben Sie denn gar keine Angst? Wenn er wieder zu sich kommt, wird er Sie schlagen."
Die Irre, die auf wundersame Weise von einem Tag auf den anderen geheilt zu sein schien, lächelte.
„Ach Bere, du hättest ihn eben sehen sollen. Der mächtige Francisco, wie er dastand . . . Wie das Kaninchen, das hypnotisiert wartet, von der Schlange verschlungen zu werden. Du wirst mir doch weiterhin helfen, Bere, nicht wahr?"
„Doña Joana, bedenken Sie, wie gefährlich Ihr Verhalten ist. Wer wird Sie beschützen, wenn er sich von seinem Schrecken erst einmal erholt hat?"
„Ach Bere, wenn er mich töten wollte, hätte er das längst getan . . . vor Jahren schon. Nein, ich glaube, er hat es nicht getan, weil er die ganzen Jahre darauf gewartet hat, daß ich zu ihm zurückkehren würde. Er wird mir nichts antun, und ich werde ihn mit den Waffen bekämpfen, gegen die er machtlos ist. Es gibt Dinge, die er heute noch begehrt. Damit werde ich ihn bezwingen. Glaube mir. Außerdem tue ich das alles nicht für mich, sondern für Adriano. Du liebst ihn doch wie deinen eigenen Sohn. Deshalb wirst du mir weiterhin helfen."

10. KAPITEL

Catarina Barbosa belauschte aus der kleinen Kammer hinter der Theke des Kaffeehauses ein Gespräch, das der Kellner Bodoque mit Manél führte.
„Aber wenn ich es Ihnen doch sage, Patron, Tunica hat es mir erzählt. Doña Leonor klagte über Liebeskummer. Sie traut sich nicht, ihre Gefühle einzugestehen."
„Und was hat das mit mir zu tun? Was redest du da nur für einen Unsinn, Bodoque?"
„Aber bedenken Sie doch, Don Manél, von wem sonst als von Ihnen könnte die Rede sein? Der Mann, den Doña Leonor liebt, steht ihr sehr nahe, wie Tunica sagt."
Catarina drohte vor Eifersucht zu platzen. Doch sie verhielt sich still, um Manéls Reaktion abzuwarten. Der Wirt kämpfte mit seinen Gefühlen. Einerseits erwachte die Liebe zu seiner Schwägerin von neuem, andererseits fügte sich diese überraschende Erklärung nicht im geringsten mit Leonors Verhalten zusammen. Bodoque saß ihm wissend lächend gegenüber, doch der Patron war über die Eröffnung seines Angestellten wenig erfreut.
„Weißt du, Bodoque, die ganze Geschichte kommt mir mehr als merkwürdig vor. Ich mache mir um Leonor große Sorgen, und ich will auch gar nicht bestreiten, daß mir meine Schwägerin sehr am Herzen liegt. Aber was du mir da erzählst, kann und will ich nicht glauben. Sei vorsichtig mit deiner vorlauten Zunge, damit du nicht einen großen Schaden anrichtest, der durch nichts wiedergutzumachen ist."
Die Wirtin verharrte noch einige Sekunden in der Kammer, und als sie hörte, wie Bodoque begann, das Lokal aufzuräumen, kam sie endlich aus ihrem Versteck hervor. Die beiden Männer indes schöpften nicht den geringsten Verdacht.
Kaum eine Stunde war seit diesem belauschten Gespräch vergangen, da stand Paula in der Tür. Catarina lief der verlorenen Tochter freudig entgegen, doch Manél geriet in Wut.
„Willst du mir vielleicht erklären, was dein Verschwinden zu bedeuten hatte? Weshalb geben wir dir Bodoque zu deiner Beglei-

tung und zu deinem Schutz mit, wenn du ihn bei der erstbesten Gelegenheit abschüttelst? Und weshalb läßt du uns von unterwegs nicht einmal eine Nachricht zukommen?"
Überzeugt, in der Mutter eine Fürsprecherin zu haben, erwiderte Paula schnippisch:
„Die Idee, mir den Tölpel Bodoque mitzugeben, stammte ausschließlich von Ihnen, Vater. Ich aber wollte meine Verwandten besuchen, und sah und sehe keinen Grund, mir mein Vergnügen durch einen Bediensteten verderben zu lassen."
„Deine Mutter hat sich um dich gesorgt . . ."
„Nichts hat sie", fuhr Catarina dazwischen. „Alles, was zählt, ist, daß unser Paulinchen gesund zurück ist. Wenn ich mir Sorgen mache, dann gewiß nicht um unser Kind. Da gibt es weiß Gott andere Dinge, die mich quälen."
Manél zuckte zusammen, wagte aber nicht, eine Aufklärung dieser sibyllinischen Andeutung zu verlangen. Paula sah ihre Mutter fragend an.
„Was bedrückt Sie, Mama?"
„Ach, nichts von Bedeutung, Kind. Ich freue mich, daß du wieder da bist. Ohne dich bin ich richtig verloren in diesem Haus. Doch komm, laß uns nach oben gehen. Wir müssen deinen Koffer auspacken, und dann mußt du mir alles erzählen, was du erlebt hast."
Mit diesen Worten zog sie ihre Tochter mit sich und verschwand mit ihr durch die Hinterkammer in die Wohnung der Familie. Manél blickte hilfesuchend zu Bodoque, der jedoch tat, als hätte er die gesamte Szene nicht mitbekommen.

Montserrat befand sich seit seinem Erlebnis mit Joana in großer Verwirrung. Und er erlebte immer neue, immer unglaublichere Überraschungen. Als er abends sein Zimmer betrat und sich auskleiden wollte, sah er auf seinem Bett ein dunkles Kleidungsstück ausgebreitet. Er trat näher und erkannte, daß es sich um eine feingearbeitete schwarze Korsage handelte. Für einen Augenblick glaubte er an einen bösen Streich Rosálias. Zögernd nahm er das Dessous in die Hand und prüfte es nachdenklich. Nein, die Frau, der dieses Kleidungsstück gehörte, mußte von wesentlich kleinerer Statur sein als seine junge Ehefrau.

Kurzentschlossen ging er ins Gartenhaus. Berenice und Raimundo schliefen schon, doch aus der Mansarde drang noch Licht ins Treppenhaus. Montserrat ging hinauf, öffnete die Tür und erstarrte vor Schreck: Dort stand Joana, nur mit einem roten Korsett bekleidet. Die Irre hatte sich das Haar, das er nur wirr und strähnig kannte, glatt gekämmt, und ihr Gesicht war geschminkt. Sie schaute den Eintretenden mit verführerischem Blick an und stellte sich aufreizend in Pose. Der Bankier stand noch immer wie angewurzelt auf seinem Platz. Mit ruhiger Stimme sagte Joana:

„Ich wußte, daß du sofort kommen würdest, Francisco. Ich habe keine Sekunde gezweifelt. Allerdings konnte ich mich nicht mehr genau an deine Lieblingsfarbe erinnern. Die meisten deiner Vorlieben aber kenne ich noch genau. Sag, wie gefalle ich dir?"

Nur mühsam erholte sich Montserrat von seinem Schock.

„Barbara . . .? Nein, doch nicht du. Du warst doch nicht so. Ja, deine Schwester . . . Joana war so. Aber du doch nicht."

„Gefalle ich dir nicht?" Sie seufzte mit gespielter Enttäuschung. „Schade!" Hast du mich nicht in Joana verwandelt? Deshalb dachte ich . . ."

Montserrat wurde kreidebleich. Verwirrt trat er einen Schritt näher, sein Herz schlug schneller, der Anblick der aufreizend halbverhüllten Frau weckte sein Verlangen. Und sie ließ nichts unversucht, seine Erregung zu steigern. Lockend redete sie auf ihn ein:

„Schau mich doch einmal an . . . Oder bin ich dir zu alt?"

Sie betrachtete sich im Spiegel, und Montserrat, der jetzt hinter ihr stand, sah ihr selbstzufriedenes Lächeln.

„Nein, ich glaube, ich gefalle dir noch immer."

Jetzt wandte sie sich zu ihm und schaute ihn herausfordernd an. Kein Zweifel, auch seine Blicke verrieten die alte Begierde. Er versuchte, sie zu berühren, doch in diesem Augenblick trat sie zurück.

„Nein, Francisco. Nicht so schnell."

„Was soll das? Warum reizt du mich, und entziehst dich dann sofort wieder? Hast du mich nicht gerufen? Bist du nicht völlig geheilt? Komm doch, wir sind allein, wer sollte uns hindern . . . Barbara!"

„Also willst du mich . . . Willst mich noch immer. Ich habe es gewußt."

„Natürlich will ich dich. Immer habe ich dich gewollt, all die langen Jahre hindurch. Ich habe nie aufgehört, dich zu begehren. Und die Hoffnung, daß du eines Tages aus deinem Zustand erwachen würdest, habe ich gleichfalls nie aufgegeben. Jetzt darfst du mich nicht länger warten lassen."

Die Frau warf sich einen leichten, seidenen Schlafrock über, durch den das Rot ihres Dessous hindurchschimmerte. Sie bemerkte, wie schwer es ihm fiel, die Beherrschung zu bewahren.

„Nein, Francisco, ich habe dir bereits gesagt: Nicht so schnell, nicht ohne Vorbedingungen."

„Welche Bedingungen? So sprich doch . . ."

„Kannst du dir das nicht denken? Du willst mich, du verlangst, daß ich mich in deine Arme begebe, ganz so, als wäre nichts geschehen. Dabei liegt drüben dieses Mädchen in ihrem Bett, das Mädchen, das du ebenfalls verführen willst. Glaubst du, daß ich das so einfach hinnehmen kann?"

Montserrat blickte sie verständnislos an. Seine Verwirrung machte es ihm unmöglich, einen klaren Gedanken zu fassen. Wie sollte er sich diese Verwandlung der einst schreienden und tobenden Frau in ein rationales Wesen erklären? Was wollte sie von ihm?

„Du siehst mich an, wie du mich früher angesehen hast. Ich erinnere mich genau, ich kenne dich gut. Also, wenn du mich willst, mußt du eine Bedingung erfüllen: Schicke Rosália fort. Wenn dieser Eindringling bleibt, wirst du mich auch weiterhin nur ansehen dürfen . . . Wenn überhaupt. Mehr bekommst du jedenfalls nicht."

„Ich verstehe dich nicht, Barbara. Wie erklärst du mir deine wiedererwachte Liebe? Wo kommt sie mit einem Mal her, nach all den Jahren? Jahrelang hast du mich nur mit Haß und Verachtung verfolgt . . . Und doch, deine Taten sprechen für Liebe. Du bist eifersüchtig, du willst Rosália von mir entfernen. Sind meine Schlußfolgerungen falsch? Wo Eifersucht herrscht, da ist auch Liebe. Dennoch kann ich nach allem, was geschehen ist, nicht an deine Liebe zu mir glauben."

„Du hast recht, Francisco, alles was ich tue, geschieht aus Liebe. Aber ich will dich nicht belügen: Meine Liebe gilt nicht dir, sondern Adriano. In seinem Namen und im Namen seiner Liebe fordere ich dich auf, Rosália gehen zu lassen. Ich werde dich dafür belohnen.

Du darfst auf meine Bereitschaft zählen, wieder deine Frau zu sein, mit allen Konsequenzen. Für Adrianos Glück nehme ich jedes Opfer auf mich. Doch du mußt dich entscheiden: sie oder ich!"

„Findest du nicht selber, daß du sehr anmaßend bist, mir Forderungen zu stellen? Was bringt dich zu dem Glauben, daß ich deinetwegen eine junge Frau wie Rosália aufgeben würde? Noch dazu einer Frau wegen, deren Liebe sich als wenig zuverlässig erwiesen hat? Du hast mich durch deine Untreue vernichtet, hast mein Leben zerstört, indem du mich mit Ramos betrogen hast. Der Kampf ist lange vorbei für mich, doch verzeihen kann ich trotzdem nicht."

„Lüge nicht, der Kampf ist für dich längst nicht vorbei. Du gibst erst auf, wenn du gesiegt hast. Du wirst Ramos bekämpfen, solange ihr beide lebt. Gerade weil du nicht verzeihen kannst, wirst du nie aufgeben. Und jetzt hast du die einmalige Gelegenheit, ihn endgültig zu besiegen, ihn zu erniedrigen. Gib Rosália für Adriano frei, und ich werde dir alles geben, was du verlangst. Ich bin deine Frau, die einzige und rechtmäßige Senhora Francisco de Montserrat, und wenn du mich besitzt, hast du dich damit an Ramos gerächt."

Der Bankier geriet mehr und mehr in Verwunderung über die Klarheit, mit der Barbara dachte, sprach und handelte. Die Frau war vollständig aus ihrer Umnachtung erwacht und verstand es nicht nur, ihn zu betören, sondern ihn zudem noch mit klaren, fast unwiderlegbaren Argumenten in die Enge zu treiben. Er konnte sich nicht verhehlen, sie noch immer zu begehren; doch ihren maßlosen Forderungen nachgeben wollte er auch nicht.

Im ‚Maison de France' empfing Leonor Medeiros bereits zu früher Stunde Besuch von ihrem Schwager. Manél hatte sich heimlich davongestohlen und saß nun mit bedrückter Miene seiner Schwägerin gegenüber. Es war ihm unmöglich, den Anlaß seines Besuches ohne Umschweife auszusprechen, also näherte er sich seinem Thema auf Umwegen. Nach einigen unverfänglichen Höflichkeitsfloskeln erkundigte er sich, wie die Schwägerin mit ihrer privaten Situation zurechtkäme. Leonor seufzte.

„Weißt du, Manél, manchmal geht es mir sehr gut, manchmal bin ich sehr deprimiert. Das Geschäft läuft gut, die Tage sind ausgefüllt, mit Carola verstehe ich mich besser als je zuvor. Wenn nur die

Abende nicht wären, diese ewige Einsamkeit. . . Auf Dauer werde ich mich an dieses Leben nicht gewöhnen, mir fehlt jemand, mit dem ich mich aussprechen kann, der meine Sorgen und Nöte teilt."
Manél schwieg einen Moment, dann brachte er endlich die Frage heraus, die ihn quälte:
„Liebst du Augusto? Wünschst du, daß er zurückkommt?"
„Wenn ich ehrlich bin, Manél: Ja, ich wünsche es mir von Tag zu Tag mehr. Es war ja nicht die erloschene Liebe, die unsere Trennung herbeigeführt hat."
Der dicke Wirt räusperte sich. So sehr ihn diese Antwort auch beruhigte, konnte er sich doch nicht verhehlen, daß eine andere Reaktion seinen unausgesprochenen Wünschen neue Hoffnung gegeben hätte. Er blieb überraschend gefaßt.
„Soll ich mit Augusto sprechen? Soll ich ihm sagen, daß du seine Rückkehr wünschst? Vielleicht ist eine Vermittlung durch mich leichter . . . wenn du selbst nicht den Mut aufbringst . . ."
Leonor sah dankbar in seine treuherzigen, grauen Augen, die auch eine leise Enttäuschung ausdrückten.
„Ich danke dir für dein Angebot, Manél, doch das ist nicht nötig. Ich habe Augusto fortgeschickt, und wenn er zurückkommen soll, muß ich ihn selber darum bitten. Dennoch, du weißt nicht, wie dankbar ich dir für alles bin, was du in den zurückliegenden Monaten für mich getan hast. Ohne deine Hilfe hätte ich das alles nicht durchgestanden."
Die Frau brachte ihren Schwager zur Tür und sah ihm lange nach. Manéls Besuch hatte Fragen aufgeworfen, die Leonor seit Tagen beschäftigten. Als kurz darauf Carola ins Geschäft kam und die unschlüssige Miene ihrer Partnerin sah, erriet sie sofort, was Leonor quälte.
„Marterst du dich immer noch? Worauf wartest du noch, ich habe dir gestern bereits einen Vorschlag gemacht."
„Du meinst . . .?"
„Ja, genau das meine ich. Lade Augusto zum Abendessen ein, ich bin sicher, daß er dein Angebot dankbar aufgreift."

Montserrat kam erst am frühen Abend aus der Bank zurück. Rosália und Mercedes bemerkten sofort, daß er in ungewöhnlich schlechter

Laune war. Auf die Fragen der beiden Frauen reagierte er zunächst nicht. Was hätte der Bankier ihnen auch erzählen sollen? Der Anlaß seiner Verstimmung war unaussprechbar. Vormittags hatte er in der Bank Besuch von dem Polizeioffizier Veiga erhalten, der ihm ein gerichtliches Dokument vorlegte: die offizielle Verfügung, daß das Grab seiner ersten Ehefrau, Senhora Barbara de Montserrat, an einem der nächsten Tage geöffnet und die Leiche untersucht werden würde. Beantragt war die Verfügung von Dr. Adriano de Montserrat, dem Sohn der Verstorbenen. Ein Widerspruch gegen diesen Beschluß, den der Anwalt da Silva erwirkt hatte, war nicht möglich. Mit versteinerter Miene hatte Montserrat das Dokument studiert. Überraschen konnte ihn die Verfügung nach Mercedes' Bericht von der heimlichen Graböffnung während seines Landaufenthaltes nicht mehr, aber daß Adriano so weit gehen würde, hatte er doch nicht erwartet. Seine Besorgnis hielt sich trotzdem in Grenzen, er würde Gegenmaßnahmen zu ergreifen wissen.
Nach einem Abendessen in eisiger Atmosphäre erkundigte sich Rosália abermals nach den Ursachen seiner Verstimmung.
„Du fragst mich nach dem Grund meiner schlechten Laune? Ausgerechnet du? Kannst du dir nicht denken, woher sie rührt? Noch immer entziehst du dich mir, verweigerst mir meine Rechte . . . Wie sollte ich da guter Stimmung sein? Es ist höchste Zeit, daß du endlich deine Schulden abträgst."
„Welche Schulden? Wollen Sie dieses leidige Thema von neuem aufgreifen? Ist nicht längst alles gesagt?"
„Ohne von unserer Abmachung in bezug auf Ramos zu sprechen", insistierte der Bankier, „hast du auch Schulden gegenüber der Gesellschaft, der Kirche, dem Gesetz. Du bist meine rechtlich angetraute Ehefrau, und ich sehe nicht ein, weshalb ich länger darauf verzichten soll, daß diese Ehe nach Recht und Gesetz vollzogen wird. Meine Geduld und meine Nachsicht sind erschöpft."
„Wenn Sie schon von Recht und Gesetz sprechen, dann erlauben Sie mir eine Frage: Ist Ihre erste Ehefrau wirklich tot? Es gibt, wie ich gehört habe, berechtigte Zweifel daran, daß Doña Barbara tot ist. Wenn das stimmen sollte, Senhor de Montserrat, dann leben Sie in Bigamie, dann ist die Ehe zwischen uns null und nichtig!"
Für einen Augenblick verschlug es Montserrat die Sprache. Mit

bleichem Gesicht saß er seiner Frau gegenüber, die selber über ihre Rede erschrocken war. Rosália zitterte am ganzen Körper. Montserrat indes fing sich schneller als erwartet. Nach dem Besuch des Polizeioffiziers konnte es ihn im Grunde nicht überraschen, daß Adriano und Ramos auch Rosália von der heimlichen Grabschändung erzählt hatten. Spöttisch sagte er:
„Ach, das ist ja wirklich eine ganz raffinierte Idee! Deine Fantasie, liebe Rosália, verblüfft mich von Tag zu Tag mehr. Oder sollte ich besser von der Fantasie deiner Freunde und Berater sprechen? Immerhin, erfindungsreich seid ihr, das gestehe ich gern ein. Zunächst wird auf infame Weise abgestritten, daß ich es war, der Ramos aus seinem Loch befreit hat. Und wenn diese Ausrede nicht mehr wirkt, wird gar noch eine Tote auf wundersame Weise zum Leben erweckt. Nein, wirklich ausgezeichnet, ich bewundere euch, alle miteinander."
Rosália lief es eiskalt über den Rücken, sie spürte den unbändigen Haß, der sich hinter Montserrats Hohn verbarg, und sie fürchtete einen gewaltsamen Ausbruch. Trotzdem gab sie nicht nach.
„So, es stimmt also nicht? Dann liefern Sie mir einen Beweis dafür, daß Ihre Frau tot ist."
Das überhebliche Lächeln verschwand von Montserrats Gesicht.
„Was fällt dir ein? Was soll ich dir beweisen? Es reicht, ich dulde diese Ausreden nicht länger. Und noch weniger bin ich gewillt, mir immer wüstere, immer absurdere Geschichten anzuhören, nur damit du einen neuen Vorwand hast, deine ehelichen Pflichten nicht zu erfüllen. Meine Rücksichtnahme ist erschöpft. Ihr alle, die ihr euch gegen mich verschworen habt, werdet euch wundern! Ich werde euch vernichten, alle!"
Montserrats drohende Worte ließen Rosália verstummen. Sie fürchtete, er werde jede Sekunde auf sie einschlagen. Glücklicherweise betrat in diesem Augenblick Mercedes den Salon. Rosália nutzte die Gelegenheit, sich eilig zur Tür zu begeben. Mercedes' Blicke wanderten ungläubig von Montserrat zu Rosália und wieder zurück zu dem wutbebenden Mann. Sie wollte ihn beruhigen, doch seine haßerfüllten Blicke ließen auch sie zurückweichen.

Leonor erwartete angespannt den Abend. Sie hatte Carolas Rat befolgt und Augusto zu sich eingeladen. Gemeinsam mit Tunica bereitete sie ein Abendessen vor. Das edelste Geschirr wurde aufgetragen, und das Eßzimmer sollte nur durch Kerzen erleuchtet werden.

Tunica schwieg während dieser Vorbereitungen, sie wagte nicht, ihrer Patronin zu gestehen, was ihr Freund Bodoque um ein Haar angerichtet hatte. Doch offenkundig war die Sache noch einmal gut ausgegangen. Leonor erzählte dem Mädchen von Manéls Besuch, von seinem Angebot, zwischen Augusto und ihr zu vermitteln und von ihrer höflichen Ablehnung. Dennoch beschloß Tunica, ihrem Freund künftig nichts mehr zu erzählen, ohne ihm strengste Verschwiegenheit abzufordern.

Augusto kam pünktlich und überreichte seiner Frau einen üppigen Blumenstrauß. Beide verhielten sich schüchtern wie ein junges Liebespaar, das sich zum ersten ungestörten Rendezvous zusammenfindet. Tunica trug das Essen auf und zog sich diskret in die Küche zurück. Zu gern hätte sie an der Tür gelauscht, doch es gelang ihr, ihre Neugier in Zaum zu halten.

Eine gute Stunde saß das Dienstmädchen der Medeiros' wartend auf ihrem Stuhl. Sie wagte nicht, unaufgefordert das Dessert aufzutragen, und Leonor rief sie noch immer nicht. Die Stimmen der Eheleute drangen nur gedämpft zu ihr herüber, so daß sie kein Wort verstehen konnte. Plötzlich hörte sie, wie es an der Haustür klopfte. Für einen Augenblick zögerte sie, doch da das Licht im Haus von draußen zu sehen war, würde der unangemeldete Besucher kaum von selbst gehen. Tunica beschloß, den Störenfried fortzuschicken. Sie öffnete die Tür, doch ehe sie sich versah, wurde sie schon zur Seite geschoben. Paula Barbosa ging wort- und grußlos an dem verdutzten Mädchen vorüber, klopfte einmal kurz an die Tür zum Speisezimmer und trat ein, ohne eine Antwort abzuwarten.

Leonor sah verärgert auf.

„Paula, was fällt dir ein? Ich kann mich nicht erinnern, jemanden zum Eintreten aufgefordert zu haben."

„Es bedarf hier keiner Aufforderung, Tante Leonor. Es gibt Situationen, wo Höflichkeit fehl am Platz ist."

„Und was berechtigt dich zu deinem unverschämten Auftritt? Kannst du mir eine Erklärung geben?"

„Die Erklärung, liebste Tante, verlange ich von dir! Ich werde nicht mit ansehen, wie du meine Mutter unglücklich machst, indem du weiterhin meinem Vater nachstellst. Du läßt keine Gelegenheit aus, ihn von neuem zu umgarnen."
Leonor schluckte, der unverfrorene Angriff kam zu überraschend, als daß sie sich angemessen hätte wehren können. Augustos Gesicht verfinsterte sich, seine alte Eifersucht erhielt durch diese Anklage neue Nahrung. Dennoch griff er zugunsten seiner Frau ein.
„Paula, es ist an der Zeit, daß du sofort unser Haus verläßt. Und wir wünschen dich nie wieder hier zu sehen."
„Du willst mich vor die Tür setzen, Onkel Augusto? Ausgerechnet du? Wer oder was bist du, daß du mich hinauswerfen willst? Ein willensschwacher Bankrotteur, der seine Tochter verkauft und widerstandslos mit ansieht, wie seine Frau ihm Hörner aufsetzt. Du hast mir überhaupt nichts zu sagen!"
Augusto verstummte wie ein zurechtgewiesener Schuljunge. Doch Leonor hatte sich inzwischen wieder gefangen. Ohne Paula auch nur eines Blickes zu würdigen, forderte sie Tunica auf, den unerwünschten Gast vor die Tür zu setzen.
Doch Paula sagte: „Wage nicht, mich anzurühren, Tunica. Ich gehe, was zu sagen war, ist ohnehin gesagt."
Mit einem lauten Knall warf Paula die Haustür zu. Tunica sah hilflos zu ihren Dienstherren, aber Leonors eisiges Schweigen und Augustos betroffene Miene ließen dem Dienstmädchen keinen Zweifel, daß der Auftritt der Furie ihnen die Stimmung nachhaltig verdorben hatte.
Ungeachtet der späten Stunde wartete Tunica nur darauf, daß Leonor ihr für den restlichen Abend freigab. Sofort lief das Mädchen daraufhin zum Kaffeehaus, wo sie Paula zur Rede stellen wollte. In dem überfüllten Lokal war es schwer, Bodoque zu überreden, die Tochter seines Patrons nach unten zu rufen. Paula kam schließlich widerwillig in den kleinen Raum, der hinter der Theke zur Wohnung der Familie hinaufführte.
„Was willst du noch", herrschte sie Tunica an. „Ich habe wenig Zeit, und außerdem spüre ich nicht das geringste Verlangen, mich mit einem Dienstmädchen abzugeben. Hat deine ehrenwerte Herrin dich geschickt?"

„Was fällt dir eigentlich ein, Doña Leonor zu beleidigen? Noch dazu in Gegenwart Don Augustos? Den ganzen Abend hast du den beiden verdorben."
„Und, was geht es dich an? Sag mir endlich, was du mir ausrichten sollst."
„Nichts. Ich bin aus eigenen Stücken gekommen, dich zu einer sofortigen Entschuldigung aufzufordern."
„Was hast du mich aufzufordern? Geh zu deiner Patronin und verrichte deine Dreckarbeiten."
Sie war schon fast zur Tür hinaus, da spürte sie, wie Tunica ihren Arm festhielt. Wütend versuchte sie sich loszureißen, doch das Mädchen griff nur um so fester zu. Empört drehte Paula sich um und verabreichte ihrer Gegnerin eine schallende Ohrfeige. Rasend vor Wut schlug Tunica zurück, und innerhalb weniger Sekunden war eine heftige Rauferei zwischen den beiden jungen Frauen entbrannt. Bodoque riß vom Lokal aus die Tür auf und versuchte verzweifelt, den Kampf zu beenden. In der Aufregung vergaß er, die Tür zu schließen, so daß etliche Besucher des Kaffeehauses erheitert mit ansehen konnten, wie das unbekannte blonde Mädchen die Tochter der Barbosas überwältigte, ihren rechten Arm umklammerte, den linken mit dem Knie zu Boden drückte und ihr mit der freien Hand mehrere Male ins Gesicht schlug. Endlich gelang es Bodoque, seine Geliebte von Paula loszureißen und zur Hintertür hinauszuziehen.
„Bitte, Tunica, lauf schnell weg. Wenn Doña Catarina von dieser Szene erfährt, steht uns beiden ein fürchterliches Donnerwetter ins Haus."
In der kleinen Kammer war Catarina bemüht, ihre vor Wut heulende Tochter zu besänftigen. Nun sah sie den armen Bodoque und schrie wild ins Lokal hinein nach ihrem Mann.
„Senhor Manél Barbosa, steh nicht so dumm da herum. Siehst du nicht, was hier eben vorgefallen ist? Wirf diesen Trottel von Kellner hinaus, auf der Stelle."
Bodoque wurde kreidebleich, als er diese Drohung vernahm. Mit entschuldigenden Blicken sah er zu seinem Patron, der verzweifelt nach Worten rang. Zu Bodoques Glück trat Nelo hinzu und bemerkte mit spöttischem Blick auf seine Schwester:

„Lassen Sie nur, Vater! Paula schadet solch eine Prügel überhaupt nicht, und der arme Bodoque kann nun wirklich nichts dafür, daß seine kleine Freundin stärker ist als mein Schwesterchen. Geh nach drüben, Bodoque, das kleine Schauspiel hat den Durst unserer Gäste gefördert."
Paula warf ihrem Bruder einen vernichtenden Blick zu, und Catarina schimpfte weiter auf ihren Mann ein.
„Du stehst du, als ginge dich das alles nichts an. Hast du nicht gemerkt, wie schlecht es unserer Paula seit ihrer Rückkehr geht, daß ihr ständig übel ist? Aber Senhor Barbosa interessiert sich ja ohnehin mehr für die Probleme anderer, als daß ihn die Nöte seiner eigenen Familie berühren würden."

Berenice war damit beschäftigt, die kleine Wohnung im Gartenhäuschen aufzuräumen. Rogério war soeben zur Bank aufgebrochen, und Raimundo arbeitete im Garten. Plötzlich stand ihr Mann in Begleitung seines Patrons vor ihr. Montserrats Augen funkelten böse, Raimundo stand betreten schweigend neben ihm.
„Nun, Berenice, geht es dir gut?" fragte Montserrat mit ironischem Unterton.
„Ja, Senhor de Montserrat. Doch was ist? Weshalb fragen Sie?"
„Aus demselben Grund, aus dem ich deinen lieben Mann mitgebracht habe. Wir erhalten gleich hohen Besuch, der auch dich interessieren wird. Zumindest interessieren sollte. Mich wiederum würde interessieren zu erfahren, wer Rosália diese seltsamen Geschichten erzählt hat. Zum Beispiel, daß Doña Barbara noch leben würde. Kannst du mir das erklären?"
„Ich weiß wirklich nicht, wovon Sie reden, Senhor de Montserrat. Wie kommen Sie darauf, daß ich Doña Rosália so etwas erzählt haben könnte?"
„Es ist wirklich seltsam, niemand von euch weiß etwas, wenn ich danach frage. Bei anderen Leuten seid ihr dafür umso gesprächiger. Verdammt gesprächig in Anbetracht der Tatsache, daß ihr eigentlich allen Grund hättet, eure Zungen in Zaum zu halten."
Berenice lief rot an. „Ich verstehe wirklich nicht, was Sie wollen."
Montserrat kannte seine Bedienstete gut genug, um ihren Unschuldsbeteuerungen zu glauben.

„Das ist auch gut so, Berenice. Ich glaube dir, doch solltest du auch in einigen Minuten nicht vergessen, daß du nichts, aber auch gar nichts weißt. Deinem lieben Mann indes glaube ich kein Wort."
„Aber ich sage Ihnen . . .", wollte Raimondo sich verteidigen.
„Schweig! Deine Lügen nützen dir nichts mehr. Du kannst mir nicht erzählen, daß du die heimliche Graböffnung durch Adriano und Ramos nicht bemerkt hättest. Weshalb wohl sollte nachher die offizielle Exhumierung stattfinden, wenn nicht irgend jemand Gerüchte in die Welt gesetzt hätte? Kurz und gut: Ihr beiden solltet wissen, daß ich keinerlei Rücksichten mehr nehme. Ein falsches Wort, und ihr landet allesamt im Gefängnis. Und wehe euch, wenn ihr mich nur noch einmal hintergehen solltet!"
Berenice fand ihre Beherrschung zurück.
„Niemand von uns hat irgend etwas erzählt, weder Raimundo noch ich. Und am allerwenigsten die arme Doña Joana."
„Um so besser", sagte Montserrat. „Also werden wir gemeinsam dieser absonderlichen Leichenschändung zusehen."
Eine gute halbe Stunde nach diesem Gespräch erschien der Polizeioffizier Veiga bei dem Bankier. Montserrat forderte Mercedes und Rosália auf, dem ungeheuerlichen Vorgang, wie er ihn nannte, beizuwohnen. Auch der Gärtner Raimundo sollte als Zeuge zugegen sein. Fünf Augenpaare sahen also angespannt zu, wie drei Begleiter des Offiziers begannen, die Grabstelle ein zweites Mal mit Hacken und Schaufeln zu bearbeiten. Raimundo stockte das Herz, er wußte nur zu gut, welcher Anblick die drei Arbeiter erwartete. In Windeseile war das Loch ausgehoben, und schon hörte man, wie die Schaufeln auf Holz stießen. Auf Montserrats Befehl hin warf Raimundo den schwitzenden Männern zwei Seile zu, die sie unter dem Sarg durchführten. Gemeinsam mit Raimundo hievten die Männer den Sarg nach oben. Jetzt schritt Veiga ans Werk und öffnete mit einem Stemmeisen den knarrenden Verschluß. Raimundo staunte, wie leicht das Öffnen des Sarges dieses Mal vonstatten ging. Zunächst glaubte er, die verrosteten Scharniere seien durch die frühere Öffnung wieder gelockert worden. Als der Offizier jedoch den Deckel anhob, wich seine Verwunderung einem unbändigen Schrecken: Im vormals leeren Sarg befand sich nun ein Skelett. Rosália, die neben dem Bankier stand, schrie vor Entsetzen

und Ekel jäh auf: Aufgrund der Erzählungen ihres Geliebten war sie auf diesen schrecklichen Anblick nicht vorbereitet gewesen. In geschäftsmäßigem Ton wandte sich Montserrat an den Leiter der makaberen Aktion:

„Sehen Sie, Senhor Veiga, Ihre Informanten scheinen wenig zuverlässig. Doch Sie haben Ihre Pflicht zu erfüllen. Nehmen Sie die sterblichen Überreste meiner geliebten Gemahlin mit und führen Sie Ihre Untersuchung zum Abschluß."

11. KAPITEL

Der Obduktionsbefund ließ gut eine Woche auf sich warten. Ramos und Adriano waren von Raimundo sofort über den unerwarteten Ausgang der Grabesöffnung informiert worden. Während der junge Mann noch hoffte, die Untersuchung könnte trotzdem zu verwertbaren Ergebnissen führen, hatte Ramos aufgrund seiner langjährigen Erfahrungen resigniert. Das genaue Todesdatum des Menschen, der zu dem aufgefundenen Skelett gehörte, war mit Gewißheit nicht mehr festzustellen, und die Leiche irgendeiner Unglücklichen, die an einem Schädelbruch gestorben war, würde Montserrat mit Sicherheit aufgetrieben haben. Für den Arzt stand außer Frage, daß sein Feind über die Grabesöffnung seit längerem informiert war und seine Gegenmaßnahmen getroffen hatte. Rosálias Bericht von Mercedes' plötzlichem Auftauchen auf Montserrats Landsitz kam ihm in Erinnerung, das Mosaik fügte sich so schnell zusammen.

Als nun am 2. September des Jahres 1903 Dr. Adriano de Montserrat das offizielle Gutachten der von ihm angestrengten Untersuchung über den Tod seiner Mutter erhielt, waren allein Adriano und die gleichfalls anwesende Carola enttäuscht. Ramos wunderte sich nicht: Der Bericht besagte, daß das Skelett zu einer Frau von etwa 1,60 Metern Größe gehörte. Die fragliche Person war an einem Schädelbruch gestorben, das Todesdatum ließ sich nicht mehr bestimmen. Nichts sprach jedoch dagegen, daß die Leiche seit mehr als zwanzig Jahren in dem geöffneten Sarg gelegen haben mochte.

„Ich hätte es nicht für möglich gehalten", seufzte Adriano.

Carola sah zweifelnd zu Ramos, der überraschend ruhig, fast unbeteiligt wirkte.

„Ich habe seit letzter Woche, seit Raimundo bei mir war, nichts anderes erwartet. Montserrat wird irgendeinen Quacksalber bestochen haben, ihm den Namen einer Patientin zu nennen, die auf dieselbe Weise ums Leben kam wie angeblich auch Barbara. Ob die Ärmste nun vor zehn, zwölf oder gar dreißig Jahren verstorben ist, wer will das heute noch nachprüfen. Nein, wir stehen wieder vor dem Nichts. Manchmal glaube ich, wir kommen ihm nie auf die Schliche. Immer wieder ein neuer Winkelzug . . ."

Adriano sprach seinem Freund Mut zu:
„Doch, Ramos, wir werden die Sache aufklären. Wenn ich nicht selbst den leeren Sarg gesehen hätte, würde ich vielleicht glauben, Ihre Fantasie hätte Ihnen einen bösen Streich gespielt. Aber ich war dabei . . . Und alles spricht dafür, daß meine Mutter noch lebt! Jetzt, so kurz vor dem Ziel, dürfen wir nicht aufgeben."
„Was schlagen Sie vor, Adriano?" fragte Carola.
„Ich weiß es noch nicht, doch es gibt kein Zurück mehr. Auch wenn er mein Vater ist, ich werde Montserrat für seine Untaten vor Gericht bringen."
Ramos betrachtete seinen Freund mit nachdenklicher Miene. Aus Adrianos Worten sprachen Haß und Entschlossenheit, und die Zuversicht des jungen Freundes richtete auch den beinahe schon hoffnungslosen Mann wieder auf.
„Du hast recht, Adriano, wir werden nicht aufgeben. Wenn wir doch nur mit Joana vorankämen!"
Carola hatte sich gerade von den beiden Männern verabschiedet, da erhielten sie erneuten Besuch. Manél Barbosa verlangte, seinen künftigen Schwiegersohn zu sprechen. Ramos wollte sich diskret zurückziehen, doch der dickleibige Wirt hielt seinen Freund zurück.
„Nein, Jorge, bleib bitte! Ich glaube, es ist von Vorteil, wenn ein Unbeteiligter zugegen ist."
„Don Manél, was bedrückt Sie denn?" erkundigte sich Adriano besorgt.
„Was sollte mich bedrücken, Don Adriano? Das sollten Sie am besten wissen. Ich bin gekommen, weil ich auf einer baldigen Trauung zwischen Ihnen und meiner Tochter bestehen muß."
Adriano erschrak.
„Bitte, Don Manél, ich verstehe Sie ja, und sehe auch, daß alle Umstände gegen mich sprechen. Aber wollen Sie wirklich drei Menschen ins Unglück stürzen? Bedenken Sie doch, es geht nicht nur um Paula und mich . . ."
Ramos sah zu dem Mann, den er seit seiner Studienzeit kannte. Damals, vor fast dreißig Jahren, war Manél Barbosa aus der Provinz nach Rio gekommen. Er hatte als Kellner in dem heruntergekommenen kleinen Lokal begonnen, das Geschäft kurz darauf übernommen und es innerhalb weniger Monate zum bevorzugten Treffpunkt

der jungen Leute aus gutem Hause gemacht. Ungeachtet des Bildungsunterschiedes zwischen dem angehenden Arzt und dem Wirt hatte sich zwischen den beiden Männern nach und nach eine tiefe Freundschaft entwickelt.

„Manél, sag doch, was ist mit dir los? So habe ich dich seit Ewigkeiten nicht mehr gesehen."

„Ich habe mich auch lange nicht mehr so scheußlich gefühlt. Du hast auch gehört, was geschehen ist, und dein junger Freund hat dir sicher auch gesagt, daß ich selber lange zweifelte, ob die Anklage gegen ihn zu Recht besteht. Jetzt aber ist ein Zustand eingetreten, der mir jedes weitere Zögern verbietet. Die Hochzeit muß vollzogen werden, ehe die Schande meiner armen Paula allgemein bekannt wird."

Adriano wurde kreidebleich.

„Bitte, Don Manél, was ist geschehen? Ich kann Ihnen nur immer wieder beteuern, daß zwischen Paula und mir nichts vorgefallen ist."

„Und ich kann Ihnen heute weniger glauben als je zuvor. Kurz und gut, Paula legt seit Tagen Verhaltensweisen an den Tag, die mich fürchten lassen, daß mir bald ein Enkelkind geboren wird. Deshalb muß die Hochzeit schnellstmöglich anberaumt werden."

„Das ist unmöglich . . .", rief Adriano jäh dazwischen. „Nie und nimmer kann geschehen sein, was Sie mir hier unterstellen. Ich schwöre . . ."

„Was helfen mir Schwüre? Die Tatsachen sprechen für sich. Paula übergibt sich ständig, äußert seltsame Wünsche, ißt unablässig Fisch und saures Gemüse . . . Ich habe zwei Schwangerschaften meiner eigenen Frau miterlebt, und die Symptome sind so eindeutig, daß man nicht studiert haben muß, um klar zu sehen!"

Ramos sah mitleidig zu dem verzweifelten Wirt und wandte sich in vorwurfsvollem Ton an seinen Schützling:

„Adriano, willst du wirklich behaupten . . ."

„Ja", rief der junge Mann, „ich will behaupten, daß nichts, aber auch gar nichts vorgefallen ist, was diesen ungeheuerlichen Verdacht rechtfertigte."

„Vorsichtig, Adriano, Verdachtsmomente gab es schon . . ."

„Fallen auch Sie mir nun in den Rücken, Ramos?"

„Nein, Adriano, aber du darfst nicht ungerecht sein. Manél hat Paula in deinem Bett aufgefunden, halbnackt, das kannst du nicht abstreiten. Wenn seine Tochter tatsächlich schwanger sein sollte, gibt es Gründe genug, in dir den Verantwortlichen zu sehen."
Adriano sprang mit hochrotem Gesicht auf und lief auf den Flur, der zur Praxis des Freundes führte. Manél sah Ramos schweigend an, als könnte der Arzt ihm aus seiner Klemme heraushelfen.
„Beruhige dich, Manél. Bislang gibt es keinen Beweis, doch ich stehe dir an Adrianos Statt dafür ein, daß er sich seiner Verantwortung nicht entziehen wird. Doch wir müssen Gewißheit erlangen. Bist du damit einverstanden, daß Paulas Schwangerschaft medizinisch festgestellt wird?"
„Ja doch, ich hoffe ja selber noch, daß ich mich getäuscht habe. Willst du . . .?"
„Nein, ich denke, die Untersuchung sollte von jemandem durchgeführt werden, der völlig außer Verdacht einer möglichen Befangenheit steht. Das wäre für uns alle das beste. Wärest du mit Dr. Orsório einverstanden?"
Mańel nickte dankbar.
„Ich bin mit allem einverstanden. Du weißt gar nicht, wie fürchterlich das alles ist. Was soll ich mir wünschen? Ich weiß, daß eine Ehe zwischen meiner Paula und deinem jungen Freund die reinste Hölle werden würde. Doch wie grausam wäre es für mich, müßte ich mein eigen Fleisch und Blut eines schändlichen Betruges überführt sehen? Sag mir, was soll ich erhoffen? Was ist schlimmer?"
Ramos wußte auf diese Frage keine Antwort. Er glaubte Adriano und traute der verschlagenen Paula jede Untat zu. Und doch wünschte er für den Wirt, daß sich das ganze Unglück noch auf eine für alle erträgliche Weise abwenden ließ. Gleichzeitig zweifelte er jedoch nicht, daß einer der Beteiligten würde leiden müssen, entweder Adriano, und mit ihm Rosália, oder Manél.

Am selben Tag, an dem Manél Barbosa um die Ehre seiner Tochter kämpfte, entschloß sich sein Sohn Nelo, endlich Klarheit in sein eigenes Liebesleben zu bringen. Wochenlang hatte er vergebens versucht, von der Pfarrersnichte Alice eine Erklärung für ihr abweisendes Verhalten zu erhalten. Die junge Frau war ihm ausgewichen, wo sie nur konnte. Was immer Nelo auch unternahm, er kam keinen Schritt voran. Mehrfach hatte er Carola um Rat gebeten. Zunächst wich die Freundin aus, dann machte sie dunkle Andeutungen, und zuletzt erklärte sie barsch, sie eigne sich wenig zur Ratgeberin in Liebesdingen, sie benötigte selber dringend Rat und Hilfe. Nelo war viel zu sehr in seiner eigenen Misere gefangen, als daß er auch nur daran dachte, nachzufragen, nach wem sich seine Freundin sehnte. In der Tat war auch Carola der Verzweiflung nahe, da Ramos sich weiterhin unnahbar zeigte und mit der hoffnungslos verliebten Carola überhaupt nur noch Kontakt hielt, soweit es um Joana, ihre vermeintliche Mutter, ging.

Da er keinen anderen Ausweg sah, beschloß Nelo, seine Geliebte zur Rede zu stellen. Nachdem er gewartet hatte, bis Padre Ignácio das Haus verließ, stürmte er die Treppen zur Wohnung des Priesters hinauf, schickte die drei Schwestern fort und war nun endlich mit Alice allein. Nelos Auftreten duldete keinen Widerspruch.

„So, jetzt gibt es keine Ausflüchte mehr. Ich will ein für allemal Klarheit haben. Ihr Verhalten ist für mich unerträglich. Ich weiß, daß Sie mich lieben, Alice, und dennoch laufen Sie ständig vor mir davon. Was soll das?"

„Bitte, Nelo, es hilft alles nichts, vergessen wir alles, nehmen wir es als einen schönen Traum . . ."

„Nein, das lasse ich nicht zu, jedenfalls nicht, ohne zu erfahren, was der Verwirklichung des Traumes entgegensteht."

Alice kauerte sich unbehaglich in ihren Sessel und sah mit traurigen Augen zu dem großgewachsenen jungen Mann auf, der entschlossen vor ihr stand. Auf seinem Gesicht spielten Ärger, Trauer und Hoffnung ineinander, mehrmals zwirbelte er seinen Schnäuzer oder biß sich nervös auf die Unterlippe. Alice suchte nach Ausreden, doch Nelo insistierte:

„Nein, kein Drumherum mehr, ich will wissen, was Sie hindert, meinen Antrag anzunehmen."

„Ich habe Ihnen doch in meinem Brief geschrieben, daß ich schon einmal einen Mann liebte."

„Ja, er hat Sie enttäuscht, und Sie haben Schwierigkeiten, das Vertrauen zu den Männern zurückzugewinnen. Das ist mir bekannt. Doch was spricht gegen meine Vertrauenswürdigkeit? Ich

bin Ihnen nachgereist, ich habe gemeinsam mit meinem Vater bei Padre Ignácio um Ihre Hand angehalten . . . Weshalb können oder wollen Sie mir nicht vertrauen?"
„Aber ich vertraue Ihnen ja, Nelo."
Nelo blickte sie verständnislos an.
„Wenn Sie mir vertrauen und sich mir dennoch verweigern, heißt das . . . Wollen Sie sagen, Sie liebten mich nicht?"
„Nein, das ist es nicht. Ich liebe Sie."
„Jetzt verstehe ich überhaupt nichts mehr. Sie vertrauen mir, Sie lieben mich . . . Was soll dann Ihr Verhalten?"
Auch die Tränen der jungen Frau konnten Nelo nicht erweichen, er verlangte unerbittlich nach einer Aufklärung.
„So sprechen Sie doch endlich."
Stockend, unterbrochen von Schluchzern und flehenden Bitten, nicht weiter erzählen zu müssen, brachte Alice endlich über die Lippen, was sie quälte.
„Dieser Mann, von dem ich Ihnen geschrieben habe . . . Es ist so lange her, ich war noch sehr jung, kaum älter, als meine Schwester Mariana heute ist . . . Ich habe ihn so geliebt. Doch er . . . Er hat mich so bitter enttäuscht. Er hat meine Liebe und mein Vertrauen ausgenutzt und mich dann schmählich im Stich gelassen. Alles habe ich ihm gegeben, alles, was ich geben konnte . . ."
Nelo wurde leichenblaß.
„Alles? . . . Soll das heißen . . .?"
Alice blickte verzweifelt zu Boden, ihr Freund hatte längst erraten, was ihr widerfahren war.
„Ja, das heißt es."
In der Wohnung des Priesters herrschte Totenstille. Alice wartete verzweifelt auf eine Reaktion von Nelo, doch ihm war, als schnürte man ihm die Kehle zu. In seinem Kopf raste es wild hin und her, Liebe und Enttäuschung führten einen unerbittlichen Kampf miteinander. Er war wie gelähmt, unfähig zu reagieren, weder mit einer Geste der Verzeihung noch mit einem Ausbruch seiner Wut. Wortlos verließ er schließlich den Raum. Zurück blieb eine junge Frau, die ihrer letzten Hoffnung beraubt war.

Seit der Exhumierung strafte Montserrat seine Frau, die er in die

vermeintliche Intrige gegen ihn verwickelt glaubte, mit eisiger Verachtung. Sein Schweigen war Rosália unerträglich, obwohl es ihr wenigstens vorerst Schutz gegen seine Angriffe auf ihre Unschuld bot.
Weder Rosália noch Mercedes wußten, daß nicht allein Adrianos angeblicher Verrat für Montserrats düstere Stimmung verantwortlich war. Den Bankier quälte zudem die unerwartete Genesung der Irren. Mehrfach hatte er sie aufgesucht, und stets hatte sie ihre Forderung wiederholt, daß er sich zunächst von Rosália trennen müsse, ehe sie ihm seine Rechte als Ehemann zubilligen würde. Montserrat konnte sich nicht verhehlen, daß er Barbara begehrte, doch wollte er nicht auf Rosália verzichten. Der Zwiespalt seiner Gefühle war ihm unerträglich.
Rosália setzte ihre Besuche bei der Wahnsinnigen ebenfalls fort, und sie hatte mehr und mehr den Eindruck, daß die Frau sie nicht nur wiedererkannte, sondern zudem jedes Wort verstand, das sie zu ihr sprach. Dennoch erhielt sie keine Antwort. Für ihre Nachfolgerin als Ehefrau des Bankiers blieb die geheilte Barbara weiterhin Joana.
Berenice wurde aus dem Verhalten Barbaras nicht schlau. Die Eingesperrte auf der Mansarde war völlig bei Sinnen, daran bestand kein Zweifel. Sie kleidete sich, wie Barbara gekleidet war, und sie sprach mit ihrer Bediensteten wie früher. Wenn Berenice ihr den Tee oder ihre Mahlzeiten brachte, entwickelte sich regelmäßig ein Gespräch. Barbara/Joana nahm Anteil an allem, was Berenice ihr erzählte. Die Nachricht, daß Raimundo mit dem Gedanken spielte, vor den Toren der Stadt ein kleines Stück Land zu kaufen und gemeinsam mit seiner Frau die Dienste bei Montserrat aufzukündigen, griff Barbara freudig auf.
„Dein Mann hat recht, Bere, befreit euch endlich aus diesem Joch. Lange genug hat er uns alle gequält, euch nicht weniger als mich. Es wird Zeit, daß das alles ein Ende hat."
„Und Sie, Doña Joana? Weshalb befreien Sie sich nicht aus Ihrem Verlies? Sie bleiben hier, und doch hätten Sie alle Mittel in der Hand, den Patron zu bezwingen. Ein Wort, und er erhielte endlich die gerechte Strafe für seine Verbrechen."
Barbaras Gesicht verzog sich zu einer verächtlichen Miene.
„Was hätten wir davon, wenn man ihn ins Gefängnis sperrte? Das

wäre eine viel zu geringe Strafe für seine Untaten. Außerdem würde der mächtige Francisco de Montserrat innerhalb kürzester Zeit wieder freigelassen werden, es gibt zu viele, die ihm zu Dank verpflichtet sind. Nein, Bere, wir alle zusammen haben die Aufgabe, ihn zu vernichten. Er muß leiden, er muß leiden wie ich. Du würdest mich gewiß besser verstehen, wenn man dich über Jahrzehnte hin in einem Loch eingesperrt hätte. Du weißt, was er mir angetan hat. Er hat mich in den Wahnsinn getrieben, hat mich geschlagen, erniedrigt und gedemütigt. Doch das Schlimmste von allem: Er hat mir meinen Sohn genommen, meinen Adriano, den du gepflegt und aufgezogen hast wie dein eigenes Kind. Dafür danke ich dir, und doch habe ich keinen anderen Wunsch, als ihn endlich in meine Arme zu schließen. Nichts wünsche ich sehnlicher, als ihm endlich die Liebe geben zu dürfen, die ich ihm durch diese bösen Streiche des Schicksals vorenthalten mußte."

Berenice bemerkte, wie der Tonfall der gequälten Frau milder wurde, sobald sie von ihrem Sohn sprach. Schmerzlich kam der Gärtnersfrau zu Bewußtsein, daß Adriano seiner Mutter gegenüber einen fürchterlichen Verdacht hegte.

„Ich will Ihnen keine Angst machen, Doña Joana . . ."

„Hör auf, mich mit dem Namen meiner Schwester anzureden. Nenne mich endlich bei meinem richtigen Namen."

„Verzeihen Sie, Doña Barbara. Doch Sie müssen darauf gefaßt sein, daß ein langes Gespräch mit Adriano nötig sein wird. Er verdächtigt Sie, ihn damals im Stich gelassen zu haben, als Sie mit Dr. Ramos fliehen wollten."

„Wer hat ihm das erzählt? Du? Ramos?"

„Beruhigen Sie sich. Nein, es sind Mißverständnisse, verstehen Sie doch, wie schwer es ist, Erklärungen zu geben, wenn man gewisse Dinge nicht erzählen darf. Außerdem ist Adriano ein verständnisvoller, warmherziger Junge. Er wird alles verstehen. Und ich freue mich mit ihm und mit Ihnen auf den Tag, wo er seine Mutter in die Arme schließen kann."

Barbara sah, wie ihre Pflegerin mit den Tränen kämpfte. Gleichzeitig kamen ihr Erinnerungen aus der Vergangenheit. Sie sah ihr neugeborenes Kind, das ihr geraubt worden war. Sie erinnerte sich an den Ramos, den sie vor etlichen Jahren gekannt hatte. Sie liebte ihn noch immer, das wurde ihr in diesem Augenblick schmerzlich bewußt. Berenice bemerkte das Schimmern in den Augen der Frau, die sie jahrelang wie ein hilfloses Kind hatte pflegen müssen, und da sie die traurige Geschichte Barbaras kannte, ahnte sie, daß ihre Herrin sich in die Vergangenheit zurückgeflüchtet hatte. Leise erhob sie sich und ließ Barbara allein.

Kaum eine halbe Stunde nach diesem Gespräch der beiden Frauen erlebte Raimundo eine böse Überraschung. Er kam aus dem Garten und suchte seine Frau, die jedoch nirgendwo zu sehen war. Plötzlich hörte er jemanden die Treppe von der Mansarde herunterkommen. Er wandte sich um, doch statt Berenice erblickte er Joana, gekleidet in ein einfaches graues Leinenkleid und einen halbgeöffneten Überwurf. Die Kranke schien in Gedanken versunken.

„Wo wollen Sie denn hin, Doña Joana?"

Da sie auf seine Frage nur mit einem verständnislosen Staunen reagierte, fuhr er fort:

„Sie brauchen keine Angst vor mir zu haben, Doña Joana. Ich bin Ihr Diener, es ist meine Aufgabe, Sie zu beschützen."

Sofort klarte der Blick der Frau auf.

„Das ist schön. Was deine Frage betrifft, Raimundo: Ich gedenke auszugehen. Und wenn du mein Diener bist, wie du sagst, dann möchte ich dich als erstes darum bitten, daß du mich bei meinem richtigen Namen anredest. Ich bin nicht Joana Cavalcanti, sondern Barbara de Montserrat."

Raimundo erstarrte. Die Frau schien völlig bei Sinnen, sie blickte ihn aus klaren Augen an und sprach doch offenkundig Unsinn.

„Was schaust du mich so verwundert an?" fragte sie. „Hat Berenice dir nichts erzählt? Nein, du scheinst wirklich nichts zu verstehen. Doch das ist gleichgültig. Spann doch die Kalesche an und fahre mich ein Stück in die Stadt."

Der Gärtner stand fassungslos auf seinem Platz. Er wagte nicht zu widersprechen. Kurz darauf stieg sie in die Kalesche Montserrats. Raimundos Entsetzen wuchs, als sie ihn aufforderte, sie in die Rua da Ouvidor zu fahren.

„Aber Doña Joa . . . Barbara, wenn der Patron das erfährt, werde ich dafür büßen müssen."

„Du hast mich schon einmal dorthin gebracht, es ist noch gar nicht so lange her. Weshalb willst du dich heute weigern, meine Befehle zu befolgen?"

Ramos war an diesem Nachmittag allein in seiner Praxis. Adriano hatte sich auf seine Dachkammer geflüchtet. Unmittelbar nach Manéls Besuch am frühen Morgen war Ramos zu seinem Kollegen Dr. Orsório geeilt und hatte ihn gebeten, Senhorina Paula Barbosa zu untersuchen. Gemeinsam erschienen die beiden Ärzte gegen Mittag im Kaffeehaus. Catarina wurde böse, als sie den Anlaß des Besuches erfuhr, doch Paulas Gleichmut, mit dem sie vorschlug, Ramos der Untersuchung beiwohnen zu lassen, ließ den Arzt wenig Gutes erwarten. Gemeinsam mit Manél wartete Ramos darauf, daß der Kollege aus der Wohnung der Wirtsleute nach unten kam. Kurz darauf gratulierte Dr. Orsório dem erschütterten Manél zu einem baldigen Enkelkind. Catarina triumphierte. Zerknirscht erklärte der Kaffeehausbesitzer, Ramos solle Adriano unmißverständlich klarmachen, daß die Hochzeit um keinen Tag aufgeschoben werden dürfte. Er selber wollte zu Padre Ignácio gehen, um alles vorzubereiten. Die Eheschließung sollte in drei Wochen vollzogen werden, am 22. September, dem Tag des Frühlingsbeginns in Brasilien.
Abermals beteuerte Adriano seine Unschuld, doch da selbst Ramos mißtrauisch schien, war er zum Schluß wortlos davongelaufen. Jetzt fieberte Ramos dem Ende seiner Sprechstunde entgegen. Er wollte schnellstmöglich in die Pension, um seinen Freund von übereilten Handlungen abzuhalten. Zwar konnte er sich die Zusammenhänge um Paulas Schwangerschaft nicht erklären, aber daß Adriano ihn so dreist belügen wollte, mochte er nicht glauben. Die Geschichte war äußerst mysteriös und bedurfte unbedingt einiger Nachprüfungen.
Gerade hantierte der Arzt an einem Regal mit einigen Medikamentenfläschchen herum, als er hörte, wie sich hinter seinem Rücken die Tür öffnete. Ohne sich umzuwenden erklärte er dem vermeintlichen Patienten:
„Einen Augenblick, ich werde Sie gleich hereinbitten."
Die Tür schloß sich, doch Ramos spürte, daß der Besucher noch im Zimmer stand. Ärgerlich wollte er sich umwenden, da hörte er eine zarte Frauenstimme:
„Jorge, willst du auch mich warten lassen?"

Der Arzt fuhr entsetzt zusammen, als hätte er eine Geisterstimme vernommen. Jäh wandte er sich zur Tür und erblickte eine Frau, die aussah wie ein Gespenst aus einer lang zurückliegenden Vergangenheit.
„Barbara . . .? Verzeihung, Doña Joana. Für einen Augenblick habe ich geglaubt, Ihre Schwester sei auferstanden."
Er war noch immer benommen. Hatte die Irre ihn nicht gerade mit seinem Vornamen angeredet? Und trug sie nicht die Kleider, die er von früher her kannte? Seit wann konnte Joana sprechen? Weshalb kam sie ihm jetzt zärtlich lächelnd entgegen und blickte ihn mit diesen Augen an? Es war wie in einem Traum. Die Irre aus dem Gartenhäuschen stand nun unmittelbar vor ihm und schlang ihre Arme um seinen Rücken. Dabei sagte sie mit zärtlicher Stimme:
„Nein, Jorge, du träumst nicht. Es ist nicht Joana, die dich besucht. Ich bin es wirklich."
Er spürte ihre Lippen auf den seinen und erwiderte ihre Liebkosungen. Wild preßte er sie an sich, die Sinne schwanden ihm, und noch immer wußte er nicht, ob er wachte oder träumte. Beide hatten alles um sich herum vergessen. Schließlich lösten sie sich aus der Umarmung. Ramos trat einen Schritt zurück. Seine weit aufgerissenen Augen verrieten, daß er die unwirkliche Szenerie noch immer nicht begriff.
„Was hat das alles zu bedeuten?"
„Oh Jorge, das ist eine lange Geschichte. Ich bin wieder zurück, bin bei dir. Doch verlang jetzt nicht, daß ich dir innerhalb weniger Minuten die ganze schreckliche Geschichte erzähle. Ich bin so glücklich, wieder bei dir zu sein. Doch du wirst gewiß verstehen, daß da noch jemand ist, den ich unbedingt sehen muß. Wo ist mein Sohn? Bring ihn zu mir, ich habe so lange darauf warten müssen, Adriano in meine Arme schließen zu dürfen."
„Barbara, bitte, erkläre mir doch nur, wann du mich, wann du Adriano wiedererkannt hast? Wir waren so oft bei dir, bei dir als Joana, und nie . . ."
„Nein, Jorge, später. Ich kann deine Fragen jetzt nicht beantworten. Vielleicht weiß ich selber nicht genau, wann die Erinnerung zu mir zurückkam. Ich flehe dich an, laß mich nicht mehr warten. Hole Adriano, bitte!"

Ramos war noch immer fassungslos, aber er konnte seine Verwunderung und seine Neugier schließlich bezwingen.
„Du hast recht, du mußt Adriano sehen. Ich werde ihn holen, warte hier auf mich, ich bin gleich zurück."
Er küßte sie zärtlich, dann lief er zur Tür hinaus. Unten traf er Raimundo, der in der Kalesche wartete.
„Raimundo, laß das Fahrzeug hier stehen. Komm mit mir zu Esmeraldas Pension, wir holen Adriano gemeinsam. Vielleicht kannst du ihm einiges erzählen, was selbst ich nicht weiß."

Adriano reagierte überraschend gefaßt, als Ramos ihm mitteilte, seine Mutter wünsche ihn zu sehen. Seitdem er gemeinsam mit Ramos und dem Gärtner das leere Grab entdeckt hatte, wußte er um die Möglichkeit, daß seine Mutter noch lebte. Dennoch überwältigte ihn diese Nachricht. Er stellte Fragen, wollte wissen, was genau geschehen war, und bat um ein paar Minuten Bedenkzeit.
„Bitte drängt mich jetzt nicht. Erzählt erst einmal. Das einzige, was ich aus euren Erzählungen herausgehört habe, ist, daß die irre Joana aus der Mansarde in Wirklichkeit meine Mutter ist."
Er atmete tief, und seine Augen drückten weiterhin Skepsis aus.
„Bitte, Adriano, sie wartet auf dich."
„Hören Sie, Ramos, ich bin fast neunundzwanzig Jahre alt. Zurückerinnern kann ich mich mühsam an mein drittes, viertes Lebensjahr. Meine Mutter galt seitdem als tot, Raimundos Frau hat mich an ihrer Statt aufgezogen. Seit einigen Wochen weiß ich, daß Mutter vielleicht noch lebt. Jetzt erfahre ich, daß ich sie schon unzählige Male gesehen habe. Doch die Frau, die meine Mutter sein soll, kenne ich nur als Wahnsinnige. Gebt mir noch ein paar Minuten. Das ist alles zuviel für mich. Und belügt mich nicht länger. Bevor ich ihr gegenübertrete, muß ich wissen, was damals vorgefallen ist."
Ramos blickte zu Raimundo, der nach wie vor verunsichert dastand und noch kein Wort über die Lippen gebracht hatte.
„Rede du, Raimundo, du warst damals als einziger von uns in der Nähe. Es ist vielleicht ein Glücksfall, daß du auf die vermeintliche Doña Joana gewartet hast. Ich vermutete gleich, daß Adriano eine Erklärung verlangt. Zu Recht . . ."

Raimundo seufzte.
„Ich weiß nicht . . . Alles liegt so lange zurück . . ."
Adriano geriet über das Zaudern des Gärtners in Wut.
„Rede jetzt endlich, Raimundo. Unzählige Male habe ich dich und Bere darum gebeten, und immer wieder habt ihr mich mit vagen Andeutungen abgespeist. Fast muß ich schon befürchten, ihr habt etwas zu verbergen."
Ramos sah, wie Raimundo über diese Anklage noch unsicherer wurde. Angstschweiß stand ihm auf der Stirn.
„Klage ihn nicht an, Adriano! Zumindest nicht, bevor er gesprochen hat. Und du, Raimundo, erzähl jetzt bitte, wir dürfen Doña Barbara nicht allzulange warten lassen."
Mit bebender Stimme gab der Gärtner nun seinen Bericht der Vorfälle, die sich vor langen Jahren ereignet hatten:
„Einiges wissen Sie schon von mir und Bere, Sie erinnern sich gewiß. Doña Barbara wollte mit Dr. Ramos fliehen. Durch Mittelsmänner hatte der Patron davon erfahren und wollte Dr. Ramos davon abhalten lassen, zu dem vereinbarten Fluchtpunkt zu kommen. Doña Barbara wartete in der Kutsche, und als sie den Patron mit einigen Begleitern näherkommen sah, forderte sie den Kutscher auf, davonzufahren. Wir erhielten den Befehl, die Kutsche zu verfolgen. Doña Barbara hatte ihr Baby bei sich, Sie, Dr. Adriano. Das haben wir Ihnen bis zuletzt verschwiegen. Doch der Kutscher geriet in Furcht, hielt an und verschwand in den nahen Wäldern. Dann erreichten wir den Platz. Doña Barbara kauerte halb ohnmächtig vor Angst in dem Gefährt, doch als Montserrat ihr das Baby aus den Händen riß, kam sie zu sich und schrie verzweifelt um Hilfe. Der Patron schlug sie, und sie blieb jammernd im Inneren der Kutsche auf dem Boden liegen. Dann drückte er mir das Kind in die Hand, zog seine Pistole heraus und schoß in die Luft. Ich verstand nicht, was das sollte, doch als die herrenlosen Tiere mit der Kutsche durchgingen, wurden mir seine Absichten klar. Ich konnte noch sehen, wie das Gefährt durch einen auf der Straße liegenden Felsbrocken das Gleichgewicht verlor und auf die Seite fiel. Die verängstigten Tiere zogen das Wrack noch einige Meter hinter sich her. Erst später wurde mir mitgeteilt, daß Doña Barbara durch einen Schädelbruch ums Leben gekommen sei. Selber gesehen habe ich das nicht,

denn Montserrat schickte mich mit dem Kind fort. Um es . . . Ja, um es zu töten."
Der grauhaarige Mann zitterte. Seine Erzählung hatte ihm die Erlebnisse von damals wieder so lebendig vor Augen geführt, als müßte er diese grausamen Minuten ein zweites Mal durchleben. Adriano war innerlich aufgewühlt.
„Warum hast du seinen Befehl nicht befolgt, Raimundo?"
„Ich konnte es nicht übers Herz bringen. Wie können Sie so etwas überhaupt fragen? Ich bin also nach Hause gegangen und habe Bere alles erzählt . . ."
Ramos unterbrach ihn.
„Wie, ich dachte immer, Bere sei damals auf dem Land gewesen. Warum habt ihr mir das nie erzählt?"
„Das verstehe ich selber nicht genau. Doch lassen Sie mich erst weiter berichten. Meine Frau behielt klaren Kopf, ich hätte in meiner Verwirrung das arme Kleine vermutlich im Gartenhaus behalten. Sie aber sah gleich, daß das zu gefährlich war. Also gingen wir zu Padre Ignácio. Er leitete schon damals das Waisenhaus, und dorthin brachten wir Sie. Wir hofften, daß Montserrat Sie unter den anderen Kindern nie finden würde, wir glaubten Sie gerettet."
Adriano erinnerte sich an seinen nur wenige Monate zurückliegenden Besuch im alten Waisenhaus. Nun kannte er den Grund seiner damaligen Bedrückung.
„Endlich wird mir klar, weshalb ich bei unserem gemeinsamen Besuch im Waisenhaus das Gefühl hatte, schon einmal dort gewesen zu sein. Padre Ignácio wollte mir einreden, ich sei später einmal mit Ihnen, Ramos, dorthin gegangen. Ich wußte gleich, daß das nicht stimmte. Aber sagen Sie, der Padre hat vom ersten Tag an gewußt, daß mein Vater mich töten lassen wollte? Und trotzdem . . ."
Ramos griff ein.
„Klage ihn nicht an, er wußte viel, doch einige Details dieser unvorstellbaren Vorfälle wurden ihm verschwiegen. Doch ohne seine Hilfe würdest du vielleicht nicht leben."
Raimundo fuhr mit seinem Bericht fort:
„Sie blieben dort, bis Sie zweieinhalb, vielleicht auch schon drei Jahre alt waren. So genau weiß ich das nicht, da müßten Sie Bere fragen. Ich hoffe, Sie verzeihen mir."

„Verzeihen?“ Adriano schaute ihn entgeistert an. „Wofür soll ich dir verzeihen? Dafür, daß du mir das Leben gerettet hast? Ich schulde dir keine Verzeihung, sondern Dank . . . Einen Dank, den ich dir nie entgelten kann.“
Ergriffen umarmte er den grauhaarigen Alten. Ramos hatte indes seine Zwischenfrage nicht vergessen.
„Weshalb wurde mir und später auch Adriano erzählt, daß Bere zur Zeit des Unglücks nicht zu Hause war?“
„Das habe ich selber nie richtig begriffen. Am Abend des Unglücks noch rief der Patron sie zu sich. Sie blieb lange bei ihm, und als sie später in der Nacht zurückkam, war sie völlig verwirrt. Montserrat hatte sie aufgefordert, aufs Land zu fahren. Mir sagte sie nur, daß sie die genauen Gründe nicht verraten dürfte, selbst mir nicht. Doch aus ihren Augen sprach entsetzliche Furcht. Sie trug damals unseren Rogério unterm Herzen. Kurz und gut, sie reiste noch in derselben Nacht ab und kam erst nach fast drei Wochen zurück. Unzählige Male habe ich sie nach ihrem Aufenthalt ausgefragt, doch sie blieb bei der Erklärung, sie hätte die Schwester Doña Barbaras pflegen müssen. Kurze Zeit später kam dann die Irre zu uns.“
Ramos' Augen leuchteten auf.
„Das erklärt einiges. Barbara hatte überlebt, und Montserrat brauchte eine Vertraute. Er hat Bere erpreßt, vermutlich, indem er ihr drohte, eurem Kind etwas anzutun. Berenice ist also die einzige außer Montserrat, die seit jeher wußte, daß Barbara noch lebt.“
Stotternd fügte Raimundo noch eine Erklärung hinzu.
„Es gab noch einen Grund, weshalb Bere vielleicht geschwiegen hat. Es fällt mir schwer, das einzugestehen, gerade Ihnen, Dr. Ramos. Ich hoffe, Sie verzeihen mir. Der Patron hat mich in den Monaten vor dem Unglück gezwungen, Doña Barbara nachzuspionieren. Durch mich wußte er, daß sie sich weiterhin heimlich mit Ihnen traf.“
Der Arzt fuhr zusammen. Er schaute dem betrübten Gärtner tief in die Augen. Dann legte er ihm die Hand auf die Schulter und sagte mit ruhiger Stimme:
„Hab keine Furcht, ich verzeihe dir. Du hättest auch durch eine Weigerung nichts ändern können. Ich danke dir, daß du endlich alles erzählt hast.“

Adriano hatte die schreckliche Geschichte noch immer nicht richtig verkraftet, doch er nahm sich zusammen.
„Kommt, wir haben Ewigkeiten versäumt. Mutter wartet, und jetzt gibt es keinen Grund mehr, ihr nicht freudig in die Arme zu fallen. Ich hatte lange Zeit wirklich geglaubt, sie hätte mich damals allein bei Montserrat zurückgelassen."
Als die drei Männer in Ramos Praxis kamen, erlebten sie jedoch eine böse Überraschung. Statt Barbara wartete Padre Ignácio auf sie. Der Bankier war mit einigen Krankenpflegern bei ihm erschienen und hatte ihn aufgefordert, ihn zu Ramos zu begleiten. Durch Mercedes von Joans/Barbaras Verschwinden in Kenntnis gesetzt, hatte Montserrat keinen Augenblick gezweifelt, wohin sie entflohen war. Der Padre sollte vermitteln, falls Ramos sich weigerte, die Frau freizugeben. Doch Barbara saß allein in der Praxis. Sie hatte sich verzweifelt gewehrt und sich auch von dem Priester nicht besänftigen lassen und konnte nur gewaltsam aus dem Behandlungszimmer ihres Geliebten entführt werden.
„Ich konnte nichts dagegen unternehmen", schloß der Priester seinen Bericht. „Das Recht ist auf Montserrats Seite, es gab keine Rettung. Vor allem bliebt ihr zu lange aus. Doch auch das hätte nichts geholfen."
Adriano sah den Padre vorwurfsvoll an.
„Was heißt, das Recht ist auf seiner Seite? Wissen Sie denn nicht . . ."
„Beruhige dich, Adriano", griff Ramos ein. „Nein, er weiß nichts von dem, was auch wir beide erst vor wenigen Minuten erfahren haben. Glaubst du, er hätte sonst die Trauung Montserrats mit Rosália vollzogen?"
Padre Ignácios Gesichtsausdruck verriet dem jungen Mann, daß der Priester über die Geschehnisse tatsächlich nicht informiert war. Verständnislos fragte er, welche Gründe ihn an der Durchführung der Trauung hätten hindern können, doch Ramos wehrte ab:
„Später, Padre. Jetzt benötigen wir Sie als Zeugen und als Vermittler. Sie müssen uns zu Montserrat begleiten."

Montserrat lief aufgeregt in seinem Arbeitszimmer auf und ab. Weder Mercedes noch Rosália durften zu ihm hinein. Barbara

befand sich wieder in ihrem Gefängnis. Die sich wild wehrende und schreiende Frau war durch ein starkes Beruhigungsmittel zum Schweigen gebracht worden. Bere saß bei ihr, doch unter dem Einfluß der Droge starrten die Augen der Entführten nur ins Leere.
Eine Stunde, nachdem die vermeintliche Joana gewaltsam zurückgebracht worden war, trafen Adriano, Ramos und der Priester in der Villa ein. Rosália sah die beiden Männer fragend an, doch Ramos vertröstete sie. Adriano öffnete geräuschvoll die Tür zum Arbeitszimmer seines Vaters.
Der Bankier empfing ihn spöttisch:
„Wie, Dr. Adriano, ich dachte, Sie wollten mein Haus nie wieder betreten."
„Schweigen Sie, Vater, wir sind gekommen, meine Mutter aus Ihren Händen zu befreien."
Montserrat blickte verständnislos zu Padre Ignácio.
„Padre, können Sie mir erklären, was dieser Unsinn soll?"
Der Priester war nun der einzige, der nichts begriff.
„Lassen Sie Padre Ignácio aus dem Spiel", schrie Ramos unbeherrscht dazwischen. „Sie haben richtig gehört, wir sind gekommen, die Eingesperrte aus der Mansarde abzuholen."
„Versuchen Sie es, Sie werden sich wundern. Ich bin diese ständigen Eingriffe in meine Familienangelegenheiten leid. Außerdem dürfen Sie damit rechnen, daß ich Sie vor Gericht bringen will, Sie Grabesschänder."
„Wer von uns beiden vor Gericht stehen wird, werden wir noch sehen! Rechnen Sie besser mit einer Anklage wegen Bigamie . . . wegen Fälschung einer Todesurkunde . . . wegen Korruption! Wir werden herausfinden, wer Ihnen zu dem gefälschten Gutachten verholfen hat."
Adriano sah seinen Vater mit unbändigem Haß in die Augen. Padre Ignácio verstand immer weniger von dem, was sich hier abspielte. Montserrat wandte sich an ihn.
„Es ist wirklich ein Glücksfall, daß Sie zugegen sind, Padre. Hören Sie genau zu, was hier an unverschämten Lügen gegen mich vorgebracht wird. Sie müssen vor Gericht gegebenenfalls bestätigen, welch ungeheuerliche Anklagen mein eigener Sohn gegen mich erhebt, aufgestachelt durch diesen gottlosen Anarchisten!"

Ramos' Stirnadern traten hervor, als er wütend hervorstieß:
„Es reicht, Montserrat. Sie wissen ganz genau, daß er nicht seinen leiblichen Vater beschuldigt."
„Bitte, Ramos, beruhigen Sie sich." Padre Ignácio versuchte den tobenden Arzt zur Tür hinauszuleiten. „So kommen wir doch zu keinem Ergebnis. Bewahren Sie Ruhe und Übersicht."
Adrianos Blicke wanderten ungläubig zwischen Montserrat und Ramos hin und her. Was sollte diese Bemerkung bedeuten? Durch den Priester war Ramos inzwischen wieder zur Besinnung gekommen. Er rief Adriano in den Flur.
„Komm, Adriano, Padre Ignácio hat recht. Wir können keine Gewalt anwenden, das ist zu gefährlich."
Nachdenklich verließ Adriano das Arbeitszimmer des Bankiers. Er bemerkte nicht einmal Rosálias besorgte Blicke. Die junge Frau hatte von der Vorhalle aus das Geschrei im Zimmer Montserrats mit angehört, von dem Inhalt der aufgeregten Auseinandersetzung jedoch so gut wie nichts mitbekommen. Da Ramos und Adriano wortlos an ihr vorübergingen, hielt sie den Priester auf. Doch der Geistliche wehrte ihre besorgten Fragen ab:
„Bitte, Kind! Ich verstehe das selbst alles nicht. Dränge mich jetzt nicht zu Erklärungen, die ich dir nicht geben kann. Ich muß nochmals zu deinem Mann."
Montserrat saß bleich hinter seinem Schreibtisch. Ehe der Priester etwas sagen konnte, ergriff der Bankier das Wort:
„Sie haben es selbst mit erlebt, Padre, Ramos hat unseren Pakt gebrochen. Jetzt bin auch ich durch nichts mehr gebunden, ich habe alle Mittel in der Hand, gegen ihn vorzugehen. Ich werde ihn vernichten."
„Montserrat, bedenken Sie, mit wem Sie sprechen. Meinen Sie, daß ich diese unchristlichen Worte unwidersprochen hinnehmen kann? Üben Sie Demut, hören Sie auf, diesen unseligen Kampf mit Ramos bis in alle Ewigkeit fortzuführen. Ist nicht schon genug Unheil geschehen? Und was soll das alles heißen? Weshalb beschuldigt Adriano Sie der Bigamie?"
Montserrat hatte sich so weit beruhigt, daß er dem ahnungslosen Priester gegenüber die Rolle des zu Unrecht Angegriffenen vorspielen konnte. Traurig erwiderte er:

„Ich verstehe es selber nicht. Ramos hat ihm eingeredet, daß Barbara noch lebt. Von der gerichtlich angeordneten Graböffnung haben Sie sicher gehört, ebenso von dem Ergebnis. Aber Ramos' Rachsucht geht über diesen Befund rücksichtslos hinweg. Soll ich Ihnen, ausgerechnet Ihnen, der damals dabei war, sagen, wie sehr gerade ich wünschte, Barbara würde noch leben? Sie wissen, wie sehr ich sie geliebt habe, trotz ihres Betruges, trotz ihrer Untreue. Und habe ich mich Adriano gegenüber nicht wie ein wirklicher Vater verhalten?"
Padre Ignácio schien von dem Schauspiel überzeugt. Mit besorgter Miene warnte er den Bankier nochmals vor übereilten Schritten, dann verabschiedete er sich. Beim Hinausgehen bat ihn Rosália, Adriano mitzuteilen, sie müsse ihn schnellstmöglich sprechen.

Ramos und Adriano waren schweigend zur Praxis zurückgegangen. Ramos spürte die bohrenden Blicke, mit denen sein Schützling ihn fixierte. Mehrmals rang er nach Worten, doch es war ihm unmöglich, von sich aus ein Gespräch zu eröffnen. Adriano verharrte in trotzigem Schweigen. In der Praxis begann er, seine ärztlichen Instrumente in eine kleine Tasche zu packen.
„Was machst du da, Adriano? Willst du gehen?"
„Sie haben es erraten, Ramos. Ich nehme das wenige, das mir gehört, mit in die Pension. Morgen werde ich bei einem anderen Arzt anfragen, ob er mich als Partner aufnimmt. Oder ich fange in einem Hospital an."
„Und weshalb? Kannst du mir erklären, wodurch ich offenbar deine Freundschaft verspielt habe?"
„Freundschaft? Einen Freund könnte ich gut gebrauchen. Einen Freund, der mir helfen würde zu verstehen, weshalb mein eigener Vater sich nicht zu mir bekennt. Weshalb ich mehr als ein Vierteljahrhundert in dem Glauben leben mußte, ich sei der Sohn des Bankiers de Montserrat, den ich nie lieben, allenfalls achten und respektieren konnte. Auf dessen gnadenlose Härte im Geschäftsleben, auf dessen politische Ansichten ich nie stolz sein durfte. Wie oft mußte ich mich schämen, ein Montserrat zu sein? Wie oft fürchtete ich, ein Teil dieser bösen Erbschaft könnte auch in meinen Adern fließen. Und die ganze Zeit über lebt in meiner Nähe ein

Mann, den ich so gerne mit Stolz meinen Vater genannt hätte. Dieser Mann war mein Freund, wie er behauptete. In Wirklichkeit aber verleugnet er mir gegenüber unsere wirkliche Beziehung. Er muß Gründe dafür gehabt haben, und ich denke, es ist das beste, wenn ich sein Verhalten respektiere. Da Sie sich zu mir als Ihrem Sohn nicht bekennen wollen, Dr. Ramos, will ich Sie von meiner Gegenwart befreien. Als schlechtes Gewissen habe ich Sie lange genug belästigt."

Ramos' düstere Miene klärte sich auf. Adrianos Erklärung trieb ihm die Tränen in die Augen, ergriffen trat er zu ihm und umarmte ihn. Der junge Mann geriet über diese Geste in Verwirrung.

„Was soll diese plötzliche Zärtlichkeit? Habe ich kein Recht, eine Erklärung zu verlangen?"

„Doch", brachte Ramos mühsam heraus. „Du hast. Du bist mein Sohn, Adriano, und du kannst dir nicht vorstellen, wie ich all die langen Jahre hindurch darunter gelitten habe, daß ich mich nicht dazu bekennen durfte."

„Was heißt, Sie durften nicht? Wer konnte das verhindern? Über Jahrzehnte hin?"

„Wer schon? Montserrat natürlich! Du hast vorhin die Geschichte deiner glücklichen Rettung gehört. Berenice und Raimundo brachten dich ins Waisenhaus. Doch Raimundo ist ein schlechter Lügner. Montserrat wollte natürlich von ihm wissen, ob und wie er seinen Auftrag ausgeführt hätte, und selbst ein weniger argwöhnischer Mann als er wäre von dem armen Teufel Raimundo nicht hinters Licht geführt worden. Zu erraten, wohin man dich gebracht hatte, war ebenfalls nicht schwer. Raimundo erzählte mir alles, und ich habe meinen Mut zusammengenommen und ging zu Montserrat. Wir gerieten sofort aneinander, doch als ich ihm klarmachte, daß ich von Raimundo über seine Absichten informiert worden war, schrak er zurück. Und dann machte er mir einen Vorschlag: Ich mußte ihm vor Padre Ignácio schwören, dich nie über deine wahre Herkunft in Kenntnis zu setzen, und er versprach dafür, dich wie seinen leiblichen Sohn aufzuziehen. Und an diesen Pakt war ich gebunden. Heute noch hätte ich geschwiegen, wenn ich nicht über die Wiederkehr deiner Mutter meine Fassung verloren hätte. Doch jetzt bin ich glücklich, daß alles aufgeklärt ist."

„Padre Ignácio wußte alles?"
„Nein, natürlich nicht, daß Montserrat dich töten lassen wollte. Die Vorwände, unter denen wir gemeinsam seine Verschwiegenheit erkauften, waren die Ehre der untreuen Verstorbenen und die Sicherheit deiner Erziehung. Als Erbe Montserrats standen dir alle Türen offen."
Adriano hatte große Mühe, all die Neuigkeiten, die an diesem Tag auf ihn einstürmten, zu bewältigen. Dennoch wollte er jetzt, wo einmal der Anfang gemacht war, alles wissen.
„Ramos, bitte, jetzt, wo Sie sich als mein Vater bekannt haben, möchte ich auch wissen, wie alles gekommen ist. Weshalb hat meine Mutter Montserrat geheiratet, obwohl Sie ihn nicht liebte?"
„Das ist leicht zu erklären, Adriano: Sie mußte. Ihr Vater war ehemals ein wohlhabender Mann gewesen, seine Familie stand in freundschaftlichen Beziehungen zu den Montserrats. Damals war es noch weniger üblich als heute, die Kinder um ihre Meinung zu fragen, wenn man sie verheiratete. Kurz, deine Mutter wurde dem Bankierssohn versprochen, und als ich sie kennenlernte, galt sie schon als seine zukünftige Frau. Dennoch verliebten wir uns ineinander. Ich stand damals kurz vor meinem Examen und hatte den Kopf noch voller Flausen. Unbedarft, wie ich war, glaubte ich, die ehernen Gesetze der Gesellschaft umstoßen zu können. Einer Gesellschaft, die noch verkrusteter war als heute. Du wirst dich dunkel daran erinnern, daß es zu deiner Kindheit noch Sklaven gab. Es ist kaum mehr als ein Jahrzehnt vergangen, daß Brasilien eine Republik wurde. Wie die Wirklichkeit damals aussah, das kannst du nicht wissen. Kurz und gut, dein Großvater, der Fazendeiro Cavalcanti, ließ mich durch seine Sklaven vor die Tür setzen. Er hörte meine Werbung nicht einmal an. Verzweifelt sann ich nach Auswegen, doch meine Eltern waren nicht wohlhabend. Gemeinsam beschlossen daraufhin deine Mutter und ich, vor dem vereinbarten Hochzeitstermin zu fliehen. Ich ging in die Berge und versuchte mich als Goldgräber, um wenigstens ein bißchen Geld für die ersten Wochen und Monate zu verdienen. Ich lebte in einer kleinen Pension in Minas, wenige Kilometer vor der Bergwelt des Nordostens. Eines Tages suchte mich Barbara dort auf. Die Hochzeit war vorverlegt worden, man hatte Verdacht geschöpft. Außerdem hat-

ten wir uns vor meiner Abreise unserer Liebe nicht mehr erwehren können, deine Mutter war schwanger. Die Pensionswirtin jedoch, die sich unseligerweise in mich verliebt hatte, erzählte deiner verzweifelten Mutter, ich sei nach Venezuela geflohen, weil die Polizei mich aufrührerischer Aktivitäten wegen verfolgte. Barbara glaubte, ich wäre vor meiner Verantwortung für unser Kind davongelaufen. Sie kehrte nach Rio zurück und heiratete Montserrat. Briefe, die ich an sie schrieb, blieben unbeantwortet, wie ich später erfuhr, waren sie nie bei ihr angelangt. Zuletzt trieb mich die Verzweiflung in die Hauptstadt zurück. Zu meinem Entsetzen traf ich deine Mutter als Senhora Francisco de Montserrat wieder."

Adriano hörte gebannt zu, er bemerkte nicht die Aufwallung, in die Ramos durch seinen Bericht geraten war. Je länger er erzählte, desto deutlicher standen ihm die Ereignisse von damals lebhaft vor Augen. Nach einer kurzen Unterbrechung zwang er sich, weiterzureden.

„Montserrat hatte bald nach der Hochzeit herausgefunden, daß Barbara schwanger war. Und da sie sich ihm sogar in der Hochzeitsnacht verweigert hatte, konnte er nicht mehr daran zweifeln, daß ich der Vater des Kindes war. Dennoch, eines muß man ihm zugute halten: Er liebte Barbara mit einer Besessenheit, in der er ihr alles verzieh. Er hätte sogar dich hingenommen, wäre es ihm dadurch gelungen, sie für sich einzunehmen. Doch es dauerte nicht lange, und er bemerkte, daß wir uns wieder heimlich trafen. Erst seit heute weiß ich, daß er den armen Raimundo zum Spionieren zwang. Von unseren Fluchtplänen hatte er ebenfalls erfahren, ich vermute, durch einen vermeintlichen Freund von mir, den ich um Geld gebeten hatte. Sicher bin ich allerdings nicht. Das einzige, was ich mit Gewißheit weiß: An dem Tag, an dem wir gemeinsam mit dir fliehen wollten, kamen drei Geheimpolizisten zu mir und führten mich aufs Präsidium. Ich wurde sogenannter aufrührerischer Pläne verdächtigt, und als ich eine Woche später endlich freigelassen wurde, erfuhr ich, daß du im Waisenhaus warst und Barbara eines grauenvollen Todes gestorben war. Dann kam es zu der Begegnung mit Montserrat und dem Pakt, von dem ich dir erzählt habe. Das ist die Geschichte der großen Liebe zwischen deiner Mutter und mir. Jetzt weißt du alles."

Adriano schwieg. Er versuchte zu verstehen, doch in seinem Innern kämpfte der Verständniswillen mit dem scheußlichen Gefühl, daß er um seine Kindheit und Jugend betrogen worden war.
„Wissen Sie, Vater . . . Es fällt mir schwer, dieses Wort über die Lippen zu bringen, ich muß mich erst daran gewöhnen. Wissen Sie, heute, innerhalb weniger Stunden mußte ich so viele Neuigkeiten verkraften wie nie zuvor in meinem Leben. Im nachhinein wird mir manches klar. Das gespannte Verhältnis zu dem Mann, den ich für meinen Vater gehalten habe, ein Verhältnis, das meine Kindheit trübte. Die seltsame Beziehung zu Ihnen, die Freundschaft, die sich, ungeachtet der Fehde, zwischen uns entwickelte und die mir unzählige Strafen einbrachte. Das Verbot, die irrsinnige Tante im Gartenhäuschen zu besuchen . . . Wenn ich bedenke, daß meine Mutter die ganze Zeit über nur wenige Meter von mir entfernt lebte . . ."
Er konnte nicht weitersprechen. Eine grenzenlose Traurigkeit ließ ihn verstummen. Auch Ramos schwieg. Der Tag, der allmählich zu Ende ging, hatte auch ihm Überraschungen gebracht. Noch war er unfähig, sich über die nächsten Schritte zur Befreiung seiner Geliebten Gedanken zu machen. Barbara de Montserrat lebte, doch noch war sie eine Gefangene seines Todfeindes. Und diesem war jede Untat zuzutrauen.

12. KAPITEL

Im Haus Padre Ignácios herrschte seit Tagen eine Ruhe, wie sie der Priester nur aus den Zeiten vor dem Einzug seiner Nichten kannte. Dennoch hätte der gutmütige alte Mann das Schweigen liebend gern gegen das Durcheinander der zurückliegenden Monate eingetauscht. Es war keine friedliche Stille, die ihn umgab, sondern die Stille der Verzweiflung. Alice redete seit ihrem Gespräch mit Nelo nur mehr das Notwendigste. Sie blieb ihrer Arbeit fern, wich den Treffen mit Carola aus und kommandierte nicht einmal mehr ihre Schwestern herum. Zudem beobachtete der Priester, wie sie von einer krampfhaften Waschsucht befallen wurde. Nach jeder noch so harmlosen Verrichtung lief sie sofort zu der blechernen Waschschüssel auf ihrer Kammer und rieb sich wie besessen ihre Finger in dem eiskalten Wasser. Auch kleidete sie sich wieder in jene unscheinbaren hochgeschlossenen grauen Kleider, die sie in den letzten Wochen gegen die Kreationen Carolas eingetauscht hatte.
Einige Tage nach Nelos schweigendem Abgang hatte sie noch gehofft, er werde sie ein zweites Mal besuchen und ihr seine Verzeihung aussprechen. Doch blieb dies ein Wunschtraum. Jedesmal, wenn jemand die Treppe heraufkam, sprang sie aufgeregt von ihrem Platz auf und rückte sich vor dem Spiegel die Frisur zurecht, doch dann erschien nur der Onkel oder eine der Schwestern. Stundenlang stand sie bangend am Fenster, in der Hoffnung, den Geliebten wenigstens draußen auf der Straße vorübergehen zu sehen; aber auch diese kleine Hoffnung blieb unerfüllt.
Ihren Schwestern ging es kaum besser. Marinez, die jüngste, bereitete sich auf ihren baldigen Eintritt in ein Kloster vor. Padre Ignácio war zu der Überzeugung gelangt, daß dieser Wunsch nicht auf einer Enttäuschung oder kindlicher Naivität fußte, sondern Ausdruck einer wohlüberlegten Entscheidung war. Und so hatte er vor einigen Tagen die wichtigsten Schritte eingeleitet. Noch vor Ende des Monats September sollte Marinez als Novizin in einem Kloster vor den Toren der Stadt eingeführt werden.
Mariana und Marize wiederum litten wie ihre Schwester unter Liebeskummer. Rogério verhielt sich seit einigen Wochen sehr

zögerlich. Er liebte Mariana, doch der Gedanke, in Kürze schon heiraten zu sollen, verunsicherte ihn. Deshalb zog er sich mehr und mehr zurück, flüchtete sich bei jeder Gelegenheit ins Kaffeehaus und zechte wie früher bis spät in die Nacht hinein mit seinen Freunden, vor allem mit Nelo. Sogar mit Juca hatte er sich nach und nach wieder ausgesöhnt.

Danilo hielt sich weiterhin von dem wilden Treiben im Kaffeehaus fern. Er hatte sich mit seinem Schicksal abgefunden. Adriano und Esmeralda hatten jedoch vor einiger Zeit herausgefunden, daß er auf der Straße bettelte. In langen Gesprächen hatte der Arzt seinen Zimmergenossen überzeugt, daß er nicht resignieren dürfe. Er lehrte ihn die Blindenschrift, und so faßte Danilo wieder neuen Mut. Seit einigen Tagen traf er sich regelmäßig mit seinem politischen Mentor Ramos und diskutierte mit ihm die Möglichkeiten, gegen die bestehende Ordnung zu kämpfen. Nach und nach festigte sich in seinem Kopf ein Plan, den er andeutungsweise auch Marize verriet. Das Mädchen geriet darüber in große Verzweiflung, denn Danilo spielte mit dem Gedanken, sich in den Bergen des Sertão einer Gruppe geflohener Widerständler anzuschließen. Noch war er in Rio, aber Marize spürte, daß sie ihn kaum würde halten können.

Im Kaffeehaus der Barbosas war die Stimmung ähnlich wie im Haus des Priesters. Die Gäste strömten wie eh und je in das beliebte Lokal, doch die Familie des Besitzers und der Oberkellner Bodoque strahlten nicht mehr die frühere Gelassenheit und Heiterkeit aus. Bodoque spielte zwar abends noch auf seinem Steinway, aber in Gedanken war er schon anderswo. Er wollte die Ersparnisse aus der berühmten Holztruhe in ein eigenes Café investieren und baldmöglichst das Dienstmädchen der Medeiros heiraten. Zwei Sorgen quälten ihn jedoch: Zum einen mochte er seinem Chef ungern von seinen Plänen berichten, weil sich Manél ihm gegenüber seit jeher wie ein Vater verhalten hatte; zum anderen hatten erste Erkundigungen ans Licht gebracht, daß der Inhalt seiner Truhe kaum ausreichen würde, ein Café zu kaufen, das seinen Vorstellungen entsprach.

Manél sah die Bedrückung seines Angestellten, ungeachtet seiner eigenen Sorgen, die wahrlich groß genug waren. Der Hochzeitster-

min seiner Tochter stand fest, aber ein Anlaß zur Freude war das nicht. Und die Resignation, die Nelo an den Tag legte, blieb dem sensiblen Wirt ebenfalls nicht verborgen. Die ehemals so fröhlichen Gelage liefen, wie Manél beobachtete, ungesellig, ja gezwungen ab. Er beschloß, seinen Sohn zur Rede zu stellen.
„Willst du mir nicht endlich erzählen, was mit dir los ist? Seit Tagen läufst du mit versteinertem Gesicht herum, sprichst kaum noch und betrinkst dich unablässig."
„Seit wann stört es Sie, Vater, wenn wir hier trinken? Früher haben Sie oft mitgehalten. Alles ist wie immer."
„Nein, versuche nicht, mich hinters Licht zu führen. Ich kenne dich gut genug, um zu sehen, daß etwas nicht stimmt. Hast du dich mit deiner Alice zerstritten?"
„Behelligen Sie mich nicht mit diesem Thema, nie wieder. Senhorina Alice existiert nicht mehr für mich."
Er stand auf und wollte ohne weitere Erklärung gehen, doch Manél hielt ihn zurück. Enttäuscht fragte er:
„Hast du kein Vertrauen zu deinem Vater? Es gab Zeiten, da habe ich sofort von deinen Sorgen und Nöten erfahren. Soll ich jetzt dasitzen und so tun, als sähe ich nichts, was um mich herum geschieht? Ich bitte dich, Nelo . . . Die Geschichte mit Paula zerreißt mir schon das Herz, doch da weiß ich immerhin, was vorgefallen ist. Deine Bedrückung hingegen, ist mir ein Rätsel."
Der junge Mann setzte sich wieder und sah seinen Vater, der ihn mit seinen grauen Augen stumm anflehte, an. Ihm war, als sei der Mann in den letzten Wochen um Jahre gealtert.
„Ach, Vater", seufzte Nelo, „Sie haben kein Glück mit Ihren Kindern . . . und die haben kein Glück in der Liebe. Was soll ich Ihnen über Alice sagen? Sie hat mich enttäuscht, es gibt keine Zukunft mehr für uns."
„Und weshalb nicht? Ich verstehe das alles nicht. Schon damals nicht, als wir bei Padre Ignácio waren."
„Damals habe ich es auch nicht verstanden. Vor kurzem erst hat sie mich über ihr merkwürdiges Verhalten aufgeklärt. Wäre doch diese Aussprache nur vor Monaten schon erfolgt . . . Dann hätten wir uns alle weniger Hoffnungen gemacht und wären entsprechend weniger enttäuscht worden."

Manél hatte eine Ahnung.
„Die Ursache eures Streites liegt in der Vergangenheit? Handelt es sich um den Mann, den sie vor Jahren liebte? War das mehr als eine unglückliche Liebe?"
Nelo sah den Alten traurig an. Mit leiser Stimme bestätigte er dessen unausgesprochene Vermutung.
„Ja, Sie haben es erraten."
„Und? Sie kann diesen Mann nicht vergessen?"
„Doch, sie sagt, sie liebt mich. Doch was hilft das? Sie ist entehrt, das ist nicht mehr rückgängig zu machen."
Manél schüttelte nachdenklich den Kopf.
„Hast du ihr das so gesagt? So hart, so unerbittlich?"
„Nein, was gäbe es da auch noch zu sagen?"
„Ich verstehe dich nicht . . . Das alles liegt wer weiß wie viele Jahre zurück und hat überhaupt nichts mit dir zu tun. Wenn sie dich betrogen hätte . . . Doch damals wußte sie doch noch gar nicht, daß es dich überhaupt gibt."
Nelo schaute verwundert zu seinem Vater auf.
„Vater, stellen Sie sich doch einmal vor, Ihnen wäre Entsprechendes widerfahren? Sie lieben eine Frau, träumen von einer gemeinsamen Zukunft und müssen dann erfahren, daß Ihre Geliebte nicht mehr unberührt ist . . . Was würden Sie dann unternehmen?"
„Ich würde mir berichten lassen, wie das geschehen konnte. Und wenn die Geschichte wie in deinem Fall Jahre zurückläge und die Frau offensichtlich schändlich betrogen worden wäre, würde ich sie trotzdem heiraten. Meines Erachtens gibt es hier nicht einmal etwas zu verzeihen . . . Im Augenblick bist du derjenige, der sich für seine Ungerechtigkeit entschuldigen müßte. Und genau das solltest du jetzt tun."
Der Sohn glaubte seinen Ohren nicht zu trauen, doch sein Vater meinte, was er sagte. Nachdenklich erhob sich Nelo, und Manél hatte den Eindruck, daß seine Strafpredigt erste Wirkungen zeigte.

Adriano und Ramos hatten nach dem nervenaufreibenden Tag der überraschenden Auferstehung Barbaras bis tief in die Nacht hinein über die nächsten Schritte beraten. Es galt, ohne Zögern einen richterlichen Beschluß zu erwirken, mit dessen Hilfe man die

Gefangene des Bankiers befreien und amtsärztlich untersuchen lassen konnte. Als Sohn der Betroffenen mußte Adriano handeln, und da die Zeit drängte, wollte er gleich am nächsten Morgen zum Gericht. Noch in der Nacht vor diesem Schritt stand auch das von Rosália gewünschte Treffen bevor, über das Padre Ignácio den jungen Arzt in Kenntnis gesetzt hatte. Es ging schon auf Mitternacht zu, als Adriano seinen wiedergefundenen Vater verließ. Im Treppenhaus traf er Carola. Adriano teilte ihr mit, daß Ramos zwar noch wach sei, doch daß sie ihn womöglich etwas verwirrt antreffen werde.

Adriano nahm eine Droschke und ließ sich zu dem verabredeten Platz nahe der Villa Montserrat bringen. Wenige Minuten später traf Rosália ein. Adriano wollte dem Kutscher befehlen, einen anderen Ort anzusteuern, doch sie hielt ihn zurück.

„Bitte, ich habe nicht viel Zeit, laß uns hier sprechen. Ich weiß nicht, was heute geschehen ist, doch es muß wichtig gewesen sein. Dein Vater läuft noch wach in seinem Zimmer auf und ab, ich hoffe nur, er merkt nichts von meiner Abwesenheit. Was war heute los?"

„Er ist nicht mein Vater, es gibt keinen Grund mehr, irgendwelche Rücksichten auf ihn zu nehmen."

Rosália sah ihn verständnislos an, und Adriano begann mit seinem Bericht von den Ereignissen des Tages. Er war innerlich aufgewühlt und unterbrach sich mehrmals. Endlich hatte er auch die Geschichte von Ramos und Barbara erzählt.

„Wenn das alles stimmt", stammelte Rosália fassungslos, „dann . . . Verzeih, wenn ich trotz der grauenhafte Umstände aufatme. Doch bedenke, wenn wir das beweisen können, dann bin ich frei. Montserrat lebt in Bigamie, meine Ehe ist ungültig. Stell dir einmal vor, dann können wir endlich glücklich werden."

Sie umarmte den Geliebten zärtlich, doch Adriano schwieg bedrückt.

„Adriano, ich verstehe dich ja, es ist fürchterlich zu erfahren, daß man dir deine Mutter vorenthalten und sie jahrelang eingesperrt hat. Doch jetzt können nicht nur wir uns offen zueinander bekennen, sondern auch gemeinsam mit deiner Mutter wie eine glückliche Familie zusammenleben. Will sich denn gar keine Freude in deine Erschütterung mischen?"

Schließlich gelang es Adriano, ihr die zweite schlimme Entdeckung dieses Tages zu gestehen.
„Rosália, ich hoffe, du hast die Kraft, auch das andere anzuhören, daß ich dir jetzt sagen muß. Und ich wünsche mir nichts mehr, als daß du mir vertraust . . . Es geht um Paula . . . sie ist noch niederträchtiger, als ich es ihr ohnehin schon zutraute . . . Frag mich nicht, wie es geschehen ist, ich kann dir nur beim Leben meiner heute zurückgekehrten Mutter schwören, daß ich unschuldig bin . . ."
„Nun sag endlich, was los ist."
„Sie erwartet ein Kind . . ."
Rosália wich entsetzt zurück, Tränen strömten ihr übers Gesicht, und sie begann am ganzen Körper zu zittern. Adriano versuchte sie mit einer zärtlichen Geste zu beruhigen, doch sie sagte:
„Willst du immer noch behaupten, daß in dieser Nacht nichts zwischen euch vorgefallen ist?"
„Ja, ich behaupte es und wiederhole meinen Schwur. Und im Namen unserer Liebe flehe ich dich an, mir zu glauben. Ich weiß nicht, was in dieser unsäglichen Nacht geschehen ist, aber ich war viel zu betäubt, als daß . . . "
Er hielt inne. Rosália wollte ihm glauben, und doch waren die Umstände ungeheuerlich.
„Adriano, ich liebe dich, das weißt du. Und ich würde dir so gerne glauben. Aber es ist so schwer. Von wem sollte denn Paulas Kind sein, wenn nicht von dir? Siehst du denn nicht selber, was du von mir verlangst?"
„Ich sehe es, und doch bitte ich dich nochmals, mich nicht als Meineidigen zu betrachten. Paula hat seit Jahren nichts unversucht gelassen, mich für sich zu gewinnen. Sie hat alle nur denkbaren Listen und Betrügereien angewendet, und ich zögere nicht, ihr zu unterstellen, daß sie ihre Reise vor einiger Zeit dazu benutzt hat, um mich endgültig in ihre Fänge zu bekommen."
Rosália schluckte. Auch sie traute ihrer arglistigen Cousine alles zu, und doch überstieg dieser Verdacht ihre Vorstellungskraft. Andererseits konnte und wollte sie ihrem Geliebten nicht unterstellen, seine Untreue im nachhinein durch die Erfindung solch einer Geschichte zu vertuschen.

„Mein Gott“, seufzte sie, „wenn das stimmen sollte, bedeutet es für Onkel Manél den Tod.“
„Bitte, Rosália, denke einmal auch an dich, an uns. So grauenvoll dieser Schicksalsschlag für deinen Onkel auch ist, dürfen doch wir nicht dafür büßen.“
„Und was sollen wir tun? Wie willst du deine Vermutung beweisen? Niemand wird dir glauben.“
„Das eben befürchte ich auch. Bis zur Hochzeit bleiben uns kaum drei Wochen, zu wenig, um hoffen zu können. Paula wird bei ihrer Lüge bleiben, daran zweifle ich nicht. Ich bitte dich, wenn du mich liebst, dann fliehe mit mir, vielleicht nach Europa, nach Paris . . . Wir benötigen nur ein paar Tage, um meine Mutter zu befreien. Ich werde gleich morgen die nötigen Schritte einleiten. Dann buchen wir für einen der nächsten Dampfer . . . In ein paar Monaten kann alles ganz anders aussehen. Mein Vater, ich meine Ramos, wird mir helfen, wird versuchen, Beweise für Paulas Verbrechen zu finden.“
In Rosálias Kopf überschlugen sich die Ereignisse, und gleichzeitig sah sie in Schreckensbildern das zu erwartende grausame Leiden ihres geliebten Onkels. Doch gab es einen anderen Ausweg?
„Adriano, gib mir eine Nacht Zeit. Ich werde dich morgen wissen lassen, ob ich bereit bin, mit dir fortzugehen. Das alles ist sehr viel auf einmal, ist mehr, als ein Mensch normalerweise verkraften kann. Wäre ich nicht im letzten Jahr mit derart vielen Schicksalsschlägen konfrontiert worden, würde ich über den heutigen Tag verzweifeln. So aber gibt es beinahe nichts mehr, das ich für unmöglich erklären würde. Dennoch, ein paar Stunden mußt du mir geben.“
Mit leichtem Widerstreben ließ sie zu, daß Adriano sie zu sich heranzog und sanft küßte. Dann bestieg sie die Droschke und ließ sich rasch zum Tor der Villa Montserrat fahren.

Fast zur selben Stunde suchte Montserrat Barbara in ihrer Mansarde auf. Die Wirkung des starken Beruhigungsmittels hatte nachgelassen, doch die Frau hatte noch immer glasige Augen. Sie war jedoch bei Bewußtsein, und in einer Mischung aus Furcht und Neugier schaute sie auf ihrem Bett liegend zu dem Bankier auf, der überraschend gefaßt wirkte.

„Nun, bist du wieder bei dir? Hast du dich soweit erholt, daß du mir gewisse Erklärungen geben kannst?"
Die Frau nickte stumm, jede Bewegung bereitete ihr große Mühe.
„Dann sag mir doch, wie ich dein Verhalten deuten soll. Du machst mir Hoffnungen, stellst Forderungen, erklärst, du wolltest mir sein, was du mir früher nie warst, wenn ich nur Rosália fortschickte . . . Und kaum lasse ich dich ein paar Stunden unbeobachtet, läufst du sofort wieder zu diesem ewigen Verlierer."
„Laß bitte Ramos aus dem Spiel, Francisco. Ich wollte meinen Sohn sehen, sonst nichts."
„Das soll ich dir glauben? Nein, Barbara, du betrügst mich kein zweites Mal. Und du wirst mich auch nicht anzeigen. Ich werde das verhindern."
Die Lippen der gequälten Frau umspielte ein leichtes Lächeln. Mit schwacher Stimme erklärte sie:
„Das muß ich auch gar nicht mehr. Ramos und Adriano wissen, daß ich nicht Joana, sondern Barbara de Montserrat bin. Sie werden dich vor Gericht bringen. Und niemand wird mich davon abhalten, dann die Wahrheit zu sagen."
Montserrat versuchte seine Verärgerung mit einem höhnischen Grinsen zu überspielen.
„Nein, Liebste, ich glaube nicht, daß du vor Gericht alles erzählen wirst. Zwar kann ich dich nicht zwingen, aber ich glaube, du bist vernünftig genug, um einen klugen Vorschlag würdigen und akzeptieren zu können. Du willst doch gewiß nicht, daß dein Sohn leidet? Wie aber sollte er ohne seine Rosália glücklich werden? Ich gebe sie frei. Doch dafür mußt du mir deine Verschwiegenheit zusichern. Du wirst ganz einfach wieder die verrückte Joana, die weder denkt noch spricht, die nur tobt, schreit . . . Ist das nicht eine gute Idee? Denke gut darüber nach. Ein falsches Wort von dir, und Adriano wird Rosália nie und nimmer in die Arme schließen."
„Wenn du der Bigamie und deiner anderen Verbrechen überführt bist, wird er sie sehr wohl bekommen."
Montserrat blieb unbeeindruckt.
„Mag sein. Doch was nützt ihm eine aus ihrer Ehe freigelassene Frau, von der niemand weiß, wo sie sich befindet?"
Barbara sank erschrocken auf ihr Kissen zurück und starrte den

Bankier an. Montserrat lachte auf, er wußte, daß diese Drohung nicht ohne Wirkungen bleiben würde.

Rosália war in einer schlaflosen Nacht zu der Überzeugung gelangt, daß es zu Adrianos Vorschlag keine Alternative gab. Freilich fragte sie sich, woher ihr Geliebter das Geld für die Schiffskarten und die ersten Wochen in Europa nehmen wollte. Seit seinem Auszug aus der Villa Montserrat war Adriano mittellos, und auch Ramos würde ihn kaum hinreichend unterstützen können; als ehemaliger politischer Gefangener hatte er überdies seine Kreditwürdigkeit eingebüßt. So entschloß sich die junge Frau, ihre Mutter um Hilfe zu bitten. Noch vor dem Frühstück verließ sie das Haus und ging zu Leonor. Im ‚Maison de France' teilte ihr Carola, die übernächtigt und verweint aussah, mit, Leonor hätte sich für diesen Tag frei genommen. Also machte sich Rosália auf den Weg zu ihrem Elternhaus. Tunica empfing sie freudig und war nur unter Mühen dazu zu bewegen, die beiden Frauen allein zu lassen. Rosália erzählte ihrer erstaunten Mutter, was am Tag zuvor an Ungeheuerlichem ans Licht gekommen war. Leonor wußte nicht, welche Geschichte sie für abenteuerlicher halten sollte, die Verbrechen Montserrats oder die Hinterhältigkeit Paulas. Dann trug ihr Rosália ihre Fluchtpläne vor und merkte an, daß das Vorhaben an Geldmangel zu scheitern drohte. Leonor war ratlos, sie wußte nicht, wie sie der Tochter helfen sollte.
„Mein ganzes Geld steckt in unserem Geschäft . . . Carola kann mir auch nicht helfen, sie hat selber hohe Kredite aufgenommen. Ich sehe nur einen, der vielleicht helfen könnte . . . dein Vater . . . seine Geschäfte gehen gut."
„Nein, Mama, wenn Sie keinen besseren Vorschlag haben, müssen wir notfalls ohne Geld fliehen. Von allen Menschen, die ich darum bitten könnte, ist er der letzte. Ich werde mich nicht noch einmal demütigen."
„Kind, sei nicht ungerecht. Du weißt selber, daß ich mich nicht zuletzt deinetwegen mit ihm überworfen habe. Aber man muß jedem die Chance geben, seine Fehler wiedergutzumachen. Und seit einigen Wochen habe ich das Gefühl . . ."
Sie brach mitten im Satz ab, denn Augusto, von dem die Rede war,

stand im Türrahmen. In ihr Gespräch vertieft, hatten weder sie noch ihre Tochter bemerkt, daß die Tür geöffnet wurde.
„Deine Mutter hat recht, Rosália, du solltest mich nicht verdammen, ohne mir eine Möglichkeit zu geben, dir zu helfen. Verzeiht mir, daß ich ungebetenerweise zugehört habe. Und wenn du erlaubst, Rosália, kann ich dir auf der Stelle einen Beweis meiner Bereitschaft geben . . ."
Er entnahm seiner Westentasche einen Umschlag, den er Rosália lächelnd in die Hand drückte.
„Hier, in diesem Couvert, befinden sich zwei Karten für die Überfahrt nach Europa. Eigentlich waren sie zu einem anderen Zweck bestimmt . . . Ich denke, du bist einverstanden, Leonor. Ich hatte für dich und für mich gebucht, und ich wollte dich heute aufsuchen, um dich zu einer zweiten Hochzeitsreise einzuladen . . . in der Hoffnung, daß du mir verzeihst, mich wieder bei dir aufnimmst . . . Ja, das wollte ich dir heute sagen. Doch vielleicht finden die Karten so eine noch bessere Bestimmung."
Er verstummte, bangend sah er von Leonor zu Rosália. Doch seine Frau lächelte versöhnlich.
„Natürlich bin ich einverstanden . . . Und natürlich sollst du zu mir zurückkommen . . . Ich danke dir, Augusto."
Rosália zögerte noch, doch der bittende Blick ihres Vaters ließ von einer Sekunde zur anderen all die Enttäuschungen der Vergangenheit vergessen. Augusto atmete erleichtert auf, als Rosália ihm um den Hals fiel.
Auf dem Rückweg zur Villa Montserrat wollte Rosália einen Abstecher in Ramos' Praxis machen, doch weder Adriano noch sein Vater waren zu Hause. So eilte sie zurück zum Anwesen des Mannes, dem sie immer noch rechtlich angetraut war. Im Park änderte sie ihre Richtung: Sie wollte mit Adrianos Mutter sprechen. Auf der Mansarde erlebte sie jedoch eine böse Überraschung: Statt einer Geheilten, die bei klaren Sinnen war und sich als Barbara de Montserrat bekannte, traf sie auf Joana, die in ihren alten Irrsinn zurückgefallen schien. Sie trug wieder ihr fadenscheiniges Nachthemd und wiegte leise summend ihr eingebildetes Baby. Rosália redete flehend auf sie ein, doch sie erhielt weder eine Antwort, noch schien die Wahnsinnige sie überhaupt wiederzuerkennen.

Rosália rief daraufhin Raimundo und bat ihn, Adriano zu unterrichten. Sie selbst mußte im Haus bleiben, in Anbetracht ihrer bevorstehenden Flucht durfte sie dem Bankier nicht unnötig Grund zum Argwohn bieten. Zudem gab sie dem Gärtner die Karten für die Überfahrt mit. Es schien ihr zu gefährlich, sie bei sich zu tragen.
Raimundo hatte Glück, Ramos und Adriano waren inzwischen zurückgekehrt. Entsetzt hörten sie von Barbaras neuerlichem Rückfall und zweifelten keinen Augenblick daran, daß Montserrat hierfür verantwortlich war.
„Wir müssen gleich zum Gericht", erklärte Adriano, „wir dürfen nicht bis morgen warten. Irgendwie werde ich es schaffen, daß wir heute schon die Verfügung bekommen."
Adrianos Wünsche eilten freilich der Wirklichkeit voraus. So sehr er den Polizeioffizier Veiga, der schon die Obduktion angeordnet hatte, auch drängte, mehr als eine Vorverlegung der Aktion auf den nächsten Tag konnte er nicht durchsetzen. Überdies warnte der Offizier den Antragsteller:
„Ich hoffe nur, daß Sie Ihre Anschuldigungen dieses Mal beweisen können. Ich weiß nämlich nicht, wie es weitergehen soll, wenn sich wiederum alles in Nichts auflöst. Sie müssen schlimmstenfalls mit einer Anklage wegen Verleumdung und Irreführung der Behörden rechnen."

Am Abend saß Adriano gemeinsam mit seinem Zimmergenossen Danilo auf der Dachkammer der Pension. Der blinde Maler wußte nur in groben Zügen von den aufregenden Neuigkeiten, die Adriano und Ramos betrafen. Bei einer Flasche Wein erzählte der junge Arzt seinem Freund die unglaubliche Geschichte seiner Herkunft. Er verschwieg auch nicht seine Fluchtpläne. Unglücklicherweise war die Tür nur angelehnt, so daß weder Adriano noch Danilo bemerkten, daß hinter der Tür jemand lauschte. Juca hatte sich, angestachelt von Paula, heimlich zum Dachboden hinaufgeschlichen und die entscheidenden Neuigkeiten Wort für Wort mit angehört. Von dieser Minute an wußte er also, daß Adriano in Wahrheit Ramos' Sohn war und in Kürze mit Rosália fliehen wollte. Ebenso unbemerkt, wie er nach oben gelangt war, schlich er auf sein Zimmer zurück. Dort überlegte er, was mit diesen kostbaren Informationen

anzufangen sei. Er konnte sowohl zum Bankier als auch zu Paula gehen, beide würden ihm für seine Dienste zu ewigem Dank verbunden sein. Aus einem unbestimmten Gefühl heraus entschloß er sich, zunächst mit Paula zu sprechen.
Das Gespräch fand in einer Nische des Kaffeehauses statt. Jucas Erzählungen waren für die Tochter des Kaffeehausbesitzers immens aufschlußreich. Der Hinweis, daß Adriano in Wirklichkeit kein Montserrat, sondern der leibliche Sohn des mittellosen Arztes Ramos war, brachte ihr die Erklärung für eine Bemerkung, die Montserrat dem verdutzten Manél gegenüber gemacht hatte. Der Wirt hatte Montserrat in der Bank aufgesucht und ihm berichtet, sie beide würden demnächst Großväter. Montserrat hatte diese Mitteilung nur teilnahmslos aufgenommen und erklärt, das alles interessiere ihn nicht mehr, da er keinen Sohn habe.
Paula lief mit den bestürzenden Neuigkeiten sofort zu ihrer Mutter. Auch Catarina erschrak.
„Der Sohn von Ramos? Mein Gott . . . Sollte denn alles vergebens gewesen sein?"
Mutter und Tochter saßen einige Zeit beratschlagend beieinander, als Catarina plötzlich die rettende Idee hatte:
„Du mußt zunächst dem Bankier von den Plänen seiner lieben Ehefrau erzählen, das wird seine Verbundenheit dir gegenüber festigen. Und außerdem erkundigen wir uns bei einem Anwalt . . . Montserrat hat Adriano als seinen Sohn akzeptiert. Es kann durchaus sein, daß Adriano trotzdem der Erbe des Bankiers ist, und was seinen leiblichen Vater betrifft . . . Was geht es dich an?"
Paula lächelte ungläubig, doch völlig abwegig schien ihr die Argumentation der Mutter nicht. Entscheidend war, wie sich Montserrat verhalten würde.
Gleich am nächsten Morgen begab sich Paula zu dem Anwalt da Silva. Der Mann erinnerte sich mit unguten Gefühlen an diese verworrene Angelegenheit, die um ein Haar zu einem auch für ihn unrühmlichen Prozeß geführt hätte. Mürrisch hörte er sich deshalb die Fragen der Frau an. Doch nach kurzem Überlegen versicherte er ihr, daß sie nichts zu befürchten habe, vom rechtlichen Standpunkt aus gesehen sei ihr Bräutigam solange der Erbe des Bankiers, wie dieser nicht gerichtlich feststellen ließe, daß Adriano nicht sein

Sohn sei. Und dies zu beweisen, wäre nach annähernd drei Jahrzehnten fast ausgeschlossen.
Mit dieser für sie beruhigenden Nachricht ging Paula in die Bank Montserrats. Der Inhaber war gerade dabei, sich auf eine unerfreuliche Heimkehr vorzubereiten. Minuten zuvor war ihm mitgeteilt worden, daß seine Schwägerin, Joana Cavalcanti, von einem amtlich bestellten Psychiater auf ihren Geisteszustand untersucht werden sollte, und zwar noch im Laufe dieses Tages. Ungeduldig bat er Paula zu sich herein.
„Verzeihen Sie, Senhorina Paula, ich habe wenig Zeit. Außerdem haben Sie gewiß von Ihrem Vater schon gehört, daß Ihr Zustand, so erfreulich er für Sie auch sein mag, mich nur mehr am Rande betrifft. Ich habe mich von meinem Sohn losgesagt, unwiderruflich."
Paula lächelte milde.
„Ich weiß nicht, was Adriano Ihnen angetan hat, Senhor de Montserrat. Aber meine Gefühle ihm gegenüber sind unverändert, und ich denke, ich habe mich Ihnen gegenüber stets loyal verhalten. Sie werden deshalb verstehen, daß ich gewisse Befürchtungen hege . . ."
„Sie dürfen versichert sein, daß ich Dienste, die man mir erweist, angemessen honoriere. Doch was wollen Sie?"
„In erster Linie bin ich gekommen, um Ihnen abermals zu beweisen, wie sehr Sie mir vertrauen können. Kurz und gut: Ich habe den sicheren Beweis dafür, daß Adriano und meine Cousine in Kürze nach Europa fliehen wollen. Ich glaube, diese Nachricht ist für Sie von Bedeutung, unabhängig davon, wie Sie zu Adriano stehen."
Montserrats Gesicht verriet keine Gemütsregung, doch in seinem Inneren brodelte es. Mühsam bewahrte er Haltung.
„Senhorina Paula Barbosa, ich bin Ihnen in der Tat zu Dank verpflichtet, und Sie dürfen vergewissert sein, daß ich Ihren berechtigten Forderungen stets aufgeschlossen gegenüberstehen werde. Doch Sie müssen mich jetzt entschuldigen . . . Ich habe noch einige unangenehme Dinge zu erledigen!"

Am Nachmittag fand die amtsärztliche Untersuchung Joanas statt. Die Prüfung ihres Gesundheits- und Geisteszustands verlief im

Sande. Im Beisein Adrianos und Ramos, die sich von Padre Ignácio begleiten ließen, versuchte ein unabhängiger Psychiater vergebens, mit der beharrlich schweigenden Frau ins Gespräch zu kommen. Doch die Angesprochene starrte nur stumm vor sich hin, reagierte auf keine Frage und zeigte nur dann verhaltene Reaktionen, wenn sie als Joana Cavalcanti angeredet wurde. Ramos versuchte mehrfach einzugreifen, doch Veiga hielt ihn zurück.
„Dr. Ramos, Sie und der Antragsteller sind hier nur als Zeugen zugelassen, ich verbiete Ihnen also, sich einzumischen."
Montserrat sah dem Schauspiel unbeteiligt zu. Zuletzt erklärte der untersuchende Arzt, er könne nichts weiter feststellen, als daß die Frau in geistiger Umnachtung lebte. Alle weiteren Fragen bedürften einer längerfristigen Beobachtung der Patientin in einer geschlossenen Anstalt. Der Polizeioffizier wandte sich an den Bankier:
„Senhor de Montserrat, die Entscheidung darüber, ob die Untersuchung an anderem Ort fortgeführt wird, liegt allein bei Ihnen. Ich sehe nach dieser Untersuchung keinen Anlaß, von Amts wegen einzuschreiten."
Adriano wollte empört eingreifen, doch Ramos hielt ihn beschwichtigend zurück. Montserrat zog triumphierend einige Papiere aus seiner Jackentasche.
„Mein Herr, ich habe die arme Verwandte mehr als zwanzig Jahre in meinem Haus gepflegt, und ich meine, für sie ist es am besten, wenn sie weiterhin hier in meiner Obhut bleibt. Doch wenn Sie noch zweifeln sollten, studieren Sie bitte diese Unterlagen. Meines Erachtens sollten diese Dokumente eindeutig die Identität der armen Kranken belegen."
Veiga prüfte mit gerunzelter Stirn die Dokumente, die Montserrat ihm überreichte. Mit bedauernder Stimme sagte er:
„Verzeihen Sie, Senhor de Montserrat, aber ich war verpflichtet, der Sache nachzugehen. Es kommt allerdings selten vor, daß man mit derart unglaublichen Anschuldigungen behelligt wird."
Mit ernster Miene wandte er sich jetzt an Adriano:
„Dr. de Montserrat, ich denke, die Angelegenheit ist hiermit ein für allemal geklärt. Die vorliegenden Dokumente, von einer Geburtsurkunde bis hin zu Gutachten aus den siebziger Jahren des vergangenen Jahrhunderts, lassen keinen Zweifel daran, daß wir Doña Joana

Cavalcanti vor uns haben. Auch die Geisteskrankheit wurde schon vor mehr als zwanzig Jahren zweifelsfrei diagnostiziert."
Adriano konnte sich nicht länger beherrschen.
„Fälschungen sind das, üble Fälschungen . . ."
„Es reicht, Dr. Adriano", schnitt ihm der Beamte das Wort ab, „ich bitte Sie, mich nicht länger mit diesen Unterstellungen zu belangen. Im übrigen wird ein Protokoll aufgenommen, auf das auch Sie, Senhor de Montserrat, zurückgreifen können, sollten Sie sich zu einem gerichtlichen Vorgehen entschließen. Der anwesende Priester, Padre Ignácio, ist Zeuge, genauso wie Dr. Ferreira."
Ramos zog Adriano zur Tür hinaus. Er fürchtete zu Recht, daß sein Sohn sich zu unbedachten Handlungen hinreißen lassen könnte, und ein Gewaltakt gegen den scheinbar zu Unrecht verdächtigten Bankier hätte die Lage nur verschlimmert.
Montserrat verabschiedete den Offizier und den Arzt mit formvollendeter Höflichkeit und versicherte, daß Rachsucht ihm fern läge. Er gab jedoch seiner Hoffnung Ausdruck, daß die leidige Geschichte damit ein für allemal abgeschlossen sei. Auch Padre Ignácio verabschiedete sich rasch und eilte Ramos und Adriano nach.
Minuten später stand der Bankier wieder in der Mansarde. Barbara schaute verängstigt zu ihm auf, doch Montserrat war mehr als zufrieden.
„Sehr schön, meine Liebe, du hast deine Rolle ausgezeichnet gespielt. Nach den langjährigen Proben war das zwar zu erwarten, aber trotzdem: mein Kompliment. Und du sollst dafür auch belohnt werden. Ich habe heute erfahren, daß dein Sohn mit Rosália fliehen will, nach Paris. Ich weiß noch nicht, wann genau das sein wird, aber ich verspreche dir, daß ich nichts dagegen unternehmen werde."
Barbara blieb stumm, doch aus ihren Blicken sprachen Haß und Verachtung. Der Bankier wurde übermütig. Er setzte sich zu ihr auf die Bettkante und versuchte, ihr zärtlich übers Haar zu streichen. Doch Barbara stieß ihn wütend von sich und schrie:
„Rühr mich nicht an, du . . . Teufel!"

Deprimiert saßen Ramos und Adriano in der Praxis. Die Lage war aussichtslos, Montserrat hatte seinen Kopf tatsächlich ein weiteres Mal aus der Schlinge gezogen.

„Jetzt haben wir uns sogar die Möglichkeit verbaut, Mutter über Carola aus ihrer Gefangenschaft zu befreien", sagte Adriano. „Wir hätten sie entführen sollen, ohne Rücksicht auf Recht und Gesetz."
Ramos sah auf.
„Carola . . . Natürlich, das hätte ich fast vergessen. Alles sieht plötzlich ganz anders aus . . . Es gibt noch eine Lösung. Bitte, lauf sofort zum ‚Maison de France' und hol Carola hier her. Ich muß ins Kaffeehaus."
„Ramos, was soll das?"
„Frag jetzt nicht. Ich hoffe, daß Rogério dort ist. Wenn nicht, muß ich andere Wege finden. Ihr wartet unterdessen hier auf mich."
Beide verließen gemeinsam das Haus. Ramos begab sich zum Lokal der Barbosas. Er rief Rogério vor die Tür und redete wild gestikulierend auf ihn ein. Paula beobachtete die Szene mit unverhohlener Neugier, konnte aber nicht verstehen, worüber die beiden sprachen. Sie sah nur, wie Rogério eilig davonlief und Ramos ins Kaffeehaus zurückkam, wo er auf Rogérios Rückkehr wartete. Gemeinsam gingen sie daraufhin zur Praxis. Dort wartete bereits Raimundo und hielt einen Gegenstand in der Hand, offenkundig ein Gemälde, das jedoch in eine Decke gehüllt war.
„Danke, Raimundo, du hast mir sehr geholfen. Jetzt bin ich gespannt, ob meine Vermutung zutrifft."
Der Gärtner half Ramos, das Bildnis hinaufzutragen. Dort erwartete bereits Carola eine Erklärung für den Überfall.
„Ramos, sagen Sie mir doch endlich, weshalb Sie mich während der besten Geschäftszeit hierherbestellen."
„Bitte, ein klein wenig Geduld. Ich muß euch etwas zeigen. Raimundo hat uns dieses Gemälde gebracht, und ich bin gespannt, was ihr zu diesem Bild sagen werdet."
Damit zog er die Decke herab. Adriano sah das Portät seiner Mutter, das er aus seinen Kindertagen kannte.
„Was soll das . . ."
„Bitte, laß erst Carola zu Wort kommen. Bitte, Carola, kennen Sie die Frau auf dem Gemälde?"
Nachdenklich betrachtete die Modeschöpferin das Porträt Barbaras. Kopfschüttelnd erklärte sie:
„Es ist ein sehr altes Gemälde, nicht wahr? Ich möchte beinahe

glauben, es handelt sich um meine Mutter in ihrer Jugend . . . So ähnlich sah sie aus, als ich noch sehr klein war . . . Ist sie es?"

„Nein", rief Adriano dazwischen, „es ist meine Mutter. Das Bild hing früher bei uns in der Empfangshalle . . ."

Ramos lächelte siegessicher.

„Das ist die Lösung. Es ist tatsächlich das Porträt Barbaras. Und doch war Ihre Vermutung richtig, Carola, es könnte genausogut Ihre Mutter sein. Wollt ihr euch nicht umarmen, ihr seid Cousin und Cousine."

Adriano und Carola sahen sich unschlüssig an. Ramos aber fuhr in seiner Erklärung fort:

„Jetzt wird mir alles klar . . . Ich bin in Paris hinters Licht geführt worden. Wenn Ihre Mutter, Carola, auch nur die entfernteste Ähnlichkeit mit der hier abgebildeten Frau hat, dann habe ich mit einer Betrügerin gesprochen. Joana und Barbara waren, das heißt sind Zwillingsschwestern . . . Sie, Carola, haben in der verstörten Irren von der Dachkammer nur deshalb Ihre Tante nicht wiedererkannt, weil Barbara in ihrem damaligen Zustand nur mehr ein Schatten ihrer selbst war. Würden Sie sie vorgestern gesehen haben, wie sie hier vor mir stand, sie hätten in ihr das Ebenbild Ihrer Mutter gesehen."

Carola begriff noch immer nicht, was in diesen Minuten ans Licht kam. Adriano konnte endlich den Gedankenblitz seines Vaters nachvollziehen.

„Jetzt verstehe ich . . . Wenn Carolas Mutter in Paris lebt und meine Tante ist, dann heißt das . . ."

„Ja, dann gibt es zwei Joana Cavalcantis, die einander bis aufs Haar gleichen. Dann haben wir den Beweis. Freut euch doch endlich, ihr seid miteinander verwandt, wir müssen nur noch Carolas Mutter holen und alle Fragen sind geklärt. Das ist es . . ."

Endlich umarmten sich Adriano und Carola. Ramos aber fuhr fort:

„Alles paßt wunderbar zusammen. Du reist mit Rosália nach Paris und suchst Carolas Mutter. Ich werde hier nach Mitteln suchen, Barbara zu befreien und Nachforschungen über Paulas geheimnisvolle Reise anzustellen. Wann geht euer Schiff?"

„Morgen abend", erwiderte Adriano. „Doch wie kann ich jetzt abreisen?"

„Wie könntest du jetzt hierbleiben? Deine Hochzeit steht vor der Tür, und außerdem benötigen wir Joana . . . Ohne sie können wir nichts beweisen."
Adriano wirkte unentschlossen, doch Ramos redete wie besessen auf ihn ein, bis der junge Mann nicht mehr wußte, wo ihm der Kopf stand. Zuletzt war entschieden, daß Adriano und Rosália in der darauffolgenden Nacht wie geplant fliehen sollten. Carola übernahm die Aufgabe, Rosália die Nachricht zu überbringen, daß die Abreise stattfinden würde, obwohl eine der Voraussetzungen, die Befreiung Barbaras, nicht gegeben war.

Mehr als vierundzwanzig Stunden später saß Rosália nervös mit Montserrat und Mercedes beim Abendessen zusammen. Die Haushälterin war von Rosália informiert worden, da die nötigen Vorbereitungen nicht durchzuführen waren, ohne daß Mercedes etwas davon gemerkt hätte. Natürlich war sie über den Plan der Liebenden höchst erfreut.
Montserrat erwies sich heute als charmanter Unterhalter. Kurz vor dem Abendessen erschien Padre Ignácio, den der Bankier zu sich bestellt hatte. Montserrat lud ihn zum Essen ein. Während des gemeinsamen Mahls scherzte er sowohl mit dem Gast als auch mit Rosália und Mercedes, schenkte allen Wein ein und tat so, als wäre alles in bester Ordnung. Rosália war viel zu aufgeregt, um angesichts dieses plötzlichen Stimmungswandels Verdacht zu schöpfen. Gestern noch hatte der Bankier kein Wort mit ihr gesprochen, ihre Fragen nach der Untersuchung der Irren hatte er nur mit einem Achselzucken beantwortet.
Es wurde später und später. Endlich erklärte Montserrat, er wolle mit Padre Ignácio die Angelegenheiten besprechen, derentwegen er ihn zu sich gebeten hatte. Die beiden Männer zogen sich daraufhin ins Arbeitszimmer des Bankiers zurück.
Rosália atmete auf und sah erleichtert zu Mercedes, die zur Eile drängte:
„Schnell, lassen Sie uns die Koffer hinaustragen. Wer weiß, wie lange das Gespräch dauert. Wenn er Verdacht schöpfen sollte, werde ich nachher erzählen, Ihnen sei übel geworden. Doch kommen Sie."
Eilig schafften die beiden Frauen Rosálias Koffer die Treppe herab,

stets in Sorge, daß Montserrat von einem unvorsichtigerweise verursachten Geräusch aus seinem Gespräch aufgestört werden und die Flucht verhindern könnte. Der Bankier allerdings hatte längst durch Paulas Hilfe herausgefunden, wann die Flucht anstand. Da ohnehin nur wenige Dampfer in Frage kamen und eine Flucht am hellichten Tage unwahrscheinlich war, konnte es sich im Grunde nur um das Schiff handeln, das eine Stunde vor Mitternacht ablegen sollte.

Barbara war vor etwa zwei Stunden von Montserrat über die bevorstehende Flucht Rosálias informiert worden. Vom Fenster ihrer Mansarde aus beobachtete sie, wie Mercedes aus der Villa trat, sich vorsichtig umsah und dann ein Zeichen gab. Jetzt kam Rosália in einem dunklen Überhang und mit einem großen Reisekoffer in der Hand. Eilig lief sie durch den Park zur Pforte auf die wartende Kutsche zu. Der Kutscher saß reglos auf dem Bock, den Kopf unter einer Kapuze verborgen.

»Machen Sie schnell, Senhora, Dr. Adriano hat gesagt, wir dürfen keine Zeit verlieren", hörte Rosália ihn mit tiefer Stimme brummen. Sie ärgerte sich ein wenig, daß er ihr nicht half, das schwere Gepäck zu verfrachten, doch unter letzten Kraftanstrengungen gelang es ihr, ihren Koffer ins Innere des Gefährts zu befördern. Kaum war sie eingestiegen, zog der Kutscher die Zügel an und knallte mit der Peitsche. In rasendem Tempo ging es in Richtung Hafen.

Padre Ignácio wollte sich inzwischen von Montserrat verabschieden. Er war ohnehin schon irritiert, weshalb ihn der Bankier ausgerechnet an diesem Abend zu sich bestellt hatte, um über die Hochzeit Adrianos und Paulas zu sprechen. Jetzt forderte der Bankier ihn sogar noch auf, ihn ins Kaffeehaus der Eltern seiner Schwiegertochter zu begleiten. Da Montserrat öffentliche Lokale meist mied, reagierte Padre Ignácio mit Befremden auf diesen Vorschlag, sah aber keinen zwingenden Grund, abzulehnen. Überdies hoffte er, den Bankier bei dieser Gelegenheit vielleicht nach den Hintergründen der seltsamen Auftritte des vorigen Tages ausfragen zu können.

Kurz nach zehn Uhr in der Nacht verließ auch Adriano seine Pension. Ramos hatte ihm die Wartezeit vertrieben. Jetzt umarmten sich Vater und Sohn, Adriano nahm Abschied von Danilo und seiner Wirtin, dann stieg er in eine Kalesche, die vor dem Eingang auf ihn wartete. Am Platz des 15. November ließ er sich absetzen und schlenderte mit seinen Koffern in Richtung Hafeneingang. Die Nacht war kühl, doch windstill. Der am Tage überfüllte Platz war nun menschenleer, und während er durch den Unrat watete, hörte er von fern Geräusche, die ihm versicherten, daß im Hafen Schiffe verladen wurden. Jeden Augenblick mußte Rosália kommen. Angestrengt horchte Adriano nach den Geräuschen einer nahenden Kutsche, doch von Pferdegetrappel war weit und breit nichts zu hören. Irgendwo tutete eine Sirene, ein Schiff verließ den Hafen. Aus den Gassen, die vom Platz des 15. November in das Hurenviertel führten, drangen vereinzelt Stimmen von Betrunkenen und von Frauen, die ihren spätesten Kunden den Lohn abverlangten. Doch jetzt näherte sich von einem Boulevard her, der in die Rua da Ouvidor mündete, eine Gestalt. Der Größe, Figur und den Bewegungen war es eine Frau, die sich nun in seine Richtung bewegte. Für einen Moment fragte er sich, ob es sich um Rosália handelte. Doch die Person trug kein Gepäck bei sich. Dennoch lief er ihr entgegen, und als er sich auf wenige Meter genähert hatte, blieb er erschrocken stehen:

„Paula, wie haben Sie nur davon erfahren . . .?"

Die Stimme versagte ihm vor Entsetzen. Paula lachte.

„Sie glauben doch nicht, daß ich Ihnen das verraten würde, Dr. Adriano. Ich weiß es eben, wie ich so vieles wußte, das ich wissen sollte. Doch hören Sie . . ."

Wieder ertönte eine Sirene.

„Könnte es sein, daß Ihr Schiff gerade die Leinen losmacht und ablegt? Ja, so ist es nun einmal, wenn man den falschen Leuten vertraut. Ihre Rosália, liebster Verlobter, hat Sie wieder einmal betrogen."

„Wo ist Sie? Was haben Sie jetzt wieder getan?"

„Seien Sie doch nicht so barsch!" Sie bot ihm frech ihren Arm und fragte: „Wollen Sie mich nicht heimbegleiten? Es geht doch nicht an, daß Sie Ihre Verlobte nachts allein durch die leeren Straßen laufen lassen."

Adriano riß sich wütend los.

„Paula, sagen Sie mir jetzt, wo Rosália ist!"
„Ich weiß es nicht, und es ist mir auch gleichgültig. Jedenfalls wird Sie nicht kommen. Aber wenn Sie mich nicht begleiten wollen, dann gehe ich eben allein."
Mit diesen Worten machte sie kehrt und schlug die Richtung ein, aus der sie gekommen war. Adriano blieb mitten auf dem riesigen Platz stehen und schaute sich verzweifelt nach allen Seiten um, doch Rosália war nirgendwo zu sehen.

13. KAPITEL

Adriano wartete noch einige Minuten, doch als weiterhin nichts geschah und er zudem sicher war, daß das Schiff abgelegt hatte, rannte er zum Boulevard und nahm die erste Kutsche, die er erreichen konnte. Minuten später stand er in der Empfangshalle der Villa Montserrat. Mercedes kam im Hausmantel die Treppe herab.
„Wo ist Montserrat?" brüllte der junge Mann außer Atem.
„Mein Gott, Adriano, was machen Sie denn hier? Sie müßten doch längst auf dem Meer sein. Und wo ist Rosália?"
„Deshalb bin ich ja hier. Sie ist nicht gekommen, und ich weiß nicht, wo sie steckt. Sag, Mercedes, hat Montserrat irgend etwas von unseren Plänen erfahren?"
„Nein . . . Ich wüßte jedenfalls nicht, von wem. Ich habe für Rosália die Kutsche bestellt, und zwar nicht hier in der Nähe, sondern in der Innenstadt. Niemand kann etwas davon bemerkt haben. Der Patron war mit Padre Ignácio auf seinem Arbeitszimmer, als Doña Rosália das Haus verließ."
„Und wo ist er jetzt?"
„Er hat den Padre noch auf ein Glas Wein zu den Barbosas eingeladen. Ich verstehe selber nicht, wo er bleibt."
Adriano rannte zu seiner Kalesche zurück und gab dem Kutscher Befehl, schnellstmöglich zum Kaffeehaus zu fahren. Unterwegs sah er nach rechts und links, doch von dem Bankier war nichts zu sehen.
Als Adriano aufgeregt in das überfüllte Lokal stürmte, saß Montserrat noch mit dem Priester zusammen.
„Wo ist Rosália?" schrie Adriano ihn an, ohne auf die übrigen Gäste Rücksicht zu nehmen.
„Dr. Adriano, verstehe ich Sie richtig? Verlangen Sie von mir Rechenschaft über den Verbleib meiner Ehefrau?"
„Stellen Sie sich nicht dumm, Montserrat. Rosália und ich wollten heute abend nach Paris abreisen. Sie ist nicht gekommen. Ich frage Sie noch einmal: Wo ist sie?"
Montserrat blickte zu Padre Ignácio, der hilflos dieser wiederum unglaublichen Szene zusah.
„Padre, haben Sie das gehört?" Er wandte sich wieder zu Adriano.

„Es ist erstaunlich. Sie wagen tatsächlich, mir in aller Öffentlichkeit einzugestehen, daß Sie meine Frau entführen wollten. Wissen Sie, daß ich Sie dafür vor Gericht bringen kann?"
„Tun Sie, was immer Sie wollen. Ich will nur wissen, was Sie mit Rosália gemacht haben. Danach können Sie mich ruhig vor Gericht bringen. Dieser Verhandlung sehe ich mit Genugtuung entgegen."
Unzählige Augenpaare beobachteten nun die laute Auseinandersetzung. Catarina stand hinter der Theke und bedeutete ihrem Mann, endlich einzugreifen, doch Manél blieb unbeweglich auf seinem Platz stehen und hörte nun, wie Montserrat gleichfalls laut wurde:
„Es ist unerhört. Sie beleidigen mich in aller Öffentlichkeit, Sie gestehen, daß Sie mir die Frau rauben wollen, und zu alledem beschuldigen Sie mich auch noch, an ihrem angeblichen Verschwinden schuld zu haben. Ich höre mir das nicht mehr länger an."
Er stand auf und ging zur Tür. Adriano wollte ihm nachlaufen, doch Padre Ignácio hielt ihn zurück.
„Bitte, Adriano, diese Szene ist schon schlimm genug. Halte dich jetzt zurück. Er kann wirklich nichts mit Rosálias Verschwinden zu tun haben. Wir haben gemeinsam zu Abend gegessen, Rosália war bei bester Gesundheit. Anschließend war er keine Minute ohne meine Begleitung."
Im Kaffeehaus herrschte allgemeines Zischen und Tuscheln. Alle Gäste diskutierten eifrig den Vorfall, den sie eben miterlebt hatten. Jetzt kam Paula aus dem kleinen Zimmer hinter der Theke und näherte sich dem Tisch, an dem Adriano und der Priester saßen. Manél befürchtete eine neuerliche Auseinandersetzung und bedeutete Bodoque, an den Flügel zu gehen. Sekunden später dröhnte laute Musik durch den Raum. Paula wollte Adriano seines Fluchtversuches wegen zur Rede stellen, doch ihr Bräutigam sah sie nur mit haßerfüllten Augen an. Endlich gelang es dem kleinen Priester, Adriano zum Gehen zu bewegen.

Montserrat kehrte ohnmächtig vor Wut heim und rief Mercedes aus ihrem Zimmer. Die Frau ahnte, daß ihr ein schlimmer Auftritt bevorstand, doch sie hatte nicht gewagt, sich einzuschließen. Ohne Umschweife beschuldigte Montserrat sie, Rosálias Flucht unterstützt zu haben.

„Bitte, Francisco, verzeihen Sie mir. Ich habe doch nur die Kutsche bestellt, mehr nicht . . . Ich habe das doch nur getan, weil . . ."
Ihr Liebesbekenntnis blieb ihr im Hals stecken, da der Angesprochene wie wild auf sie einschlug. Weinend fiel sie vor ihm auf die Knie und bat um Vergebung. Montserrat wurde durch ihr Gejammere jedoch nur noch mehr gereizt und riß Mercedes zu sich hoch. Sie versuchte, die Hand schützend vor ihr Gesicht zu halten, doch dies half ihr nicht, brutal versetzte ihr Montserrat mehrere Ohrfeigen, in die er all seine Kraft legte. Dann stieß er die gedemütigte Frau von sich, so daß sie auf das Sofa taumelte.
„Das ist das letzte Mal, daß ich deine Untreue auf diese milde Weise strafe. Nur noch eine Illoyalität, und du wirst dieses Haus für immer verlassen. Keine Rosália wird dann noch Fürbitte für dich leisten können."
Montserrat ließ die hilflose Frau allein zurück und ging durch den Park zum Gartenhäuschen. Barbara lag wach auf ihrem Bett und sah mit angstverzerrter Miene, wie der Bankier in ihre Kammer trat.
„Warum siehst du mich so entsetzt an? Du hast doch beobachtet, wie Rosália geflohen ist. Sie ist an Bord eines Schiffes, gemeinsam mit Adriano. Du siehst, ich halte meine Zusagen."
Barbara kauerte sich schutzsuchend in die Ecke ihrer Schlafstatt. Montserrat näherte sich ihr, und in seinen Blicken lag nur noch hemmungslose Begierde.
„Nein, bitte", schrie sie laut auf, doch der Mann setzte sich zu ihr auf die Bettkante.
„Zwanzig Jahre habe ich auf diesen Augenblick gewartet, Barbara, und du hattest ebensolange Zeit, dich darauf vorzubereiten. Wir haben eine Abmachung getroffen, ich habe meinen Teil erfüllt, jetzt wirst du deine Schulden begleichen."
Angewidert wandte sie den Kopf ab. Jetzt spürte sie, wie er begann, die Knöpfe ihres Nachthemdes zu öffnen. Dann versuchte er, sie zu sich heranzuziehen und sie zu küssen. Ihr Körper verkrampfte sich, sie war starr vor Entsetzen. Schließlich schloß sie die Augen.

Padre Ignácio hatte Adriano nicht beruhigen können. Der aufgelöste junge Mann war zu Ramos gelaufen, hatte den Vater jedoch nicht angetroffen. Da er sich keine andere Hilfe mehr wußte, eilte er zu den Medeiros'. Es war inzwischen nach Mitternacht, im Haus des Fabrikanten herrschte Totenstille. Dennoch klopfte Adriano laut gegen die Tür, bis Tunica ihm schlaftrunken öffnete. Wenig später erschienen auch Augusto und Leonor. Beide zeigten sich über diese nächtliche Ruhestörung verwundert.

Nachdem Adriano in knappen Sätzen von Rosálias geheimnisvollem Verschwinden erzählt hatte, lief Augusto mit versteinertem Gesicht in sein kleines Büro und wühlte in seinem Schreibtisch. Unter einem Berg von Papieren fand er schließlich die kleine verzierte Pistole mit dem Silberknauf, die er zuletzt am Neujahrstag des Jahres 1900 in Händen gehalten hatte. Mit der Waffe kam er zu seiner Frau und Adriano zurück.

„Bitte, Dr. Adriano, bleiben Sie hier bei meiner Frau und beruhigen Sie sie. Ich werde Montserrat zur Rede stellen, nach allem, was geschehen ist, ist es besser, wenn er Sie jetzt nicht sieht."

Seine Frau wollte ihn zurückhalten, doch Augusto zeigte sich beherrscht und entschlossen wie selten zuvor. Daraufhin bat Leonor die stumm dabeistehende Tunica, einen Tee zuzubereiten. An ein Zubettgehen war ohnehin nicht mehr zu denken.

Kurze Zeit später hämmerte Augusto aufgebracht an die Pforte der Villa Montserrat. Eine Ewigkeit schien zu vergehen, bis Mercedes mit noch immer tränenverweintem Gesicht öffnete.

„Wo ist Montserrat?" schrie Augusto.

Mercedes sah die Pistole, mit der Medeiros herumfuchtelte und wollte die Tür wieder zuschlagen, doch Augusto stellte geistesgegenwärtig den Fuß dazwischen, preßte sich mit seinem Oberkörper gegen die Holztür und stand in der Empfangshalle.

„Wo ist Montserrat? Und wo ist meine Tochter?"

Im ersten Stock öffnete sich jetzt die Tür zum Flur, und am Treppengeländer erschien der Bankier, überraschenderweise vollständig angekleidet.

„Don Augusto, was ist denn? Was soll dieser nächtliche Überfall? Können Sie mir erklären . . ."

„Sie haben mir etwas zu erklären, Montserrat. Wo ist meine Tochter? Was haben Sie ihr angetan?"

Montserrat kam langsam die Treppe herab, wobei er beschwichtigend auf Medeiros einredete.

„Bitte, stecken Sie doch die Pistole weg. Machen Sie sich nicht unglücklich. Und beruhigen Sie sich. Ich weiß wirklich nicht, wessen Sie mich beschuldigen. Auch ich sorge mich um Rosália, ich habe Sie seit dem Abendessen nicht mehr gesehen. Aber ich weiß wirklich nicht, wo Sie steckt."
„Sie lügen."
„Nein, Don Augusto, ich weiß es wirklich nicht. Sehen Sie, Ihre Tochter hatte hier in diesem Hause alle Freiheiten. Bis zuletzt hoffte ich, ihre Zuneigung zu gewinnen. Doch irgendwann gibt jeder auf. Als ich von den für mich schmerzlichen Plänen Rosálias erfuhr, wurde mir klar, daß all meine Anstrengungen vergebens waren."
„Was, Sie haben von der geplanten Flucht gewußt und angeblich nichts dagegen unternommen?"
Auf dem Gesicht des Bankiers zeichneten sich Kummer und Resignation ab, als er sagte:
„Was blieb mir noch übrig? Alles habe ich versucht, aber ich konnte Rosálias Liebe nicht gewinnen. Deshalb habe ich tatenlos zugesehen, wie sie mich verlassen wollte. Aus unerfindlichen Gründen muß die Abreise Rosálias mit Adriano gescheitert sein. Auch wenn Rosália mich verschmäht hat: Meine Liebe ist ungebrochen, und ich werde nichts unversucht lassen, sie zu finden."
„Ich glaube es einfach nicht . . . Sie wußten alles und haben nicht eingegriffen? Wenn Sie nicht für ihr Verschwinden verantwortlich sind, wer dann?"
Montserrat hielt die Rolle des Besorgten durch.
„Das frage ich mich auch. Doch wir werden es herausfinden, koste es, was es wolle. Sollte es sich um eine Entführung handeln, dürfen Sie versichert sein, daß ich einem Erpresser jede Forderung erfüllen werde, wenn nur Rosálias Leben gerettet werden kann."

Am frühen Morgen verließ Montserrat das Haus und suchte den Polizeioffizier Veiga auf, der vor kurzem die Untersuchungen gegen ihn geleitet hatte. Der Bankier spielte den bekümmerten Ehemann und erweckte in dem Polizisten durch geschickte Andeutungen den Verdacht, Dr. Adriano de Montserrat, sein eigener Sohn also, könnte die junge Senhora entführt haben.
„In seiner Verblendung und in seinem Haß", bemerkte Montserrat

beiläufig, „ist er unberechenbar. Sehen Sie, Senhor Veiga, Sie selber sind zweimal mit unangenehmen Aufträgen bei mir gewesen, beide Male auf Adrianos Veranlassung hin. Ich kann mir das alles kaum erklären, doch ich muß wohl mit dem Schlimmsten rechnen."
„Sie meinen, Ihr Sohn könnte Ihre Frau entführt haben, um sich an Ihnen zu rächen?"
Montserrat schüttelte den Kopf.
„Nein, das kann ich ihm eigentlich nicht zutrauen. Vielleicht handelt es sich um einen bösen Streich, doch daß er Rosália etwas antun würde . . ."
Er brach jäh ab, als wäre ihm erst jetzt das ganze Ausmaß seiner geschickt eingeleiteten Verdächtigungen zu Bewußtsein gekommen. Die Saat war jedoch auf fruchtbaren Boden gefallen. Veiga versicherte den Bankier seiner vollen Unterstützung.
„Seien Sie unbesorgt, Senhor de Montserrat, ich werde alle Hebel in Bewegung setzen, Ihre Frau wiederzufinden. Die Untersuchung wird unverzüglich eingeleitet, alles, was in meiner Macht steht, wird geschehen."
Vom Polizeipräsidium ging Montserrat in seine Bank. Auch hier spielte er den Besorgten und verabschiedete sich schon nach wenigen Minuten von seinen Angestellten; er sei heute nicht in der Lage, seinen Verpflichtungen nachzukommen.
Zu Hause angelangt, suchte er Barbara in ihrer Mansarde auf. Die Frau empfing ihn mit haßerfüllten Blicken, Berenice hatte sie von Rosálias Verschwinden in Kenntnis gesetzt.
„Du Teufel hast mich wieder betrogen. Doch ich wollte nicht mehr tatenlos zusehen. Du kannst dich darauf verlassen, daß ich vor Gericht gehe und mich zu meiner wahren Identität bekenne. Das war dein letztes Verbrechen, ich werde dich vernichten. Du endest im Gefängnis."
„Barbara, du bist unmenschlich und grausam. Womit habe ich das verdient? Ich habe meinen Teil der Abmachung erfüllt, du selbst hast gesehen, wie Rosália floh. Wie kann ich für ihr Verschwinden verantwortlich sein? Frage Padre Ignácio. Er kann bestätigen, daß ich den ganzen Abend nicht von seiner Seite gewichen bin."
„Dann finde sie . . . Und bring sie zu Adriano! Viel Zeit kann und will ich dir nicht geben."

„Warum vertraust du mir nicht? Natürlich werde ich sie suchen lassen, ich habe eben persönlich die Polizei informiert und werde zudem eine Belohnung aussetzen für denjenigen, der mir Hinweise über Rosálias Verbleib geben kann. Und du? Hältst du dich an unseren Pakt?"
„Ja", sagte Barbara düster, „doch ich will dich erst wieder sehen, wenn sie zurück ist. Vorher hast du mich nicht zu behelligen. Und betrüge mich nicht, ich warne dich!"

Nelo suchte an diesem Morgen Dr. Ramos auf. Auf Umwegen hatte er erfahren, daß es Alice sehr schlecht ging und der Arzt sie behandelte. Ramos fertigte den Sohn Manél Barbosas kühl ab, beschrieb ihm in knappen Sätzen den bedenklichen Zustand der Leidenden und untersagte ihm, die Patientin zu besuchen. Es handele sich offensichtlich um eine psychische Verwirrung, an der Nelo, wie Ramos von Padre Ignácio erfahren habe, nicht unschuldig sei. Nelo bat daraufhin seinen Vater um Hilfe, der ihn jedoch zurechtwies:
„Du hättest dir vielleicht früher einmal Gedanken über Alices Zustand machen sollen, bevor du sie vor den Kopf gestoßen hast. Jetzt läufst du hier heulend herum, und die Arme leidet einsam auf ihrer Kammer . . ."
„Was sollte ich denn tun?"
„Ich habe es dir schon einmal gesagt. Und noch ist es vielleicht nicht zu spät. Geh zu ihr und entschuldige dich . . . Entschuldige dich dafür, daß du das Opfer eines Schurken zusätzlich noch angeklagt hast."
„Aber Ramos verbietet mir doch, sie zu besuchen."
Manél wurde unwirsch.
„Seit wann kümmerst du dich um Verbote? Es ist doch wahrlich nicht schwer. Warte ab, bis der Onkel das Haus verläßt, und dann gehst du einfach zu ihr."
Nelo sah seinen Vater dankbar an, als hätte der ihm ein Geheimnis verraten, dessen Lösung er selber nie hätte herausfinden können. Er schlich sich also in die Nähe des Pfarrhauses und wartete auf das Erscheinen des weißhaarigen Alten. Wie nicht anders zu erwarten, verließ der Padre bereits nach wenigen Minuten seine Wohnung und ging in eine Richtung, die Nelo verriet, daß er auf dem Weg ins

Waisenhaus war. Kurzentschlossen stieg er die Treppen zur Wohnung hinauf. Dort traf er nur die kleine Marinez an, die in den Erbauungsbüchern las, die Padre Ignácio ihr gegeben hatte.
„Bitte, Marinez, ich muß deine Schwester sehen. Ich habe ihr großes Unrecht getan, dafür muß ich jetzt um Verzeihung bitten. Laß mich zu ihr."
Marinez wurde von seinen bittenden Blicken überwältigt. So führte sie Nelo zu Alice, die jedoch unter dem Einfluß eines Beruhigungsmittels in einen Tiefschlaf gefallen war. Vorsichtig rückte Nelo einen Stuhl neben das Bett der Kranken, setzte sich zu ihr und streichelte ihr über das Gesicht. Eine gute halbe Stunde blieb er neben ihr sitzen, doch Alice wachte nicht auf. Schließlich drückte er ihr einen sanften Kuß auf die Schläfen und ging leise hinaus. Draußen bat er die kleine Marinez, niemandem von seinem Besuch zu erzählen, am wenigsten Dr. Ramos.

Mehrere Tage waren seit der gescheiterten Flucht verstrichen, und noch immer hatte man kein Lebenszeichen von Rosália. Adriano war noch am gleichen Tag, an dem Montserrat den Polizeioffizier aufgesucht hatte, von Veiga vernommen worden. Der Uniformierte machte keinen Hehl daraus, daß er den Arzt verdächtigte, am Verschwinden seiner Stiefmutter beteiligt zu sein. Adriano verteidigte sich, so gut er konnte, doch ihm fehlte ein Alibi. Die einzige Person, die bezeugen konnte, daß er am Hafen vergeblich auf Rosália gewartet hatte, war Paula. Diese Zeugin indes konnte Adriano beim besten Willen nicht benennen, da er befürchten mußte, Paula könnte ihn sogar noch stärker belasten.
Seit dem Besuch Veigas in Esmeraldas Pension hatte Adriano ständig Verfolger auf den Fersen, es gab keinen Zweifel, daß Veiga ihn beschatten ließ. So war er in seiner Bewegungsfreiheit arg eingeschränkt und auf Hilfe angewiesen. Neben Ramos unterstützte auch Esmeralda Adrianos Bemühungen, Rosália wiederzufinden und ihn selber von dem grauenvollen Verdacht zu befreien. Die zigeunerhafte Wirtin verließ jeden Morgen ihr Haus und durchstreifte alle Gassen und Boulevards. Jede Mietdroschke, jede Kalesche hielt sie an und befragte deren Führer, ob einer von ihnen an jenem verhängnisvollen Abend zur Villa Montserrat bestellt worden

war. Die Frau wollte schon aufgeben, als sie zuletzt doch fündig wurde. Gegen Mittag dieses Tages erschien sie nun mit einem grobschlächtigen, dunkelhaarigen Mann, der ständig Kautabak kaute und dadurch einen säuerlichen Geruch verbreitete, in Ramos' Praxis. Adriano war ebenfalls zugegen. Gemeinsam hörten sie den Bericht des Kutschers an.

„Was soll ich sagen? An diesem Tag kam gegen Mittag eine rothaarige Frau zu mir, vielleicht fünfzig Jahre alt . . . Sie gab mir den Auftrag, abends zur Villa des Bankiers de Montserrat zu kommen, so kurz nach halb zehn. Ich hab' ganz schön dumm geguckt, denn sie wollte, daß ich draußen warten sollte, mich auf gar keinen Fall melden. Sehen Sie, ich bin nicht dämlich, einmal ist mir das passiert, ein Streich von Freunden oder Konkurrenten . . . Die haben mich wohin bestellt, und ich hab' die ganze Nacht gewartet. Niemand kam, mein Verdienst war weg. Also hab ich von der Rothaarigen einen Vorschuß verlangt. Und das war gut so. Denn als ich gegen halb zehn dort ankam, stand da schon eine Kalesche. Da saß ein riesiger Kerl drauf, den ich noch nie gesehen hatte, die Kapuze über den Kopf gezogen. Bucklig war er auch. Nee, den kannte ich nicht, und wir kennen uns alle untereinander. Jedenfalls, der Bursche erklärt mir barsch, ich sollte verschwinden, das hier wäre sein Auftrag. Irgendwie wurde mir mulmig, denn die Stimme hörte sich gefährlich an. Außerdem hatte ich ja meine Anzahlung, und da bin ich halt weggefahren . . . War wohl auch besser so."

Adriano gab dem Kutscher ein Trinkgeld und verabschiedete ihn. Dann sah er fragend zu Ramos:

„Was bedeutet das? Die Beschreibung paßt, er hat den Auftrag von Mercedes bekommen. Doch woher kommt die zweite Kutsche? Niemand außer uns und Mercedes wußte von dem Plan."

„Was fragst du", rief Ramos zerknirscht aus. „Wir waren unvorsichtig, irgend jemand hat davon erfahren und Montserrat in Kenntnis gesetzt. Wer ist aber der fremde Kutscher? Der Mann eben behauptet, ihn nie zuvor gesehen zu haben . . . Es wird schwer sein, ihn zu finden. Doch wir haben immerhin einen ersten Anhaltspunkt."

Esmeralda verabschiedete sich, sie hatte noch eine Verabredung. Sie sagte:

„Wenn Sie mich brauchen, stehe ich zur Verfügung. Es müßte mit dem Teufel zugehen, wenn wir den geheimnisvollen Kutscher nicht ebenfalls finden würden."
Adriano wurde durch diesen Ausspruch ermutigt, doch Ramos blieb skeptisch.
„Wir sollten die Hoffnung nicht aufgeben, doch ich glaube nicht, daß wir den Fahrer finden. Das war keine Mietkutsche, und den großen Buckligen wirst du auf keinem Boulevard entdecken, das schwöre ich dir. Dahinter steckt Montserrat, das war einer seiner Knechte. Doch ich muß dir noch etwas erzählen. Rogério war in Pétropolis, bei den Verwandten, bei denen Paula angeblich gewesen ist. Niemand hat sie dort gesehen."
„Und, was beweist das?" Adriano war verwirrt, über die Sorge um Rosália hatte er beinahe schon vergessen, daß der Tag seiner Hochzeit unaufhaltsam näherrückte.
„Das weiß ich selber nicht. Aber wir werden es herausfinden. Rogério hat einen meiner Genossen in Pétropolis aufgesucht und ihm eine genaue Beschreibung Paulas gegeben. Die Freunde werden versuchen, etwas herauszufinden. Ob es hilft? Wir können nur hoffen und beten."

Esmeralda ging von der Praxis zurück in ihre Pension. Wenig später traf Bodoque ein, mit dem sie verabredet war.
„Nun, wie hat Manél reagiert?" erkundigte sie sich neugierig. Dem jungen Mann standen die Tränen in den Augen.
„Unglaublich, ich bin noch völlig erschüttert."
„War er wütend?"
„Nein, Esmeralda, du kannst es dir nicht vorstellen. Er hat für alles Verständnis, ja er hat mir sogar noch einen Kredit angeboten."
Esmeralda ließ sich erleichtert in einen Sessel fallen.
„Na also, was willst du denn noch?"
„Ach Esmeralda, es ist so schwer. Seit Ewigkeiten bin ich bei den Barbosas, Don Manél war mir wie ein zweiter Vater . . . Mein eigener Vater ist ja schon vor Ewigkeiten gestorben . . ."
„Na und, ich kenne von meinem nicht einmal den Namen."
„Trotzdem . . . Ich habe große Schwierigkeiten gehabt, ihm das alles zu erzählen. Doch er ist so gut, so großzügig . . . Kurz, wir

können ins Geschäft kommen. Wenn du deine Pension verkaufst und ich das Gesparte dazutue, wird es für das kleine Hotel am Stadtrand reichen . . . Mit angeschlossenem Café. Du leitest das Hotel, ich das Lokal."

„Und deine Kleine ist damit einverstanden, daß ich deine Partnerin werde?"

„Tunica? Natürlich ist sie einverstanden. Glaubst du, sie will ewig Dienstmädchen bei den Medeiros bleiben?"

Esmeralda lächelte, doch sicher war sie sich der Zustimmung von Bodoques Braut nicht. Dennoch fielen auch von ihr Lasten ab, als sie hörte, wie verständnisvoll Manél Barbosa auf die Eröffnung seines Kellners, sich selbständig zu machen, reagiert hatte. Im Grunde hatte sie von dem gutmütigen Mann, der seit Jahren einer ihrer eifrigsten Wettpartner war, nichts anderes erwartet.

Fast zur selben Stunde, in der Bodoque und Esmeralda ihre vor kurzem beschlossene Partnerschaft besiegelten, wurden auch im Gartenhäuschen Zukunftspläne geschmiedet. Raimundo Reís hatte seinem Patron gestanden, daß er ein kleines Grundstück nahe der Copacabana erwerben und sich aus den Diensten Montserrats verabschieden wolle. Der Bankier nahm diese Ankündigung erstaunlich gleichgültig hin und bot seinem Bediensteten sogar finanzielle Unterstützung an. Die Hypothek, versicherte der Bankier, werde gewiß nie vollstreckt werden, auch wenn Raimundo außerstande wäre, die Zinsen zu zahlen. Berenice erschrak, als sie sah, daß Raimundo das Angebot annehmen wollte.

„Bist du wahnsinnig? Beim Patron eine Bürgschaft aufnehmen? Damit er uns wieder in der Hand hat?"

„Aber er hat mir doch versichert . . ."

„Wie, und du glaubst ihm? Nach allem, was wir hier erlebt haben, bist du ihm gegenüber so vertrauensselig? Habe ich denn einen Dummkopf geheiratet?"

„Aber Bere, woher sollen wir denn das Geld nehmen . . ."

„Ich weiß es auch nicht, aber von ihm nehmen wir es gewiß nicht. Bei der erstbesten Gelegenheit würde er die Hypothek benutzen, uns zu erpressen . . . "

Sie brach unvermittelt ab, da Raimundo entsetzt zur Tür starrte.

Der Mann wurde kreidebleich, als hätte er soeben ein Gespenst erblickt. Berenice glaubte ebenfalls ihren Augen nicht zu trauen. Im Türrahmen stand die Eingesperrte aus der Dachkammer. Weder Berenice noch Raimundo hatten bemerkt, wie sie das Haus verlassen hatte. Und der Anblick war vertraut und fremd zugleich. Es waren die Züge der ehemals Verrückten, doch hatte sie tiefe Ringe unter den Augen und grell geschminkte Lippen. Außerdem trug sie ein modisches Kleid, das aussah, als käme es frisch aus Europa oder sei bei Carola erworben worden. Barbara trug nur die Kleider, die sie bereits seit zwanzig Jahren besaß, und sie hatte kaum Geld, um solch ein edles Modell zu bezahlen. Das Lächeln, mit dem sie sich an die beiden Bediensteten wandte, wirkte seltsam gekünstelt.
„Verzeihen Sie bitte, ich habe mehrfach geklopft, doch Sie waren beide so sehr in Ihre Unterhaltung vertieft, daß Sie mich nicht hörten."
„Aber Doña Barbara", stammelte Berenice, „wo kommen Sie denn her? Und wie sehen Sie aus?"
Die Frau lachte jetzt laut auf.
„Aus Paris . . . Aber das werden Sie mir nicht glauben. Doch beruhigen Sie sich, ich bin weder ein Gespenst noch bin ich verrückt. Gestatten Sie, daß ich mich vorstelle: Joana Cavalcanti, die Schwester Doña Barbaras."
Raimundo und seine Frau sahen sich verständnislos an, doch die Frau wiederholte ihre Behauptung und legte beiden eine französische Identitätskarte vor.
„Sie sprechen sicher nicht französisch, doch Namen und Geburtsdatum werden Sie auch so verstehen. Ja, ich bin es wirklich, die richtige Joana. Und ich möchte endlich zu meiner Schwester. Ist es richtig, daß sie oben, unter dem Dach wohnt? Sie können sich gar nicht vorstellen, wie aufgeregt ich bin, Barbara nach so langer Zeit wiederzusehen."
Berenice wollte die Frau zurückhalten, bestand darauf, die Kranke auf dieses unverhoffte Wiedersehen erst vorzubereiten, doch Joana ließ sich nicht aufhalten. Freundlich, aber bestimmt wies sie Berenices Einwände zurück und stieg die Treppen zur Mansarde hinauf. Leise klopfte sie an der Tür, und da sie keine Antwort erhielt, trat sie unaufgefordert ein.

Barbara war aufgesprungen, hatte ihre Decke ergriffen und war bereit, dem unangemeldeten Besucher wieder die verrückte Joana vorzuspielen. Sie stimmte summend ihr Wiegenlied an, doch als sich die Tür öffnete und sie unvorbereitet in ihr leicht verzerrtes Spiegelbild blickte, ließ sie vor Schreck die Decke fallen und schrie überrascht auf:
„Joana . . . Bist du es wirklich?"
Die Fremde lächelte und ging auf ihre Zwillingsschwester zu.
„Ja, ich bin es . . ."
Die beiden Frauen fielen einander in die Arme, und Barbara begann zu weinen. Sie benötigte einige Zeit, bis sie ihre Fassung zurückgewann. Dann bestürmte sie die Schwester, ihr zu erzählen, wie es ihr ergangen und weshalb sie zurückgekommen war. Joana ihrerseits wollte wissen, was Montserrat mit ihr angestellt hatte. Sie versicherte Barbara, sie habe das Intrigenspiel des Bankiers nur deshalb unterstützt, weil Montserrat mehrfach gedroht habe, die Schwester zu töten. Das Geld sei ihr, wie sie eingestand, auch sehr zupaß gekommen, nicht zuletzt ihrer kleinen Tochter Carola wegen.
Stundenlang sprachen die Schwestern miteinander, und schließlich wußten beide, was die jeweils andere in den Jahren seit ihrem letzten Treffen durchlitten hatte. Eine Frage war jedoch offen geblieben.
„Weshalb kommst du plötzlich zurück?" fragte Barbara.
Joana zögerte einige Sekunden, dann zog sie aus ihrem Handtäschchen zwei Briefe hervor, die sie Barbara reichte.
„Da, lies. Der eine ist von Montserrat, der andere von einem meiner Mädchen. Sie hat damals in Paris diesen Dr. Ramos abgewimmelt und ist dann nach Rio gefahren, um von Francisco ihren Lohn einzufordern."
Barbara überflog aufgeregt die beiden Schreiben. Die falsche Nanette, die in Wirklichkeit Ana hieß, berichtete ihrer ehemaligen Chefin, sie sei bei Montserrat gewesen und hätte von ihm Geld erhalten. Der Bankier habe sie ausgefragt, ob es ihr gelungen sei, Ramos zu überzeugen. Dann habe er ihr eine größere Summe ausgezahlt, jedoch versehen mit der Drohung, sie möge sich nie wieder bei ihm blicken lassen. Jede weitere Forderung könne für sie äußerst gefährlich werden.

Montserrats Brief mußte wenige Tage danach aufgegeben worden sein. Der Bankier nahm Bezug auf den Besuch der falschen Nanette. Er wies darauf hin, daß er mit dem Ergebnis der bisherigen Dienste, die Joana ihm geleistet habe, zufrieden sei. Allerdings stehe zu befürchten, daß Ramos weiter spionieren werde. Deshalb sollte Joana ihr Etablissement in Paris verkaufen und so schnell wie möglich verschwinden, und zwar an einen Ort, wo man sie nie finden würde. Der Brief schloß mit der unverhohlenen Drohung, daß Joanas Tochter jeden Fehler der Mutter würde bezahlen müssen. Barbara schüttelte nachdenklich den Kopf.

„Und weshalb bist du jetzt hier?"

„Weshalb? Ich weiß es selber nicht. Heimweh . . . Sehnsucht nach meiner Carola . . . Und Müdigkeit. Ich bin zu alt, um weiterzuleben wie bisher, und außerdem will ich nicht länger davonlaufen und lügen. Auch hat mir Carola einen herzzerreißenden Brief geschrieben . . . Sie war wohl vor Monaten einmal hier bei dir, doch du hast nicht auf sie reagiert. Frag mich nicht, vielleicht war es auch der Wunsch, dir zu helfen. Jedenfalls werde ich mich nicht wieder vertreiben lassen."

In diesem Augenblick wurde die Tür geöffnet, Montserrat trat ein und sah mit Entsetzen die Zwillingsschwestern einträchtig nebeneinander. Barbara sah, wie dem Bankier die Furcht ins Gesicht stieg. Sie sagte:

„Da staunst du, Francisco, nicht wahr? Wo bleibt denn deine altbekannte Überlegenheit? Hast du vielleicht Angst?"

„Was soll das", stotterte Montserrat, „was machst du hier, Joana? Hast du meinen Brief nicht erhalten?"

„Doch", erklärte Joana mit fester Stimme. „Ich habe ihn meiner Schwester gerade zu Lesen gegeben. Es ist aus, ich lasse mir nicht mehr drohen."

„Ja", bestätigte Barbara, „dein Spiel ist aus, Francisco. Jetzt, wo zwei Joanas hier sind, werden dir all deine Winkelzüge nichts mehr helfen. Du wirst als Bigamist vor Gericht gestellt, nichts kann dich mehr retten."

Der Bankier konnte sich nur mühsam auf den Beinen halten, er stützte sich am Türrahmen ab und wandte sich an Joana, nicht mehr fordernd, sondern fast flehend:

„Joana, habe ich dich nicht all die Jahre hindurch finanziell unterstützt? Ist das der Dank?"

„Wofür sollte ich dankbar sein, Francisco? Dafür, daß du mich aus meiner Heimat vertrieben hast? Daß du mich von meiner Tochter trennen ließest? Daß du mich in Frankreich zur Kokotte gemacht hast? Meinst du, dein Geld hätte ausgereicht, um davon in der Fremde zu leben und zugleich noch eine Tochter zu versorgen? Ganz zu schweigen von dem, was du meiner Schwester angetan hast."

Barbara ging drohend auf Montserrat zu.

„Du hast eines unterschätzt: Joana und ich sind von gleichem Fleisch und Blut, auch wenn du uns jahrelang voneinander getrennt hast, gehören wir doch zusammen. Und jetzt werden wir dich gemeinsam für deine Verbrechen bestrafen . . . Wir werden dich vernichten, Francisco de Montserrat."

Unvermittelt hastete der Bankier zur Tür hinaus, schlug sie laut hinter sich zu und rannte die Treppe hinunter. Berenice sah sein Entsetzen und wußte, daß er über Joanas Rückkehr Bescheid wußte. Sie wollte ihn ansprechen, doch er nahm sie gar nicht wahr, sondern lief in den Park und verschwand schließlich in der Villa. Laut rief er nach Mercedes, die kurz darauf in sein Arbeitszimmer kam und beobachtete, wie er seine Pistole aus der unteren Schreibtischschublade zog.

„Was ist denn mit Ihnen, Francisco? Sie sind ja kalkweiß im Gesicht. Und wozu die Waffe?"

„Mercedes, ich brauche jetzt deine Hilfe. Wir haben doch über Jahre hier einträchtig miteinander gelebt, unter einem Dach. Du hast alle meine Sorgen und Nöte mit mir geteilt, und du sagst doch, du würdest mich lieben? Stimmt das?"

Die rothaarige Haushälterin sah ihn mit großen Augen an.

„Aber ja doch, Francisco, seitdem ich dieses Haus betreten habe, liebe ich Sie. Wie können Sie daran zweifeln? Ich liebe Sie mehr als mein Leben, alles, alles würde ich für Sie tun. Doch sagen Sie, was ist denn?"

„Ich benötige deine Hilfe, jetzt! Du hast jetzt die Gelegenheit, mir einen Beweis deiner Liebe zu geben."

Mercedes fiel vor ihm auf die Knie. Sie zitterte. Mehr noch als ihre eigenen Empfindungen bewegte sie die Sorge um Montserrat: Solange sie ihn kannte, hatte sie ihn nie in solch einem Zustand gesehen.

Inzwischen war die Nacht über Rio hereingebrochen. Die Zwillingsschwestern saßen noch immer auf der Mansarde und berieten die nächsten Schritte. Für beide Frauen gab es zunächst nur einen Wunsch: Sie wollten zu ihren Kindern. Sie beschlossen, die Nacht gemeinsam im Gartenhäuschen zu verbringen und am nächsten Morgen das Anwesen zu verlassen. Man konnte nie wissen, was Montserrat unternehmen würde, wenn er sich von seinem ersten Schrecken erholt hatte.

14. KAPITEL

Padre Ignácio hatte einen schweren Tag hinter sich. Hinter ihm lag ein letztes ausführliches Gespräch mit seiner jüngsten Nichte. Marinez versicherte ihm, für sie gebe es keinen anderen Wunsch, als Gott zu dienen und den Armen und Bedürftigen zu helfen. Am nächsten Tag sollte der Priester sie ins Kloster bringen. In das Pfarrhaus drohte so über kurz oder lang die frühere Ruhe und Abgeschiedenheit zurückzukehren. Was aus Marize und Danilo werden würde, stand noch in den Sternen, doch Marianas baldige Hochzeit mit Rogério wurde immer wahrscheinlicher. Schließlich war Alice gegen Abend nach Tagen des Schweigens und Leidens aufgestanden und hatte ein ernstes Gespräch mit dem Onkel geführt. In ihr war der Entschluß gereift, die Großstadt zu verlassen. Für sie gab es in Rio keine Zukunft. Alice bat den weißhaarigen Alten, sich um die Schwestern zu kümmern. Sie wollte bereits am Vormittag des nächsten Tages in ihre Heimatstadt São Mateus zurückkehren. Noch in der Nacht begann sie ihre Koffer zu packen, und als der Onkel morgens aus einem unruhigen Schlummer erwachte, hatte sie ihm sein Frühstück bereitet und saß ihm reisefertig gegenüber. Mariana und Marize waren bereits in der Fabrik Augustos. Allein Marinez war noch anwesend, als Alice sich verabschiedete. Sie umarmte ihre kleine Schwester.
„Ach Marinez, vielleicht hast du von uns allen allein den richtigen Weg beschritten. Manchmal wünschte ich mich an deine Stelle, doch dafür ist es nun zu spät."
Tränen standen ihr in den Augen, als Alice Padre Ignácio bat, sie zum Droschkenplatz zu bringen. Schweigend brachten Onkel und Nichte den Fußweg hinter sich. Der Priester half ihr, das Gepäck zu verstauen. Noch einmal umarmte er seine Nichte, dann stieg Alice ein, und die Kutsche setzte sich in Bewegung. Lange blickte der Priester mit traurigen Augen seiner abreisenden Nichte nach, ehe er langsam in Richtung Pfarrhaus zurückschlenderte. Am gleichen Tag sollte ihm eine zweite Trennung bevorstehen.

Joana und Barbara verließen am Morgen gemeinsam das Haus. In der Rua da Ouvidor trennten sich ihre Wege. Barbara wollte zu Ramos, Joana ging ins ‚Maison de France'. Stolz betrachtete sie die Auslagen des vornehmen Geschäftes, ehe sie eintrat. Luíza empfing die vermeintliche Kundin und wunderte sich, daß die Frau darauf bestand, von der Chefin persönlich bedient zu werden. Da Leonor seit Rosálias Verschwinden dem Geschäft fern blieb, rief die Angestellte nach Carola. Die junge Frau kam aus ihrem Büro und stand unvorbereitet ihrer Mutter gegenüber. Joana trat ihr mit offenen Armen entgegen, doch die Tochter wich zurück. Sie war alles andere als erfreut.

Nach einer kühlen Begrüßung führte Carola die Mutter ins Büro, und hier überschüttete sie Joana mit bitteren Vorwürfen. Sie konnte nicht verzeihen, daß sie über Jahre belogen worden war. Am meisten verübelte sie der Mutter, daß sie Ramos so arglistig hinters Licht geführt hatte. Joana verteidigte sich unter Tränen. Und obwohl auch Carola von dem unerwarteten Wiedersehen ergriffen war, blieb sie unerbittlich.

Barbara wurde wesentlich freundlicher empfangen. Ramos war überglücklich, daß sie ihr Schauspiel endlich aufgab und zu ihm kam. Barbara drängte ihn, Adriano zu holen, doch der Arzt bestand darauf zu erfahren, was seit ihrem letzten Besuch geschehen war. Barbara berichtete von Montserrats Drohungen und seinem Angebot, Rosália freizugeben, sofern sie weiterhin die Verrückte spielen würde. Dann schilderte sie die Ereignisse des Tages, an dem Rosália verschwunden war, und zuletzt erzählte sie von Joanas Rückkehr und Montserrats Reaktion auf dieses unvorhersehbare Ereignis. Jetzt endlich verließ Ramos die Praxis und lief zur Pension, besorgt über die möglichen Schritte, die der in die Enge getriebene Montserrat unternehmen würde. Denn daß der Bankier wußte, wo sich Rosália befand, stand für den Arzt außer Frage.

Auf dem kurzen Weg zur Pension wurde Ramos aufgehalten. Er sah in einer Schenke die Schwester seiner Geliebten. Joana hatte sich von ‚Maison de France' ins erstbeste Lokal begeben und trank dort aus Kummer über Carolas abweisendes Verhalten einen Cognac nach dem anderen. Obwohl er es eilig hatte, betrat Ramos das Lokal und redete die Betrunkene an.

„Doña Joana, was machen Sie denn hier? Ich denke, Sie besuchen Carola."
Mit schwerer Zunge erwiderte Joana:
„Ach, sieh an, der Dr. Ramos . . . Der Schwarm meiner Carola. Darf ich Sie auf ein Gläschen einladen?"
Ramos lehnte das Angebot dankend ab. Statt dessen warf er einige Geldstücke auf den Tisch, nahm die Betrunkene beim Arm und zog sie aus dem Lokal. Sie wehrte sich, doch Ramos war stärker und zerrte sie unerbittlich mit sich. In der Pension wies er Esmeralda an, ihr ein Zimmer zu geben und darauf zu achten, daß sie nicht auf die Straße flüchtete, bevor sie ihren Rausch ausgeschlafen hatte. Dann eilte er zu Adriano auf die Dachkammer. Ohne ihm Erklärungen zu geben, bat er ihn, in die Praxis zu gehen, er selber habe zu tun und wolle später nachkommen. Adriano verstand dieses seltsame Gebaren nicht, gab aber dem Wunsch seines Vaters nach.
Kurz darauf betrat er das Behandlungszimmer, wo Barbara auf ihn wartete. Mit leuchtenden Augen sah sie ihren Sohn eintreten. Sanft sagte sie:
„Danke, daß du gekommen bist, Adriano."
Adriano wirkte verunsichert. Er schien nicht zu wissen, wie er der Frau gegenübertreten sollte, die doch seine Mutter war. Zögernd trat er näher.
„Was hast du, Adriano, willst du nicht zu mir kommen, mein Sohn?"
„Ramos hat mir nicht gesagt, daß Sie hier sind, Senhora."
„Senhora?" erwiderte Barbara enttäuscht. „Ich bin nicht irgendeine Senhora, ich bin deine Mutter. Ich habe seit Ewigkeiten darauf gewartet, dich in meine Arme zu schließen."
„Mutter . . . Ja, Sie sind meine Mutter. Und doch, in jedem Augenblick zeigen Sie sich mir als eine andere. Vor einigen Tagen, als wir Sie befreien wollten, haben Sie sich in Joana Cavalcanti zurückverwandelt . . ."
„Ich mußte, Adriano. Ich wurde gezwungen. Montserrat drohte, Rosália etwas anzutun. Er hat sein Wort nicht gehalten, deshalb bin ich auch an meines nicht mehr gebunden. Ich bin jetzt zurückgekehrt, unwiderruflich. Ich bin deine Mutter . . . Das heißt, wenn du mich annimmst, mir verzeihst . . ."

Adriano sah, wie sich ihre Augen mit Tränen füllten. Endlich löste er sich aus seiner inneren Verkrampfung und ging auf sie zu. Jetzt, nach bald dreißig Jahren, schloß er zum ersten Mal in seinem Leben die Mutter in die Arme, die er bis vor kurzem für tot gewähnt hatte.

Ramos ging von der Pension geradewegs zum ‚Maison de France'. Er wollte Carola fragen, weshalb sich ihre Mutter so hemmungslos betrunken hatte. Als er in die kleine Seitenstraße zur Rua da Ouvidor einbog, erlebte er ein Schauspiel mit, das bereits unzählige Zuschauer auf die Straße gelockt hatte. Vor dem Bekleidungsgeschäft, das Augusto und Tuffy hier eröffnet hatten, sah man den gedrungenen türkischen Händler mit einem gutgekleideten jungen Mann raufen. Tuffy war offensichtlich im Vorteil und hieb auf seinen Kontrahenten ein, in dem Ramos Juca erkannte. Unter heftigen Flüchen vertrieb der Türke schließlich den ehemaligen Angestellten seines Partners, der daraufhin gedemütigt davonschlich. Ramos erkundigte sich bei Tuffy nach dem Grund dieses Streites.
„Stellen Sie sich die Dreistigkeit dieses Gauners vor", schimpfte Tuffy. „Montserrat hat ihn gestern gefeuert und Augustos frühere Fabrik kurzerhand geschlossen. Und was fällt diesem unverschämten Kerl ein? Ich komme doch eben tatsächlich dazu, wie er bei Medeiros sitzt und ihn um eine Anstellung bittet. Und dieser gutmütige Tölpel ist drauf und dran, den Schurken, der ihn verraten und um sein Eigentum betrogen hat, wie den verlorenen Sohn wieder aufzunehmen. Sagen Sie selbst, sollte ich das zulassen?"
Tatsächlich war Juca tags zuvor von Montserrat entlassen worden, wegen Unfähigkeit. Die Fabrik war, wie Montserrat erklärte, in die roten Zahlen gekommen, der Bankier wollte sie so schnell wie möglich verkaufen. Juca verstand diesen Stimmungsumschwung seines Patrons überhaupt nicht, sah aber keinen anderen Ausweg, als bei Medeiros anzufragen, ob der nicht einen Posten für ihn hätte. Und Augusto geriet tatsächlich ins Überlegen, nicht zuletzt deshalb, weil seine Frau sich neuerdings nicht mehr so abgeneigt zeigte, seinem und Tuffys Vorschlag zu einer Zusammenlegung ihres Geschäftes mit dem ‚Maison de France' zuzustimmen. Ramos hörte mit zunehmender Besorgnis die Erklärungen des Türken über die Schließung der Fabrik. Er befürchtete, der Bankier könnte den

Verkauf der Fabrik angestrengt haben, weil er sich aus der Stadt absetzen wollte. Doch bevor Ramos etwas unternehmen konnte, mußte er zunächst mit Carola sprechen.
Die junge Frau empfing ihren Freund in gedrückter Stimmung. Die unerwartete Ankunft ihrer Mutter hatte sie irritiert. Hinzu kam, daß sie sich von Tag zu Tag weniger Hoffnung auf die Erfüllung jener unglücklichen Leidenschaft machte, die sie zu dem Mann gefaßt hatte, der sie jetzt aufsuchte. Ramos fragte ohne Umschweife, was zwischen ihr und Joana vorgefallen war.
„Was soll gewesen sein?" erwiderte Carola trotzig. „Soll ich sie zum Dank dafür, daß meine Mutter mich und Sie betrogen hat, in die Arme schließen und so tun, als sei alles in bester Ordnung?"
„Carola, seien Sie doch nicht so unbarmherzig . . ."
„Und Sie, Ramos? Sind Sie barmherzig?"
„Wie?" Ramos stutzte. „Ich verstehe nicht . . ."
„Nein, Sie verstehen wirklich nichts! Doch lassen Sie, es wird sich schon alles einrenken. Geben Sie mir etwas Zeit, mich daran zu gewöhnen, daß meine Mutter hier ist. Überhaupt, ich werde mich an vieles gewöhnen können. Wie geht es denn Doña Barbara . . . meiner Tante?"
Ramos verstand auch jetzt nicht den unausgesprochenen Vorwurf, der sich hinter Carolas Frage verbarg.
„Sie ist in meiner Praxis . . . Adriano ist bei ihr."
„Ach ja", seufzte die junge Frau resigniert. „Haben Sie für Adriano etwas ausrichten können? Ich meine in bezug auf seine Hochzeit . . . Ist morgen nicht der 22. September?"
„Ich hoffe, noch heute Besuch aus Pétropolis zu erhalten. Es ist grausam . . ."
„Sie haben recht, Ramos. Unser aller Schicksal ist grausam und ungerecht."

Der Arzt blickte seine Freundin verständnislos an, doch sie gab ihm keine Erklärung für dieses seltsame Verhalten.
Als Barbara am Nachmittag zur Villa Montserrat zurückkehrte, sah sie, wie der Bankier gerade eine Droschke bestieg und davonfuhr. Er hatte sie nicht bemerkt. Den ganzen Tag über war er mit undurchsichtigen geschäftlichen Transaktionen befaßt gewesen, in seiner

Bank gaben sich die Besucher die Klinke in die Hand, ohne daß einer der Angestellten auch nur ahnte, was dieses hektische Treiben zu bedeuten hatte.
Barbara hatte ein ungutes Gefühl, als sie Montserrats überhasteten Aufbruch beobachtete. Das Ganze sah verdächtig nach einer Flucht aus. Doch sie war entschlossen, ihre Stelle als Patronin des Hauses Montserrat einzunehmen und für das Glück ihres gerade wiedergefundenen Sohnes zu kämpfen. Sie rief die überraschte Mercedes zu sich.
„Doña Mercedes, ich denke, wir haben einige Dinge zu klären. Sie haben sich hier eingeschlichen und unberechtigterweise meine Stellung eingenommen . . ."
„Was heißt, ich hätte Ihre Stelle eingenommen? Ich wußte nicht einmal von Ihrer Existenz. Sie galten für tot. Woher sollte ich wissen, daß die Irre in der Mansarde nicht Joana Cavalcanti war?"
„Lügen Sie nicht so unverschämt."
„Ich lüge nicht! Außerdem . . . Selbst wenn ich es gewußt hätte? Was habe ich Ihnen genommen? Sie haben Francisco nie geliebt, Sie haben ihn betrogen und um sein Glück gebracht. Sie wollten mit Ramos fliehen. Ich bin zu ihm gekommen und habe versucht, ihm zu geben, was Sie ihm stets verweigerten. Ich habe gesehen, wie er litt, ich habe ihn getröstet, habe mit ihm und für ihn gekämpft . . ."
„Auch wenn er Sie geschlagen und erniedrigt hat?"
„Ja, selbst dann! Liebe erträgt auch das. Und was Sie betrifft: Sie sind zurück und beanspruchen Ihre Rechte. Gut. Was geht es mich an? Meinen Gefühlen, meinem Herzen können Sie nicht befehlen. Ich liebe Francisco."
Barbara sah die Frau mitleidig an. Für einen Moment zögerte sie, doch dann erklärte sie hart:
„Schön, lieben Sie ihn, bis Sie sterben. Doch Sie werden einsehen, daß in diesem Haus für Sie kein Platz mehr ist. Ich will Sie hier nie wieder sehen."
Mercedes nahm diese Ankündigung regungslos hin.
„Ich wäre ohnehin nicht geblieben, jetzt, wo Francisco fort ist."
Mercedes hätte sich am liebsten die Zunge abgebissen, doch die verräterische Aussage war nicht mehr zurückzunehmen.
„So", bemerkte Barbara. „Daraus darf ich wohl schließen, daß er

geflohen ist. Wohin, werden Sie mir gewiß nicht sagen wollen, oder täusche ich mich?"

„Sie täuschen sich nicht", bestätigte Mercedes und verließ grußlos das Arbeitszimmer des Bankiers. Barbara bestellte nun Raimundo und Berenice zu sich und erklärte den beiden entsetzten Dienern, sie wünsche beide nicht länger als Diener im Haus zu behalten. Berenice und Raimundo sahen sich fassungslos an, doch Barbara zog aus der Schreibtischschublade ein Stück Papier und fügte lächelnd hinzu:

„Das hier habe ich unter Montserrats Unterlagen gefunden. Es handelt sich um eine Hypothek, die Raimundo vermutlich unterschreiben sollte. Das ist nun hinfällig. Ihr beide habt mir all die Jahre treu und hingebungsvoll gedient, und es ist nur ein kleiner Dank, wenn ich euch dafür das schenke, was der Patron euch nur gegen eine verhängnisvolle Unterschrift lassen wollte."

Berenice begriff als erste, was Barbara ihnen beiden soeben angeboten hatte, und wollte der Frau dankbar die Hände küssen. Barbara wehrte ab.

„Sei nicht töricht, Bere. Ohne dich wäre ich vermutlich längst tot. Du warst mein einziger Schutz. Nicht du bist mir, sondern ich bin dir zu Dank verpflichtet. Und du, Raimundo, gehe bitte zu Ramos. Wir müssen gemeinsam herausfinden, wohin Montserrat geflüchtet sein kann. Ich fürchte das Schlimmste für Rosália."

Im Kaffeehaus wurden letzte Vorbereitungen für die Hochzeit Paulas getroffen. Manél hatte eine schlichte Zeremonie im engsten Familienkreise durchgesetzt. Catarinas Proteste waren auf taube Ohren gestoßen, und Paula fügte sich in alles, sofern nur Adriano nicht noch in letzter Sekunde davonliefe.

Während Manél und Bodoque das Geschäft führten, half Catarina ihrer Tochter bei der Anprobe des Brautkleides. Bei halb geöffneter Tür hörten sie, wie Nelo aufgeregt die Treppe heraufgelaufen kam und in seinem Zimmer verschwand. Minuten später öffnete sich seine Tür erneut. Catarina, verwundert über die Eile ihres Sohnes, warf einen Blick in den Flur. Da stand Nelo, in seinem Reiseanzug und mit einem kleinen Koffer in der Hand.

„Was soll das, Nelo? Was hast du vor?"

„Ich verreise", erklärte er. Catarina lief ihm nach und fing ihn im Kaffeehaus ab. Wütend rief sie ihren Mann.
„Manél Barbosa, was sagst du dazu? Dein Sohn will verreisen, heute, am Vorabend der Hochzeit seiner Schwester."
„Vater, bitte . . . Ich war bei Padre Ignácio, Alice ist heute mittag nach São Mateus abgereist. Ich muß sie zurückholen, es geht um das Glück meines Lebens . . ."
„Und das Glück deiner Schwester?" Catarinas Stimme überschlug sich. „Kannst du nicht bis morgen warten? Ist es nicht traurig genug, daß der schönste Tag in Paulas Leben unter Ausschluß der Öffentlichkeit stattfinden soll. Nur, weil deinem Vater das Rückgrat fehlt? Du bleibst!"
„Nein, ich gehe."
Nelo riß sich los, und Manél trat seiner Frau in den Weg.
„Laß ihn gehen. Der morgige Tag ist kein Glückstag, ich gäbe alles darum, wenn sich das alles verhindern ließe. Und du, Catarina, bist an dem Geschehenen mitschuldig. Laß Nelo in Ruhe, vielleicht wird wenigstens er noch glücklich . . ."

Barbara wartete lange auf Ramos. Übermüdet von den Anstrengungen der letzten Tage, lehnte sie sich in einen Sessel und schlief ein. Es war ein leichter, unruhiger Schlaf. Wirre Träume quälten sie, die Vergangenheit kam zurück, alle Ereignisse der Tage vor und nach ihrem gescheiterten Fluchtversuch gingen ihr innerhalb von Sekunden durch den Kopf.
Wie lange sie unruhig geschlafen haben mochte, wußte sie nicht, doch draußen war es inzwischen stockdunkel, als Raimundo endlich mit Ramos zurückkam. Der Gärtner hatte den Mann in seiner Praxis nicht angetroffen und war daraufhin ins ‚Maison de France' gegangen, weil er ihn bei Carola vermutete. Die Frau wußte jedoch auch nicht, wo Ramos sich aufhielt, riet Raimundo aber, in die Pension zu Esmeralda zu gehen. Dort traf der Gärtner die Doppelgängerin seiner Patronin wieder. Die ausgenüchterte Joana war gerade in Verhandlungen mit Esmeralda, sie wollte die Pension kaufen und in Rio bleiben. Esmeralda wiederum schickte Raimundo auf die Dachkammer, wies ihn aber darauf hin, daß Ramos und Adriano Besuch hätten. Der Arzt bat Adriano daraufhin, allein mit

dem Freund aus Pétropolis zu sprechen, er selber würde mit Raimundo zu Barbara gehen.
Jetzt trat Ramos ins Arbeitszimmer Montserrats und beobachtete, wie seine Geliebte im Schlaf zitterte und leise wimmerte. Vorsichtig näherte er sich ihr und berührte sie sanft an der Schulter. Barbara erwachte aus ihrem Alptraum.
„Jorge, du? Ich habe eben von meinem Unfall geträumt. Und wenn mich nicht alles täuscht, bist du genau zur richtigen Sekunde gekommen. Mir träumte von einem dunklen Verlies, in dem Montserrat mich damals einsperrte. Ja, genau . . ."
„Was ist damit? Sprich doch."
„Es war, bevor er mich in der Mansarde einsperrte. Es muß in den Bergen gewesen sein, im Landesinneren . . . Es paßt zusammen. Hast du nicht von einem großen, buckligen Kutscher erzählt? Er hat mich damals von solch einem Kerl bewachen lassen . . . Einem Verrückten. Ich bin sicher, er hat auch Rosália dorthin verschleppt."
Jetzt sprang auch Ramos aufgeregt auf.
„Komm, wir müssen sofort los. Montserrat hat etliche Stunden Vorsprung. Ich muß nur meine Pistole aus der Praxis holen. Würdest du dorthin finden?"
Barbara zögerte.
„Ich weiß nicht . . . Es ist so lange her. Und ich war damals sehr geschwächt. Ich weiß nur, daß es sehr in die Höhe ging . . . Ich erinnere mich an einen starken Druck auf den Ohren . . . Und an ein verfallenes Gebäude, eine Art Fort oder so etwas . . . Ruinen . . ."
Ramos ergriff ihre Hand.
„Das reicht, ich glaube, ich weiß, was du meinst. Hoffen wir, daß meine Vermutung zutrifft. Schnell."

Montserrat hatte unmittelbar, nachdem seine Kutsche die Stadt verlassen hatte, seinen Fahrer fortgeschickt. Er gab dem überraschten Mann eine größere Geldsumme und forderte ihn auf, zu Fuß zurückzugehen. Dann stieg er selber auf den Kutschbock und preschte in der Abenddämmerung die Straße ins Landesinnere entlang. Bald wurde es dunkel, kühler Wind wehte ihm ums Gesicht, und die Gegend wurde von Minute zu Minute unwirtlicher. Die Pferde scheuten immer häufiger, doch der Bankier gab ihnen gnadenlos die Peitsche. Jetzt ging es steil bergan, und nach stundenlangem Trab erhoben sich die Umrisse eines halbverfallenen Forts vor Montserrat. Noch einmal war ein gefährlicher Aufstieg zu überwinden, dann hielt der Bankier auf der Bergkuppe die Pferde an und lief auf ein riesiges Holztor zu. Hier in der Höhe war es eisig kalt, und der Blick in die dunklen, zerklüfteten Täler ließ den Bankier schwindeln. Schwer atmend erreichte er die Pforte, ergriff den schweren Eisenklopfer und hieb mit ihm mehrmals gegen das Tor.

„Cipriano! Wo bist du? Mach auf."

Nach unzähligen Schlägen gegen die Tür hörte Montserrat endlich Schritte, die laut auf dem Steinboden widerhallten. Krachend wurde von innen das Schloß geöffnet, und ein riesiger, buckliger Mann erschien in der Tür. Sein linkes Auge quoll hervor und war schrecklich zur Seite verdreht, während das rechte blind zu sein schien. Der häßliche Bucklige dreht langsam den Oberkörper, um seinen Herrn anzusehen.

„Endlich!" schrie Montserrat. „Schnell, ich muß Rosália mit mir nehmen, sie sind vielleicht schon dicht hinter mir."

Er wollte an dem riesenhaften Mann vorübergehen, doch der ergriff den Bankier bei den Schultern. Montserrat versuchte sich loszureißen.

„Was soll das?"

„Rosália soll mit dir?" stammelte der Bucklige entsetzt.

„Ja, das hast du doch gehört. Laß mich los, oder soll ich die Peitsche holen?"

Plötzlich spürte Montserrat einen Schlag gegen seine Brust und taumelte benommen zurück. Er sank zu Boden und hörte, wie Cipriano hastig davonrannte.

Rosália kauerte unterdessen auf einem Strohsack in einem dunklen, nur von einer Kerze erleuchteten Verlies, das karg eingerichtet war. Sie preßte sich in eine Decke, um sich der eisigen Kälte zu erwehren. Wohin sie auch blickte, außer Steinmauern sah sie nur einen kleinen Tisch, auf dem die Kerze flackerte und einige Bücher lagen. Ein altes, leeres Rumfaß stand neben ihrer Schlafecke und diente ihr als Nachttisch. Ihre Hände waren mit einem alten, faulig riechenden

Strick zusammengebunden und an einem Ring, der fest in der Wand verankert war, befestigt. Sie konnte aufstehen und umherlaufen, doch es war ihr unmöglich, ihre Fesseln zu lockern. Noch nicht einmal in den Büchern konnte sie blättern, sie sah nur die Titel der zwei oder drei aufgeschlagenen Bände. Es handelte sich um okkultistische Werke, zum Teil in lateinischer Sprache. Vom Schwefel und von der Herstellung des Goldes war den Titeln nach die Rede, mehr verstand sie nicht. Ihr Wächter las unentwegt in diesen alchimistischen Büchern und redete dabei fortwährend unverständliches Zeug. Oft verschwand er für Stunden und stand dann plötzlich wieder vor ihr, ohne daß sie seine Rückkehr bemerkt hätte. Mit Entsetzen bemerkte sie, wie er sie immer häufiger mit traurig sehnenden Blicken beobachtete. Ihr schien, der teuflisch häßliche Kerl hätte eine Zuneigung zu ihr gefaßt.

Jetzt kam er wieder zu ihr herein, diesmal jedoch nicht auf leisen Sohlen. Er war völlig außer Atem und sah sie furchtsam an. Dann lief er zu dem Eisenring und schnitt mit einem Messer das Seil ab. Rosália glaubte für einen Moment, er wollte sie befreien, doch seine hektischen Bewegungen deuteten auf andere Absichten. Er wickelte das Seil mehrmals um seinen Arm, bis zwischen ihm und Rosália nur mehr ein knapper Meter Zwischenraum war. Dann griff er zu der Kerze und zog die junge Frau mit sich zur Tür hinaus. Mit Grauen erkannte sie, daß er sich nicht in Richtung des Ausgangs bewegte, sondern sie durch einen dunklen Gang tief ins Innere der Ruine bringen wollte. Sie sträubte sich, warf sich auf die Knie und bemühte sich, soviel Widerstand wie irgend möglich zu leisten. Doch Cipriano war kräftiger. Er schien nun völlig von Sinnen. Während er sein Opfer durch den Gang zerrte, sagte er in beschwörendem Tonfall:

„Die Frau ist die feurige Schlange unserer magischen Kräfte. Wer die okkulten Kräfte ruft und entwickelt, wird Macht gewinnen über den Ausbruch des Vulkans und über die Blitze, die aus dem Universum auf die Erde schlagen."

In Rosálias verzweifelter Furcht stieg eine entsetzliche Vorstellung in ihr auf: Es schien, als führte er eine Hexe zum Scheiterhaufen. Und weiter deklamierte er seine wirren Sentenzen:

„In Wahrheit sage ich euch: Kurzsichtig ist nicht die Natur, sondern der Mensch, der sein Dasein nicht mäßigen kann. Der Mensch, der sich gegen die Natur stellt, der sie beherrschen will, statt sich ihrem ewigen, unabänderlichen Willen zu fügen."

Rosália war wie betäubt. Ihr Widerstand ließ nach, willenlos ließ sie sich durch die endlosen, immer dunkleren Gänge führen. In ihrem Kopf herrschte eine große Leere, nur der Name ihres Geliebten kam ihr in den Sinn. Sie fügte sich in das unvermeidliche Schicksal, Adriano nie in ihrem Leben wiederzusehen.

Montserrat hatte einige Minuten leblos auf dem eiskalten Steinboden gelegen. Endlich kam er zu sich und lief zur Kammer, in der Rosália vor kurzem noch untergebracht war, doch sie war leer. Aus der Ferne vernahm er das hallende Echo der Reden Ciprianos. Angestrengt versuchte Montserrat zu erkunden, aus welchem der unzähligen Gänge die Stimme kam. Vereinzelte Sätze oder Satzfragmente drangen deutlich zu ihm.

„Die Liebhaber und die Wahnsinnigen haben so fieberhafte Geister, so viele feurige Fantasien, die nur sie und außer ihnen niemand versteht. Sie wissen mehr, als die kalte Vernunft jemals wird begreifen können. Der Mondsüchtige, der Liebhaber und der Dichter, sie alle sind von Einbildungen erfüllt, die ins Innere des Universums dringen."

Montserrat folgte dem Widerhall der sinnlosen Rede, doch kaum war er einige Meter in den einen Gang hineingelaufen, da ertönte das Echo aus der entgegengesetzten Richtung.

„Unaufhörlich erregt sich der Teufel an meiner Seite. Ich spüre ihn, ich schlucke ihn, ich spüre, wie er meine Lunge verbrennt, sie mit einer unstillbaren Begierde erfüllt. Und er weiß von meiner großen Liebe zur Kunst und erscheint mir in der Gestalt der verführerischsten aller Frauen."

Der Bankier hielt inne, machte kehrt und lief in die andere Richtung. Und so ging es ständig hin und her. In dem unterirdischen Labyrinth lockte der gebrochene Schall den Verfolger in immer neue Fallen, führte er ihn auf immer neue Abwege. Und doch stand er schließlich Cipriano auf wenige Meter entfernt gegenüber. Rosália wimmerte schwach, als Montserrat ihr zurief:

„Halte aus, Rosália, um Gottes willen, ich werde dich befreien. Gib nicht auf."

Plötzlich ergriff Cipriano einen Stein, den er in Montserrats Richtung schleuderte. Der Bankier wich aus, zog daraufhin seine Pistole und schoß. Mit einem Aufschrei griff sich Cipriano an den Oberschenkel, seine Hand war blutverklebt, doch mit einer übermenschlichen Kraftanstrengung riß er Rosália mit sich und verschwand im Dunkel des Ganges. Montserrat folgte ihnen, doch wieder war es unmöglich, zu erahnen, wohin die beiden entwichen waren. Da Cipriano nicht mehr deklamierte, fehlte nun selbst der Schall als Orientierungshilfe.

Endlich gelangten Cipriano und Rosália in einen breiteren Gang, und von irgendwoher schimmerte Licht herein. Der Morgen war angebrochen, doch die junge Frau, die seit Tagen in der Finsternis lebte, hatte ohnehin jegliches Zeitgefühl verloren. Sie flehte um Wasser, ihre Kehle war wie ausgebrannt. Cipriano setzte ihr einen Holznapf an den Mund, und während sie gierig trank, betastete er mit der anderen Hand sein schmerzendes Bein. Er sagte:

„Du hast mein Herz gefangengenommen, ein einziger deiner Blicke genügte, um mich auf ewig zu fesseln. Wie schön du bist, meine Geliebte . . ."

Er sprach weiter, und von dem kalten Wasser erfrischt, wußte Rosália nun auch, woher die Sätze stammten, die er zu ihr sprach: Er bekannte ihr seine Liebe in den Worten des Hohen Liedes Salomos. Jetzt lockerte er ihre Fesseln, und einen kleinen Augenblick seiner Unachtsamkeit nutzte sie, ihn zurückzustoßen und in einen der kleineren Seitengänge zu entfliehen. Cipriano reagierte trotz seiner Verletzung schnell: Mit ein, zwei Sätzen war er hinter ihr und konnte am Schimmer ihres hellen Kleides erkennen, wohin sie floh.

Vor der Kirche hatte sich eine kleine Hochzeitsgesellschaft versammelt. Manél und Catarina Barbosa begleiteten ihre Tochter, als Trauzeugen waren entfernte Verwandte bestellt worden. Manél hatte den Vorschlag seiner Frau, Leonor und Augusto um diesen Familiendienst zu bitten, entrüstet zurückgewiesen. Adriano ließ sich von Carola und Rogério begleiten, er erweckte den Eindruck, als würde er zum Galgen geführt. Paula hatte ihn morgens mit einem freundlichen Lächeln aufmuntern wollen, doch der Mann, dem sie

noch heute angetraut werden sollte, erklärte nur kühl, das bevorstehende Ereignis sei für ihn nichts weiter als eine Pflicht, der er sich nicht mehr entziehen könnte.
Nur wenige Gäste hatten sich eingefunden, unter ihnen Raimundo und Berenice sowie der blinde Danilo, der sich von seiner Wirtin führen ließ. Carolas Mutter war ebenfalls zugegen, doch Barbara und Ramos, die leiblichen Eltern des Bräutigams, fehlten ebenso wie der Mann, der vor dem Gesetz weiterhin als Adrianos Vater galt.
Padre Ignácio hätte die Zeremonie am liebsten verweigert, doch er sah keine Möglichkeit, sich seiner Pflicht zu entziehen. Der äußere Rahmen der Trauung war karg, die Stimmung trist. Adriano stand bereits vor dem Altar, als Manél Barbosa unter den Klängen des Hochzeitsmarsches seine Tochter hereinführte. Catarina strahlte selbstzufrieden, als Padre Ignácio das Wort ergriff. Der Priester hielt seine Rede, die er in den mehr als fünfzig Jahren seiner Amtszeit Tausende von Malen gesprochen hatte, mit seltener Teilnahmslosigkeit. Jetzt kam er zu der Stelle, die zum Ritus gehörte und die dennoch nie, solange er sich erinnern konnte, irgendeine Bedeutung gehabt hatte. Er sagte:
„Und wenn es jemanden unter den hier Anwesenden gibt, der etwas gegen den Vollzug dieser Bindung einzuwenden hat, so möge er jetzt das Wort ergreifen oder für immer schweigen!“ Und das Unerhörte geschah. Plötzlich trat hinter einem der Kirchenportale ein junger Mann hervor, schäbig gekleidet, mit einem schwarzen Haarschopf, der strähnig ins Gesicht fiel. Der unrasierte Fremde sprach in fehlerhaftem Portugiesisch:
„Verzeihen Sie, Padre, doch ich habe gegen den Vollzug dieser Eheschließung gewichtige Einwände.“
Paulas Augen spiegelten schieres Entsetzen wider, als sie den Mann erkannte. Adriano seufzte erleichtert auf. Er hatte beinahe die Hoffnung aufgegeben, daß der Vater von Paulas Kind noch rechtzeitig erscheinen würde. Padre Ignácio hörte stirnrunzelnd die Erklärung des jungen Mannes:
„Die Frau, die hier dem Dr. de Montserrat angetraut werden soll, ist mir versprochen. Ich bin der Vater des Kindes, das sie in ihrem Leibe trägt. Sie hat mich vor Wochen in meiner Schenke aufgesucht und sich mir hingegeben. Nach unserem Zusammensein ist sie

einfach davongelaufen, und es ist der reine Zufall, daß ich sie rechtzeitig wiederfinden konnte."
Catarina lief vor Wut rot an, und Manél blickte betroffen zu Boden. Paula täuschte eine Ohnmacht vor, ihre aufgebrachte Mutter eilte ihr zu Hilfe und forderte Manél auf, den Störenfried hinauszuwerfen. Manél indes wandte sich an Padre Ignácio und sagte mit fester Stimme:
„Padre, tun Sie Ihre Pflicht. Schließen Sie die Ehe zwischen meiner Tochter und diesem jungen Mann, Don . . ."
„Sirineo Farfan, zu Ihren Diensten", erklärte der ungehobelte Jüngling lachend.
Wiederum wollte Catarina eingreifen, doch Manél schnitt ihr das Wort ab. Er wandte sich an Carola und Rogério, die nicht weniger überrascht waren als der Vater der Braut.
„Carola, Rogério . . . Würden Sie beide trotzdem Ihre Aufgabe wahrnehmen? Für mich . . ."
Rogério blickte verunsichert zu Adriano, doch Carola erklärte mit fester Stimme:
„Für Sie immer, Manél!"
In noch beklemmenderer Atmosphäre als zuvor wurde die Zeremonie jetzt von Padre Ignácio zum Abschluß gebracht. Kurz danach liefen alle Teilnehmer des unerfreulichen Ereignisses auseinander. Manél zog sich mit seiner Familie einschließlich des neuen Schwiegersohnes ins Kaffeehaus zurück, die Trauzeugen und alle übrigen Zuschauer schlugen den Heimweg ein. Carola begleitete Adriano, Joana und Esmeralda in die Pension. Nur Danilo blieb zurück. Er hatte seiner Marize eine wichtige Mitteilung zu machen. Auch Rogério verweilte bei der Familie des Priesters, der immerhin eine Hoffnung hatte: Er wußte, daß Nelo Barbosa seiner Nichte Alice nachgereist war.
In Esmeraldas Pension wartete man gemeinsam auf die Rückkehr von Barbara und Ramos. Carola erzählte Adriano, sie habe den Entschluß gefaßt, nach Paris zu gehen.
„Aber weshalb denn, jetzt, wo deine Mutter zurück ist? Warum tust du das?"
„Ich weiß, es wird nicht leicht sein für sie . . . Gerade jetzt, wo sie Esmeraldas Pension kaufen will. Doch ich kann nicht länger hier

bleiben. Hier gibt es nur unglückliche Erinnerungen, und ich bin zu jung, um ewig zu leiden."
Adriano begriff, wovon seine Cousine sprach.
„Ramos . . . Mein Vater . . . Du liebst ihn, nicht wahr?"
Sie nickte stumm.
„Warum bleibst du nicht und kämpfst um ihn?"
„Weil es sinnlos ist. Er liebt deine Mutter, hat nie aufgehört, sie zu lieben. Und jetzt ist sie zurück."
Adriano umarmte sie zärtlich.
„Vielleicht hast du recht, Carola, wer weiß das schon. Wir alle sind in eine Geschichte verstrickt gewesen, die zu unglaublich ist, als daß sie jemand glauben würde, der nicht daran beteiligt war. Trotzdem, ich werde dich vermissen . . . Die Cousine, die ich wie meine Eltern erst zu einem Zeitpunkt kennengelernt habe, wo man normalerweise selbst schon Vater ist. Und vielleicht kommst du ja eines Tages zurück."
„Ja, vielleicht . . ."

Wie viele Stunden Montserrat Cipriano und Rosália verfolgt hatte, wußte er selber nicht mehr. Zwischenzeitlich hatte er sich entkräftet ausruhen müssen. Irgendwann vernahm er Rosálias Stimme. Laut rief er ihren Namen, doch er erhielt keine Antwort. Dann, völlig unerwartet, stand sie vor ihm.
„Francisco, endlich", rief sie erschöpft aus und sank ihm in die Arme. Der Bankier vermerkte noch in seiner Erregung mit Befriedigung, daß sie ihn erstmals mit seinem Vornamen angesprochen hatte. Doch ehe er seiner Freude darüber Ausdruck geben konnte, fiel ihn Cipriano von hinten an. Der Bankier stürzte auf den Steinboden, doch im Taumeln konnte er noch seine Waffe ziehen. Schon sah er den riesenhaften Buckligen über sich. Mit letzter Kraft drückte er ab. Er traf Cipriano mitten ins Herz. Dumpf schlug der leblose Körper auf den steinernen Boden.
Rosália kauerte ängstlich in einer Ecke und sah dankbar zu Montserrat auf. Der Bankier trat zu ihr und half der entkräfteten Frau auf die Beine. Sie preßte sich fest an ihn, und Montserrat drohte vor Glück fast zu vergehen. Die Gesten der Zärtlichkeit, auf die er so lange vergebens gewartet hatte, wurden ihm doch noch zuteil.

Schutzsuchend lehnte sich Rosália an ihren Ehemann und ließ sich von ihm durch die dunklen Gänge führen. Jetzt gelangten sie an das riesige Tor. Rosália blickte in die grelle Vormittagssonne und erkannte zwei Kaleschen. Auch Montserrat bemerkte das zweite Gefährt und griff instinktiv zu seiner Waffe. Plötzlich vernahm er die Stimme seines Feindes.
„Keinen Schritt weiter, Montserrat. Es ist aus."
Rosália wandte sich um und sah Barbara und neben ihr Ramos. Sie rief:
„Bitte, Dr. Ramos, schießen Sie nicht. Francisco ist unschuldig. Er hat mich vor dem Wahnsinnigen gerettet, der mich hier gefangengehalten hat."
An Ramos' Statt antwortete ihr Barbara.
„Du irrst dich, Rosália. Der Wahnsinnige, von dem dich Montserrat befreit hat, ist sein treuester Diener. Cipriano hat einst auch mich hier gefangengehalten, bis Francisco mich abholte. Alles geschah auf seine Weisung hin, er allein ist der Verantwortliche für deine grauenvolle Haft."
Rosália löste sich aus den Armen des Bankiers und trat zur Seite. Ihre Augen wanderten von Montserrat zu Barbara, die fortfuhr:
„Warum hast du alles noch einmal wiederholen müssen, Francisco? Warum?"
„Stimmt das?" fragte Rosália mit zitternder Stimme.
„Er wird dir nicht antworten, Rosália. Doch ich kann dir alles erklären. Er wollte dich wahnsinnig machen, wie er es mit mir vor zehn Jahren getan hat. Er kann es nicht ertragen, wenn man ihn ablehnt, ihn nicht liebt. Er ist wie ein kleiner Junge, der lieber seine Spielzeuge zerstört, als daß er sie anderen überläßt. ‚Was ich nicht haben kann, das soll auch niemand anders haben.' Das ist sein Wahlspruch. Habe ich recht, Francisco?"
Plötzlich lachte der Bankier auf, als wäre er verrückt geworden. Von einer Sekunde auf die andere wurde ihm bewußt, daß er den Kampf verloren hatte. Zu Ramos gewandt sagte er:
„Das Schönste an allem ist und bleibt dein dummes Gesicht, Ramos. Du bist eine lächerliche Figur, ein ewiger Verlierer. Jetzt schützt dich deine Spielzeugpistole, und die beiden Frauen sind dein Schutzschild."

Rosália wollte den Arzt zurückhalten.
„Bitte, Ramos, lassen Sie sich nicht provozieren."
„Es ist sinnlos, einen Feigling wie Jorge Ramos um irgend etwas zu bitten, Rosália", höhnte Montserrat weiter.
„Es reicht, Montserrat."
„Ah, jetzt wirst du mutig. Du edler Kämpfer für Freiheit und Gerechtigkeit . . . Mit deiner Waffe in der Hand bist du groß und stark, vor allem, wo ich selber unbewaffnet bin."
„Was willst du? Ein Duell?"
„Warum nicht, wenn du nicht wieder davonläufst."
Ramos drückte dem Bankier dessen Pistole in die Hand.
„Da, du kannst die Bedingungen stellen."
Die beiden Frauen wollten eingreifen, doch Ramos wehrte ihren Protest ab. Er küßte Barbara, dann zog er Rosália an sich und drückte ihr einen Kuß auf die Stirn.
„Wenn ich diesen Kampf nicht überleben sollte, dann trage für mich diesen Kuß zu Adriano, Rosália. Und werdet glücklich miteinander. Auch du Barbara . . . Es geht nicht mehr nur um dich, was heute geschieht, geschieht auch für unser Kind."
Rosália und Barbara mußten tatenlos zusehen, wie Ramos und Montserrat einige Schritte beiseite traten und sich Rücken an Rücken aufstellten. Dann gingen sie laut bis fünfzehn zählend entsprechend viele Schritte auseinander.
Noch im Gehen verhöhnte Montserrat seinen Gegner weiter:
„Noch kannst du fliehen, Ramos. Und vergiß nicht, daß du dich erst bei fünfzehn umdrehst."
„Spotte ruhig, Montserrat, wie immer die Sache auch ausgeht, du hast mehr zu verlieren als ich. Alles, was du am meisten begehrt hast, hast du verloren . . . Barbara wie Rosália."
„Vergiß Adriano nicht", ergänzte der Bankier mit bitterer Stimme.
Ramos zählte weiter. Jetzt war die entscheidende Zahl genannt. Beide drehten sich um, Ramos schoß ohne zu zielen auf Montserrat, und ehe er noch innehalten konnte, sah er, daß dieser seine Waffe gen Himmel gerichtet hielt. Von Ramos Kugel getroffen, brach der Bankier zusammen. Der Arzt lief zu dem Verletzten und rief:
„Du Narr, warum hast du das getan? Warum hast du in die Luft geschossen?"

„Jetzt kannst du mit allem, was du hast, glücklich werden. Mir hast du alles genommen, Jorge Ramos, und doch wirst du nichts davon haben. Sie werden dich holen, du Mörder. Rosália, Adriano und Barbara können dich im Gefängnis besuchen, und ihr könnt euch gemeinsam an mich erinnern."
Das waren Montserrats letzte Worte. Röchelnd, doch mit einem triumphierenden Lächeln auf den Lippen starb der Bankier. Ramos schloß ihm die Augen. Dann wandte er sich zu den beiden Frauen: „Kommt, laßt uns in die Stadt zurück. Er hat zuletzt doch noch gewonnen. Sie werden mich holen."

Am späten Nachmittag des 22. September 1903 kehrte Ramos mit Barbara und Rosália nach Rio zurück. Der Arzt und seine ehemalige Geliebte brachten Rosália zu ihren Eltern, ehe sie zur Pension der Wirtin Esmeralda fuhren. Dort erzählten sie Adriano, was vorgefallen war. Der junge Mann sorgte sich um seinen Vater, doch dieser drängte ihn, zu den Medeiros zu gehen, wo Rosália auf ihn wartete. Ramos und Adriano umarmten sich, beide ahnten, daß dies für lange Zeit ihre letzte Begegnung in Freiheit sein würde. Barbara riet ihrem Geliebten zur Flucht, doch Ramos wollte bei Padre Ignácio auf den Offizier Veiga warten, den er durch einen Boten von den Vorfällen des letzten Tages informieren ließ. Endlich gelang es Ramos, Barbara zur Villa Montserrat zu schicken. Sie sollte Mercedes, sofern sie noch nicht abgereist war, vom Tod Montserrats berichten. Von allen Beteiligten an dieser unseligen Geschichte war die Haushälterin wohl die einzige, die Trauer empfinden würde.
Ramos begab sich unterdessen zu Padre Ignácio und erzählte ihm, was geschehen war. Dann fragte er den Geistlichen:
„Würden Sie trotz allem eine letzte Partie mit mir spielen, Padre?"
Der weißhaarige Priester nickte stumm. Minuten später hörten sie Schritte im Treppenhaus.
„Das war es wohl, Padre. Wer weiß, ob ich jemals Gelegenheit habe, Revanche von Ihnen zu fordern."
Die Tür öffnete sich, doch statt Veiga trat der blinde Danilo herein, gestützt von Marize.
„Ich habe gehört, was geschehen ist, Ramos. Und ich fordere Sie auf, mit mir in den Nordosten zu kommen. Nein, widersprechen Sie

nicht. Ich weiß, wie Ihnen zumute ist, doch schauen Sie mich an: Ich bin blind, ich werde nie wieder malen können. Und doch gebe ich nicht auf. Und Sie dürfen ebenfalls nicht aufgeben. Wir brauchen Sie. Es gibt Dinge, die wichtiger sind als alle persönlichen Nöte."

Ramos schaute unschlüssig zu dem kleinen Priester, doch der Geistliche nickte nur zustimmend zu Danilos bewegter Rede.

„Du hast recht, Danilo. Komm, gehen wir."

„Einen kleinen Moment noch."

Er tastete nach Marize, die mit Tränen in den Augen neben ihm stand. Schweigend ließ sich das Mädchen umarmen und erwiderte seinen Kuß.

„Sei unbesorgt . . . Ich . . . Nein, wir kommen wieder."

EPILOG

Auf den Straßen Rios tobte der Karneval. Unter lautem Krachen entlud sich über der Stadt ein farbenprächtiges Feuerwerk, mit dem das Jahr 1904 begrüßt wurde. Die ganze Nacht hindurch feierten die Nachtschwärmer in den Straßen. Das Teatro Recreio hatte einmal mehr eine rauschende Ballnacht erlebt. Jetzt brach der Neujahrsmorgen an, die ersten Kirchgänger mischten sich unter die feiernden Maskenträger. Mitten im Gewühl sah man auch Adriano und Rosália. Sie hatten den Beginn des neuen Jahres mit ihren Freunden gefeiert, darunter Nelo und Alice sowie Rogério und Mariana. Jetzt waren die Liebenden allein. Aufgeregt erschienen sie bei Padre Ignácio und forderten ihn auf, sie in unmittelbarem Anschluß an seine Neujahrspredigt zu trauen. Überrascht gab der Priester nach, doch auf die obligatorischen Trauzeugen durfte und wollte er nicht verzichten. Adriano lief ohne Zögern auf die Straße. Inmitten der feiernden Menge entdeckte er ein maskiertes Pärchen: Harlekin und Colombina. Die beiden schienen frisch verliebt. Kurzentschlossen ging Adriano auf sie zu, trug ihnen sein Anliegen vor und zog sie mit sich in die Kirche. Dort erklärte der Padre Adriano und Rosália in Gottes Namen für Mann und Frau.

Gemeinsam mit ihren Trauzeugen mischten sich die Frischvermählten abermals unter die ausgelassen tobende Menge. Irgendwann kamen sie an einer Schenke vorüber. Adriano verlangte eine Flasche Champagner, ließ den Korken in den blau strahlenden Frühsommerhimmel knallen, schenkte sich und Rosália ein und sagte:

„Mademoiselle ... Auf ein glückliches Jahr 1904 ... und 1905 ... und 1906 ... 1907 ... und viele glückliche Jahre mehr."

Sie leerten ihre Gläser und umarmten sich. Mitten in ihrem brennenden Kuß wurden sie von der singenden und tanzenden Menschenmenge mit sich gezogen. Die Feiernden überschütteten Adriano und Rosália mit Blumen. Umgeben von diesen ausgelassenen Menschen, die sie beglückwünschten, vergaßen sie die Vergangenheit, die hinter ihnen lag. Und für einen Augenblick vergaßen sie sogar, daß die Welt um sie herum überhaupt existierte.